D1752622

KIRCHHOFF-HEINE
STRASSENBAU

Albert Münz Krumme Jauchert 2
Dipl.-Ing. (FH) 88085 Langenargen
  Tel. +49 (0) 75 43 / 30 3-2 18
  Fax +49 (0) 75 43 / 30 3-3 35
Kalkulation Mobil +49 (0) 1 70 / 5 66 21 85
  E-Mail:
  Albert.Muenz@F-Kirchhoff.de
  www.kirchhoff-heine.de

EIN UNTERNEHMEN DER F. KIRCHHOFF AG

Privat:
Böttingerstraße 16
72525 **Münsingen**
07384/481, 0162/85 937 83
oder
Amtshausstraße 49
88085 **Langenargen**
07543/49 90 51

Karl Haueisen

Münsinger Erinnerungen

Impressum

Autor:	Karl Haueisen
Herausgeber:	DRUCKHAUS BAADER
Redaktion:	Peter Fuhrmann, ALB BOTE
Gestaltung:	Helmut Schepper, ALB BOTE
Fotos:	Reiner Frenz, ALB BOTE; Fotohaus Schmid-Eisenmann, privat
Satz/Repro:	MSZ – MÜNSINGER SATZZENTRUM
Druck und Gesamtherstellung:	DRUCKHAUS BAADER

Nachdruck, auch auszugsweise, oder sonstige Vervielfältigungen nur mit Genehmigung des Verfassers (Autor) und des Verlags.

Münsingen, im Dezember 1996, 2. Auflage
© Verlag: DRUCKHAUS BAADER
ISBN 3-88287-012-5

Vorwort

Ein Heimatbuch im besten Sinne

Das vorliegende Buch „Münsinger Erinnerungen" ist ein Heimatbuch im besten Wortsinne: Der Münsinger Karl Haueisen hat dafür viele Aktenordner voller Informationen über Jahre hinweg akribisch genau zusammengetragen; dieses Buch handelt von Menschen und Gebäuden in ihrer ständigen oder zeitweiligen Heimatstadt Münsingen. Ohne die Unterstützung und das große Interesse von zahlreichen Münsinger Bürgern, Institutionen und Firmen wäre es nicht herausgekommen. Dank gesagt sei deshalb an dieser Stelle all jenen, die durch finanzielle, materielle oder ideelle Unterstützung zum Gelingen beigetragen haben. Viele von ihnen sind an entsprechender Stelle für die Nachwelt festgehalten, einige wollten dies aber nicht, wollten Karl Haueisen bei seinem aufwendigen Vorhaben im stillen unterstützen.

Mit seiner Arbeit hat Karl Haueisen ein Stück Münsinger Geschichte festgehalten. Jenes Stück, das oftmals mit dem Abbruch eines Hauses, dem Tod oder Wegzug seiner Bewohner endet. Spätestens eine Generation später fällt es schwer, nachzuvollziehen, was und warum es dort geschah. Doch der These „Stadt ist Stein" ist entgegenzuhalten, „Stadt ist die Summe der Menschen, die in ihr leben und ihrer Ideen, Aktivitäten." Menschen bauen, auch aus Steinen, Häuser. Doch mit Leben erfüllt werden sie von den Menschen, die sie gebaut haben. Die wirtschaftlichen Aktivitäten, das kulturelle Geschehen im weitesten Sinn. Geburt, Liebe, Leid und Tod spielen sich in den Häusern ab. Eine Definition von „Heimat" sagt, sie sei dort, wo man lebt. Ganz einfach. In Häusern.

So betrachtet ist Karl Haueisens Heimatbuch ein Beitrag dazu, ein Stück Münsinger Kultur festzuhalten, dem schnellebigen Geist des Vergessenens zu trotzen.

Allein deshalb wäre es nicht verwunderlich, würde dem Buch auch von außerhalb Münsingens Interesse zuteil. Wer die zahlreichen Seiten aufmerksam liest, stellt schnell fest, daß für viele Menschen die Stadt auf der Mittleren Alb zeitweilig Heimat war, daß etliche Münsinger hier ihren Weg in die nahe und weite Welt antraten, bisweilen freudig oder auch notgedrungen hierher zurückkehrten. Münsinger Männer und Frauen waren offenbar begehrt als Ehepartner. Dieser biologisch sinnvolle und wünschenswerte Austausch – „frisches Blut" – brachte natürlich Her- und Wegzüge mit sich. Auch hier bietet das vorliegende Buch interessante Einblicke.

Karl Haueisen hat über Jahre hinweg fleißig und gewissenhaft Informationen gesammelt. Sie alle abzudrucken, hätte den Rahmen einer Publikation gesprengt.

Oft nutzte der Autor die erstmals um 1830 angelegten Brandversicherungskataster. Die enge Bebauung brachte große Brandgefahren mit sich. Deshalb wurden für den Versicherungsschutz alle Häuser erfaßt und der Wert geschätzt. Jedoch ist nicht immer sicher, ob der jeweilige Erbauer oder der erste Besitzer genannt worden ist.

Im Vordergrund der Beschreibungen stand die logische Erkenntnis, wonach sich Häuser und Menschen, heimatforscherisch betrachtet, nur schwerlich trennen lassen. Somit gibt der Umfang einer Hausbeschreibung keine Würdigung oder Schmälerung wieder, sondern ist schlichtweg Bestandteil der Legende und nötig, um weiterzuleiten. Anders gesagt: Ein großes Haus, eine vielköpfige Familie darin oder ein bedeutsames Geschlecht daraus hat nicht zwangsläufig mehr Seiten Platz bekommen. Dies geschah nur, wenn es die Chronistenpflicht erforderlich machte.

Für eine praktische Benutzung stehen Register zur Verfügung. Ihre Ordnung ist so angelegt, daß sich leicht herausfinden läßt, wo ein Haus früher stand, was dort heute ist und auch umgekehrt. Eine zusätzliche Orientierung erlauben die Rubriken „einst" und „heute" am Kopf jeder Seite. Dies möge dezidiert wissenschaftlichen und archivarischen Nutzern die Arbeit erleichtern.

Karl Haueisen hat für dieses Buch Daten aus mehreren Jahrhunderten zusammengetragen. Alles wurde mehrfach kontrolliert. Nach jedem Arbeitsgang, den ein Buch erforderlich macht, wurden Jahreszahlen, Geburtstage oder Hausnummern immer und wieder auf ihre Richtigkeit hin überprüft. Sollte doch irgendwo eine falsche Ziffer reingerutscht sein, so bittet der Verlag um entsprechende Hinweise, damit sich in einer – hoffentlich erforderlichen! – zweiten Auflage das eine oder andere kleine Malheur korrigieren läßt.

Mit diesem optimistischen Wunsch für eine hohe Auflage und einer Aufforderung zum Genießen, soll auch das Schlußwort eingeleitet werden: Karl Haueisen hat ein schönes Buch geschaffen, in dem allerdings auch einige unbequeme Passagen ihren Platz haben. Es bringt den Altvorderen Anregungen für nostalgische Erinnerungen, den Jungen erhält es ein Stück Münsinger Geschichte. Aus der Geschichte lernen wir. Oder aber, wie im vorliegenden Fall, animiert Heimatgeschichte auch mit der Beschäftigung um ihrer selbst willen. Bekanntlich ist manchmal der Weg das Ziel. Dieser hier führt von einst nach heute. Wer ihn gehen möchte, soll sich doch ganz kommod in den Ohrensessel hocken, ein gutes Viertele Roten daneben stellen und auf Reise gehen: Allein schon die vielen, liebevoll ausgesuchten Fotos in diesem ansprechend gestalteten Buch gestatten es, die Münsinger Seele mal baumeln zu lassen.

Wohl bekomm's!

Münsingen,
im November 1995

Peter Fuhrmann
Redaktionsleiter
der Heimatzeitung
ALB BOTE

Der Autor

Karl Haueisen ist einer von jenem Schlage, die gerne als Älbler oder Münsinger Urgestein bezeichnet werden. Er wurde am 29. Dezember 1920 als jüngster von drei Brüdern geboren. Sein Vater Jakob war vor dem 1. Weltkrieg selbständiger Schreiner, danach wegen einer Kriegsverletzung Verwalter der Wanderarbeitsstätte Münsingen. Die Mutter Marie Haueisen entstammte der alt eingesessenen Münsinger Familie Glocker.

Der Autor Karl Haueisen heiratete im Jahr 1944 Berta Käuffert. Den beiden wurden zwei Töchter geschenkt: 1945 Brigitte und 1948 Dietlinde. Haueisen erlebte den 2. Weltkrieg in seiner gesamten Länge mit: Am 29. August 1939 wurde er zum Wehrdienst einberufen, der erst am 20. April 1945 endete. Mehrfach wurde Haueisen im Krieg verletzt. All dies ist nicht unwesentlich, da Haueisens Erfahrungen in dieser Zeit letztlich dazu beigetragen haben, daß dieses Buch entstanden ist.

Schließlich zeichnet auch sein weiterer Werdegang diesen Mann aus, der trotz einer kriegsbedingten Gesundheitsschädigung seinen Weg ging und dabei den Humor behielt.

Noch vor dem Krieg hatte Haueisen die Handelsfachschule Merkur in Ulm besucht und anschließend eine kaufmännische Lehre in der Firma Ernst Wagner Apparatebau in Reutlingen abgeschlossen. Im September 1945 wurde Haueisen vom kommissarischen Landrat als Leiter des Kreisarbeitsamtes Münsingen eingestellt. Nach der Zuordnung zum Arbeitsamt Reutlingen im Oktober 1945 war Haueisen bis zum Jahr 1974 Leiter der Nebenstelle Münsingen.

Über die Dienststelle Urach, deren Leiter er von 1973 bis 1974 war, kam Karl Haueisen schließlich zum Hauptamt nach Reutlingen, wo er in den Funktionen eines Gruppen- und Abschnittsleiters in der Abteilung Arbeitsvermittlung und Arbeitsberatung tätig war. Am 31. März 1981 ging Verwaltungsamtsrat Karl Haueisen in den wohlverdienten Ruhestand.

„Ruhestand": Für Karl Haueisen war dies gleichbedeutend mit „Aktivitäten auf andere Ebenen verlagern". Durch seine Tätigkeit in der Arbeitsvermittlung kannte er viele Leute in der Region. Als gebürtiger Münsinger mit vielen hier ansässig gewesenen Ahnen kennt er nicht nur die Leute, sondern auch das Land. Als „heimatverbundener Älbler" bekennt er sich zu Land und Leuten. Daher widmete sich Haueisen, der am 29. Dezember 1995 ein dreiviertel Jahrhundert alt wird, im „Ruhestand" erst recht seinem Hobby, der Heimatforschung. Neben zahlreichen Schriftstücken, Aufsätzen und anderen Zeugnissen seiner Recherchen legte Haueisen 1991 ein Buch über alte Münsinger Gaststätten vor. Parallel dazu hatte er über viele Jahre hinweg mit der Akkuratesse eines verantwortungsbewußten Beamten zahllose Details über Münsinger Menschen und Häuser zusammengetragen. Im Krieg und danach hat er gelernt, daß Wissen und Erfahrung nicht in Vergessenheit geraten sollten. Die vorliegenden „Münsinger Erinnerungen" sind sein Beitrag dazu.

„Aber nur ein ganz kleiner", würde er bescheiden, fröhlich und etwas knitz sagen. Ob's so stimmt, mögen die Leserinnen und Leser ihm selber mitteilen. Aber behutsam bitte, denn viel Aufhebens um seine Person mag er nicht!

Danke

Ein Buch wie das vorliegende zu realisieren macht viel Mühe und kostet Geld. Würden die anfallenden Kosten auf die verhältnismäßig niedrige Auflage umgelegt, so käme dabei ein enorm hoher Verkaufspreis heraus.

Als bekannt wurde, daß Karl Haueisen dieses Projekt wagen will, kam von vielen Seiten Unterstützung. Diese hat nicht nur Herrn Haueisen Mut gemacht, „sein" Buch tatkräftig anzupacken, die Unterstützung hat die „Münsinger Erinnerungen" überhaupt erst möglich gemacht.

Viele haben ihren Teil beigetragen: Die Werbegemeinschaft und der Gewerbeverein haben ihre Mitglieder um Unterstützung gebeten; Helmut Schepper, der Anzeigenleiter des ALB BOTE hat vorbereitet und sein graphisches Know-how nebst viel Freizeit eingebracht; Peter Fuhrmann, Redaktionsleiter des ALB BOTE, hat auf Form und Inhalt eingewirkt; Mitarbeiter und Mitarbeiterinnen des Druckhauses Baader von Verleger Herbert Wiegert, besonders Josef Uhl, waren emsig am Werk. Mit zum Gelingen beigetragen haben das Evangelische Dekanatamt Münsingen (Dekan Seng, Dekan Poguntke), das Stadtarchiv Münsingen mit Stadtarchivar Roland Deigendesch sowie zahlreiche Münsinger Bürgerinnen und Bürger, die Herrn Haueisen mit Informationen und Fotos aus ihren Familienarchiven geholfen haben, Lücken zu schließen.

Den Grundstock aber haben zahlreiche Spenden gelegt. Firmen- und Privatleute zeigten sich begeistert von Karl Haueisens Idee und überwiesen je nach Gutdünken größere und kleinere Beträge. Darüber freuten sich die Verantwortlichen, egal ob es ein höherer oder niedrigerer Betrag war, getreu dem olympischen Motto „...dabei sein ist wichtig!"

Durch die Spendenaktion kamen in kurzer Zeit 15.520 Mark zusammen. Damit war klar, daß viele Leute hinter dem Projekt stehen, die Anschubfinanzierung war gesichert.

Als kleines Dankeschön war den Spendern angeboten worden, in den „Münsinger Erinnerungen" genannt zu werden. Einige wollten dies ausdrücklich nicht. Ihnen sei jedoch auf diesem Wege ebenso Dank gesagt, wie den folgenden Firmen und Bürgern:

Hans-Frieder Traub
Willy Eisenmann
Wilhelm Hermann
Liesel Schultes
Jürgen Autenrieth
Ernst Deschle
Hermann und Frieda Bühle
Else Schultes
Ludwig Wörner
Schnizer Fleischwaren
Erwin Münz
Schuhhaus Pöhler
Alice Schäfer
Heinz Ruopp
Hans Aupperle
Ernst Bader
Firma Kirchhoff-Heine-HTS
Blumenhaus Bader
Hilde Beck geb. Glocker
Anton Scholl
Elisabeth Unger
Kurt Stein
Dr. Ulrich Wolf
Wolf, Gerhard
Fritz Mack
Firma J. F. Schoell
Friedrich Hardter
Karl Schneckenburger
Margarete Depperich
Eugenie Beck
Rudolf Brändle
Firma Mode Schwenk
Else Heugel geb. Schmid
Gert Starzmann
Jakob Siegler
Volksbank Münsingen
Horst Wetzel
Kreissparkasse Reutlingen
Reinhold Gut
Albrecht Wagner
Johanna Michel
Ski- und Sport Bleher
Stadtverwaltung Münsingen
Firma Mewesta Hydraulik
Renate Büchner geb. Veil
Rosa Lorch
Fotostudio Höss
ALB BOTE
Roland Schatz
Otto Stiegler
Gisela Klümper
Maria Wagner geb. Münz
Helmut Mutschler
Thomas Kübler
Helga Wallmüller
Genkinger GmbH
Karl Haug, Freiburg
Georg Mutschler

Die Schillerlinde am „Wetteplatz"

Die Schillerlinde am „Wetteplatz" wird zum 100. Todestag Friedrich Schillers am 9. Mai 1905 gepflanzt

Schillerfest in Münsingen! am 10. November 1859.

Wie überall, so wurde auch hier der hundertjährige Geburtstag des großen und verewigten Dichters Schiller festlich begangen. Beim Ergrauen des Tages fielen 12 donnerartige Böllerschüsse, worauf die hießige Musikgesellschaft die Tagwache erschallen ließ. Abends präcis 7 Uhr war der Hunnenberg durchaus erhellt. Ein großes Freudenfeuer brannte darauf, das weithin gesehen wurde und dem weitere Freudenfeuer vom Sternenberg, Stienhülben und Auingen entgegen leuchteten. Inzwischen donnerten Böller- und Büchsenschüsse auf die Stadt herab. Diesem folgte ein schönes Feuerwerk, das Herr Umgelds-Kommissär Sailer dirigierte und auf das beste ausfiel. Sodann wurde mit Musik in die Stadt eingezogen. Auf dem Marktplatz brachte Herr Kaufmann Keller, während das Rathhaus und Nachbarschaft mit bengalischem Feuer beleuchtet war, auf den verewigten Dichter ein Hoch aus, in das das Publikum rauschend einstimmte. Eine gelungene Musikproduktion im Gasthaus zur Krone endete das Fest und zwar an Martini Morgens 2 Uhr. Mehrere Festtheilnehmer kamen nur zu sehr begeistert nach Hause.

Auszug aus dem Intelligenzblatt von 1859

Der 100. Geburtstag Friedrich Schillers am 10. November 1859 wird auch in Münsingen festlich begangen.

Nicht weniger festlich gestaltet sich der 100. Todestag Friedrich Schillers am 9. Mai 1905. Der ALB BOTE berichtet auf mehr als einer Zeitungsseite über den Festverlauf. Nachstehend die wichtigsten Passagen des Berichts.

Friedrich Schiller Holzschnitt

9. Mai 1905: In der ganzen Welt war der 9. Mai dem Andenken Friedrich Schillers gewidmet, und wenn es noch eines Beweises bedurft hätte, daß Schiller in der Tat einer der größten Dichter aller Zeiten ist, so wären es diese die zivilisierte Welt umfassenden Feiern an seinem 100. Todestage gewesen!

Die Feier begann in den Schulen, wo die Kinder dem Dichter die erste Ehrung darbrachten;

Kurz vor 11 Uhr ordnete sich der Festzug; die Kinder mit ihren Lehrern, das Festkomitee, die verschiedenen Vereine mit ihren Fahnen (Liederkranz, Albverein, Bürgerverein, Krieger- und Militärverein, Turnverein) und sonstige Schillerverehrer zogen in Begleitung der städtischen Musikkapelle nach dem „Wetteplatz", wo die Schillerlinde in neu erstellten Anlagen einen würdigen Platz erhalten sollte. Vor der Pflanzung der Linde sangen die Schulkinder das schöne Frühlingslied zum Todestag Schillers „Regst du o Lenz", das dieses Jahr besonders weihevoll stimmen mußte. Herr Kataster-Geometer Hagenmeyer als Vorstand des Verschönerungsvereins, der den Schillerbaum zu pflanzen übernommen hatte, begleitete mit einer kurzen, kernigen Ansprache das Einsetzen der „Schillerlinde". Den Schluß bildete ein feierlicher Männerchor vom Liederkranz Münsingen: „Stumm schläft der Sänger".

Zu der musikalischen Aufführung des „Liedes von der Glocke" waren fast sämtliche erwachsenen Einwohner Münsingens herbeigeströmt, so daß schon eine Viertelstunde vor Beginn die Turnhalle vollständig besetzt war. Einen würdigen Abschluß der Schillerfeier in der Turnhalle bildete die Aufführung von „Wallensteins Lager". Malermeister Bückle hat es verstanden, mit geschickter Hand eine farbenfrische Landschaft auf die Leinwand zu zaubern, die geeignet war, den Zuschauer sofort in die richtige Stimmung zu

Die Schillerlinde am „Wetteplatz"

versetzen. Wie im ganzen deutschen Reiche wurden auch auf zwei Höhen in der Nähe von Münsingen, auf dem Galgenberg und auf dem Beutenlay, Höhenfeuer abgebrannt.

Bei jenem waren durch den Vorstand und Mitglieder des Albvereins, bei diesem durch solche des Turnvereins die nötigen Vorbereitungen getroffen worden, nachdem die Freigiebigkeit der Stadtgemeinde und der Einwohnerschaft Münsingens durch Beisteuern von Holz und Brennmaterialien das Abbrennen zweier Feuer ermöglicht hatte.

Bald lohten mächtige Feuer auf, die im Verein mit den Feuern der Nachbargemeinden und dem schönen, sternbedeckten Nachthimmel ein prächtiges, erhebendes Schauspiel abgaben. Im Umkreise von Münsingen waren etwa zwölf Feuer zu sehen.

Als äußeres Zeichen flammender Huldigung für unsern großen Landsmann waren die Feuer ein Sinnbild der lohenden, aufrichtigen Begeisterung und warmen Liebe, wie sie in Millionen von Herzen des deutschen Volkes lebt und immer mehr sich ausbreitet.

Möge das Andenken an den 9. Mai 1905 in diesem Sinne befruchtend wirken auf die weitesten Kreise des Volkes; möge jeder, der sich dazu berufen fühlt, in seiner Art und mit seinen Mitteln diesem edlen Zweck sich widmen, der des Schweißes der Edelsten wert ist. Dann erst können wir mit berechtigtem Stolz und dankbarer Freude sagen: Denn er war unser – unser Schiller!

Wallensteins Lager

Auszug aus der im Kriegerdenkmal 1914–1918 eingemauerten Urkunde.

Vom Gemeinderat wurde beschlossen, das Denkmal an dieser Stelle zu errichten. Es ist dies der Platz der sogenannten Wette. Diese wurde zum Teil schon früher aufgefüllt und der hierdurch gewonnene Platz zu einer kleinen Anlage hergerichtet, auf welcher im Jahre 1905 die Schillerlinde zur Erinnerung an den hundertjährigen Todestag des Dichters angepflanzt wurde. Der Rest der Wette wurde zum Zweck der Erstellung des Kriegerdenkmals in den letzten Jahren vollends aufgefüllt, zu einer schönen Anlage hergerichtet und trägt nun das Denkmal, nachdem die anderen für Aufstellung des Denkmals in Betracht kommenden Plätze, z. B. derjenige beim alten Schloß, nicht in Betracht kommen konnten...

einst: Uracher Straße 241 / Uracher Straße 187   **Das Haus bei der „Wette"**   1957 abgebrochen

Eine Erklärung zur „Wette" und zur „Raise"

Mehrfach ist die Rede vom Haus an der „Wette" oder der „Raise". Zur Erklärung dieser in Vergessenheit geratenen Begriffe ist der Beschreibung des Oberamts Münsingen von 1912 auf Seite 96 zu entnehmen: Stehende Gewässer. „Die stehenden Gewässer des Bezirks sind von winziger Ausdehnung und wohl ausnahmslos künstlich angelegt; es sind die Hülen, Hülben, Raisen, Wetten, wie man sie abseits von den Flußtälern in jeder Ortschaft findet. Seit unvordenklichen Zeiten durch Aushub des Bodens und Verdichtung mit einem Lettenbeschlag hergerichtet, dienen sie als letztes Auskunftsmittel bei Feuersnot und wurden vor Errichtung der künstlichen Albwasserversorgung in den meisten Orten auch als Nutzwasser und selbst zur Viehtränke ausschließlich benützt.

Bei der Wette und bei der Raise in Münsingen war dies so nicht der Fall. Beide hatten einen natürlichen Wasser-Zufluß aus dem ergiebigen Quellgebiet des westlichen Hungerbergs. Die Wette in Münsingen (heute steht dort das Kriegerdenkmal 1914/18) war das Eldorado der Gänse und Enten. Von der ganzen, damals noch sehr kleinen Stadt her hatte dieses Federvieh den Lauf zur Wette. Am Abend kehrten sie dann wieder in ihre heimischen Ställe zurück. Der Abfluß der Wette zur Stadt hin ging entlang der Uracher Straße, wechselte vor dem Gasthaus Lamm auf die andere Straßenseite, vorbei am Waschhausbrunnen, unter der Lichtensteinstraße durch, säumte die Straße Im Bach, erreichte die Bachwiesen (heute steht dort das Rathaus mit dem Rathausvorplatz) und mündete dann in den Stadtbach. Noch bis in die 50er Jahre tummelten sich Gänse und Enten in dem damals noch offenen Bachbett entlang der Straße Im Bach.

Wenn die Münsinger einst in gemütlicher Runde saßen und die Geselligkeit ihren Höhepunkt erreichte, dann wurde vielfach noch das Liedchen angestimmt:

„Solang dia Gäs ond Enta en d'Wette hent da Lauf, solang hört die Gemütlichkeit bei de Mensenger gar net auf."

Jakob Heinrich Werner, Wegmeister und Stadtrat (11. 12. 1811 – 2. 7. 1864) baut im Jahre 1844 „eine neue Wohnung mit Scheuer unter einem Dach außerhalb Etters am Heiligen Berg an der Straße nach Urach, 2 Stock hoch". Er verkauft 1858 sein Haus an Johann Jakob Ruoß.

Johann Jakob Ruoß, Essigsieder – Küfermeister (15. 12. 1828 – 5. 3. 1896), bezieht 1858 das neu erworbene Haus bei der „Wette". Nach dem Tod seiner Ehefrau Regina Rosina geb. Schmid (4. 11. 1822 – 1. 12. 1887) heiratet er in zweiter Ehe am 27. 12. 1888 Caroline Regine geb. Werner (25. 9. 1839 – 22. 2. 1905), Tochter des Wegmeisters Jakob Heinrich Werner.

In der Folgezeit erwirbt der Schafhalter Ferdinand Eppinger, Sohn des Schafhalters Adam Eppinger, das Haus.

Ferdinand Eppinger, „Wette-Schäfer" (11. 10. 1848 – 22. 3. 1940), betreibt dort seine Landwirtschaft und Schäferei. Er ist auch Fallensteller für die Oberamtsstadt Münsingen und bekannt als Maulwurffänger.

Mitte rechts, Haus des „Wette-Schäfer", später das Holdersche Haus, Mitte links, die Wette

> **Oberamtsstadt Münsingen.**
> Die Stadtgemeinde sucht einen tüchtigen, geübten
> **Maulwurffänger**
> anzustellen.
> Geeignete Bewerber wollen sich binnen einer Woche bei der unterzeichneten Stelle melden.
> Den 5. Mai 1919.   **Stadtschultheißenamt.**

ALB BOTE: Mai 1919

einst: Uracher Straße 241 / Uracher Straße 187   **Das Haus bei der „Wette"**   1957 abgebrochen

Die Familie des Ferdinand Eppinger. In der Mitte der Sohn Friedrich, späterer Hahnenwirt

Adam Holder, Landwirt – Arbeiter (11. 2. 1875 – 9. 2. 1952)

Justine Holder geb. Holder (24. 7. 1886 – 29. 12. 1961)

Adam Holder ist Landwirt und bewirtschaftet einen Hof in Kochstetten. Wegen einer Erkrankung seiner Ehefrau ist er gezwungen, die Landwirtschaft aufzugeben. Er verkauft das Anwesen samt dem landwirtschaftlichen Grundbesitz und erwirbt 1916 das Haus Uracher Straße 187 von Ferdinand Eppinger. Hier betreibt er eine kleine Landwirtschaft mit zwei Kühen. Hauptberuflich arbeitet er im Zementwerk und später als Kommandanturarbeiter im Lager.

1957 wird das Haus abgetragen. Genutzt wird das Areal für die Erweiterung der Kriegerdenkmalanlage und des Ehrenhains für die im 2. Weltkrieg Gefallenen und Vermißten.

Aus der Ehe mit Anna Margarete geb. Münz (27. 3. 1848 – 31. 8. 1929), Tochter des Philipp August Münz, Ulmer Bote, entsprießen elf Kinder (vier Söhne und sieben Töchter).

Eine von Ferdinand Eppinger eingegangene Bürgschaft, die er 1902 einlösen muß, zwingt ihn, Haus und Hof nebst Ländereien zu verkaufen. Unter finanzieller Mithilfe seiner Söhne kann er sein Anwesen wieder zurückkaufen.

Ferdinand Eppinger

„Der älteste Münsinger feiert Geburtstag. Der frühere Schafhalter und Bauer Ferdinand Eppinger wird 90 Jahre alt."

Am 11. Oktober 1938 berichtet der ALB BOTE über dieses seltene Fest, das der greise Jubilar in erstaunlicher geistiger Frische feiern kann (siehe Seite 20, 28).

Justine Holder mit ihren Ziegen

einst: Uracher Straße 184, später: 186   „Die Lohmühle"   1920 abgebrochen / heute: Uracher Straße 34

„Eine Loh-Mühlen und Rothgerber Werkstatt bei der Wetten"

In der Lohmühle stellen die Rotgerber Johann Georg Haag und Christian Pfleiderer ihre Gerblohe her und verarbeiten in der Rotgerberwerkstatt die rohen Felle über den Gerbvorgang zum Leder.

Gerblohe ist: getrocknete und grobgemahlene Eichen- oder Fichtenrinde zum Gerben des Leders.

Johann Georg Haag, Rotgerber und Ratsverwandter (23. 8. 1769 – 14. 4. 1843), I. Ehe: Eva Barbara (21. 11. 1772 – 12. 6. 1832), II. Ehe Maria Catharina geb. Mak (9. 3. 1807 – 7. 1. 1896). Nach dem Tod von Johann Georg Haag führt Rotgerber Haags Witwe Maria Catharina Haag das Geschäft mit einem tüchtigen Gesellen weiter, geht aber am 24. 10. 1834 ihre zweite Ehe ein mit Christian Jakob Pfleiderer, Rotgerber.

Christian Jakob Pfleiderer, Rotgerber aus der Rotgerberstadt Schorndorf (28. 9. 1814 – 16. 10. 1860)

Maria Catharina Pfleiderer geb. Mak (9. 3. 1807 – 7. 1. 1896); siehe Seite 46, 38, 39.

Das Ehepaar Christian und Maria Catharina Pfleiderer übergibt das Geschäft an den Sohn Christian Pfleiderer.

Christian Jakob Pfleiderer jung, Rotgerber (4. 1. 1845 – Sept. 1876).

Marie Luise Pfleiderer geb. Boßler (3. 2. 1845 – 10. 9. 1912), Marie Luise Pfleiderer, seit September 1876 Witwe, heiratet am 19. 3. 1878 in zweiter Ehe Gottlob Heinrich Schwenk, Ökonom (16. 10. 1849 – 3. 2. 1934).

1879 geht die Lohmühle in den Besitz von Karl August Münz, Steinhauer, über.

Karl August Münz, Steinhauer und Maurer (8. 12. 1846 – 15. 10. 1930)

Auf dem Areal der ehemaligen Lohmühle baut Eugen Münz, der Sohn von Karl August Münz 1920 das Haus Uracher Straße 186, heute Uracher Straße 34.

Hopfenanbau in Münsingen

Oberamtsstadt Münsingen zwischen 1855 und 1887
Unten rechts eine Gerberhütte mit den zum Trocknen aufgehängten Fellen. Durch das Verhältnis zur Körpergröße der Männer liegt die Vermutung nahe, daß es sich links im Vordergrund um Hopfenstangen handelt (1: die Lohmühle, 2: die Ölmühle)

Hopfen feil.
Münsingen. Unterzeichneter hat 1¼ Centner Hopfen, ganz guter Qualität um sehr billigen Preis zu verkaufen.
Johannes Beck, vormaliger Cameralamtsdiener.

Intelligenzblatt für den Oberamtsbezirk Münsingen: 9. 11. 1839

Württemberg.
† Münsingen, 6. Okt. Der hiesige städtische Hopfen wurde zu 148 fl. pr. Ztr. verkauft. Prima-Qualität. Käufer: Adlerwirth Mayer hier.

Intelligenzblatt für den Oberamtsbezirk Münsingen: 6. 10. 1874

einst: Uracher Straße 183, später: 185

Die „Ölmühle"

1954 abgebrochen

> **„Ein Haus, worin eine Öl-Mühle bei der Wetten"**
>
> Die Ölmühle wurde teilweise durch Wasserkraft, gespeist von der Wette, teilweise durch Pferdeumlauf (Göpel) angetrieben.
> Sicherlich wurden hier die von den Landwirten angebauten Ölpflanzen Raps, Hanf und vielleicht auch in geringem Umfang Mohn verarbeitet. Außerdem lieferten heimische Buchen die Buchekkern, die ebenfalls zur Ölgewinnung genutzt wurden.
>
> *Göpel: Durch Zugtiere betriebener Hebel, der über ein Zahnrad die Kraft auf Arbeitsmaschinen überträgt. Arten sind Rundgang und Tretgang.*

1793: „David Maier, Zimmermann, verkauft an seinen Sohn H. Chr. Maier, Zimmermann, 1 ganze Ölmühle bei der Wetten für 150 fl. Gestorben am 21. 1. 1805 in Münsingen, alt 74 Jahr, 4 Monat, 26 Tag."
Johann Christoph Maier (9. 11. 1763 – 3. 11. 1833) Zimmermann und Ölmüller, Zunftmeister der Zimmerleute.

Johann Georg Maier (23. 4. 1802 – 26. 3. 1873), Zimmermann, Ölmüller und Werkmeister.
Johann Georg Maier, Werkmeister, setzt die Ölmühle 1856 wegen Wegzug zum Verkauf aus. Offensichtlich erfolgt der Wegzug nicht. Er stirbt 1873 in Münsingen.

Als neuer Besitzer wird 1887 der Steinhauer und Maurer August Münz genannt.
Bauunternehmer August Münz betreibt in der ehemaligen Ölmühle ein Bau- und Zementgeschäft. Er bleibt bis zu seinem Tod im Haus.
Der Schreinermeister Johannes Brändle (1881-1953) übt im Erdgeschoß in den 20er Jahren das Schreinerhandwerk aus und wohnt von 1931 bis 1939 hier. 1939 zieht die Familie Brändle in ihr neu erbautes Wohn- und Geschäftshaus in der Hauptstraße 52 um.
Während des zweiten Weltkrieges wohnt die Familie Eugen Ulmer in dem Münzschen Haus, das 1954 der Spitzhacke zum Opfer fällt.

Ulrike Münz geb. Eppinger (21. 7. 1846 – 29. 10. 1928), Tochter des Adam Eppinger, Schäfer

Karl August Münz, (8. 12. 1846 – 15. 10. 1930)

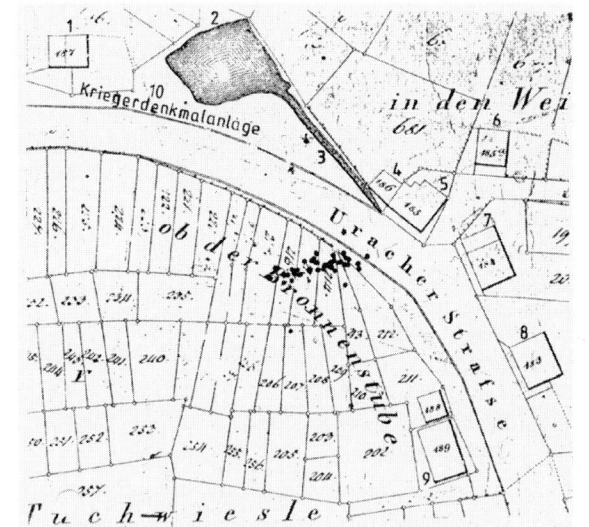

Die Liegenschaften um Lohmühle und Ölmühle:

1.) Ferdinand Eppinger – Adam Holder,
2.) Wette,
3.) Wette-Abfluß zur Stadt – Wasserkraftanschluß Lohmühle und Ölmühle,
4.) Lohmühle,
5.) Ölmühle,
6.) Scheune zu Ziff. 5,
7.) ehem. Gasthaus „Linde",
8.) Wohnhaus Familie Richard Schäfer,
9.) Salzstadel - Adolf Schreiber; Metallwarenfabrik - J. F. Schoell,
10.) heutige Kriegerdenkmal-Anlage

Die Ölmühle, das spätere Bau- und Zementgeschäft von August Münz

einst: Uracher Straße 186 — heute: Uracher Straße 34

Der Bauunternehmer Eugen Münz, der beim Vater August Münz das Maurerhandwerk erlernt, macht sich 1904 selbständig. Es beginnt mit Maurer- und Tiefbauarbeiten und der Schottergewinnung im Steinbruch Ziegelwäldle. In den frühen 20er Jahren folgt der Übergang zum Straßenwalzenbetrieb mit Dampfwalzen und Dieselwalzen. Mit Datum vom 31. August 1926 stellt die Firma Carl Kaelble, Motoren- und Maschinenfabrik, Backnang, eine neue „Suevia" Motorstraßenwalze „mit 15 tons Dienstgewicht und Spezial-Dieselmotor, vierzylindrig", in Rechnung.
Aus diesen bescheidenen Anfängen entwickelt sich ein namhaftes Straßenbauunternehmen.
Die 30er Jahre bringen einen wirtschaftlichen Aufschwung.

Eugen Münz, Bauunternehmer (24. 5. 1877 – 7. 1. 1967)

Damit einher gehen die Modernisierung und Erweiterung des Maschinenparks, sowie der Werkstatt und der übrigen Baulichkeiten.

Diese Entwicklung wird durch den Beginn des 2. Weltkrieges am 1. September 1939 jäh unterbrochen. Straßenwalzen und Maschinen samt dem Bedienungspersonal bekommen die Einberufung zur Organisation Todt.

In fast allen Kriegsgebieten in Polen, Rußland, Serbien und Frankreich werden sie zeitweilig eingesetzt. Der Betrieb in der Heimat ruht deshalb fast vollständig.

Bis ins hohe Alter nimmt Eugen Münz Anteil an der betrieblichen Entwicklung. Fast täglich kann man ihn noch auf einer der zahlreichen Baustellen sehen. Nach dem Krieg kommt ein Neubeginn. Die abgegebenen Maschinen kommen nicht wieder zurück, der Maschinenpark muß erneuert werden. Mühsam, Schritt für Schritt, geht es wieder aufwärts. Das Schotterwerk wird 1948 in Betrieb genommen und die Anlagen werden erneuert. Erwin Münz ist schon vor der Einberufung zum Wehrdienst im elterlichen Betrieb tätig. 1948 kommt er aus Kriegsgefangenschaft zurück, das Unternehmen hat wieder eine junge Kraft. Inzwischen firmiert das Geschäft „Eugen Münz & Söhne – Bauunternehmung – Straßenbau – Schotterwerk".

Erwin Münz (geb. 2. 11. 1916), Bautechniker, Bauunternehmer

Berta Münz, geb. Vogel (geb. 6. 10. 1920)

Albert Münz studiert an der Staatlichen Bauschule in Stuttgart mit dem Abschlußziel Bau-Ingenieur. Nach dem 2. Semester wird er zum Wehrdienst eingezogen. Kurz vor Kriegsende fällt er am 11. 3. 1945 bei Stuhlweißenburg.

Albert Münz, stud. Ing. (20. 12. 1918 – 11. 3. 1945)

Das Stammhaus der Bauunternehmung Eugen Münz & Söhne, 1920 erbaut

Eugen Münz, Baugeschäft Münsingen
Spezialgeschäft für Straßenbauten
Vermietung von Straßenwalzen, Autosteinbrechern, Kompressoren mit Gesteinsbohrmaschinen – Straßenbeteerungen jeder Art
Fernsprecher Nr. 337 — Bankkonto: Gewerbe- und Landwirtschaftsbank Münsingen — Girokonto Nr. 355 bei der Kreis-Sparkasse Münsingen

Anzeige im ALB BOTE

einst: Uracher Straße 186　　　　　　　　　　　　　　　　　　　　　　　　　　　　　　　heute: Uracher Straße 34

Erwin Beck, Kaufmann, Geschäftsführender Gesellschafter (11. 5. 1912 – 6. 10. 1969)

Eugenie Beck, geb. Münz (geb. 31. 12. 1914)

Am 1. 1. 1949 tritt der Schwiegersohn Erwin Beck, Kaufmann, als Geschäftsführender Gesellschafter in das Unternehmen ein. Seine Ehefrau Eugenie Beck war schon vor dem Krieg nach dem Besuch der Handelsschule als kaufmännische Sachbearbeiterin tätig gewesen.

Aus Rationalisierungs- und Wettbewerbsgründen erfolgt am 1. 4. 1973 der Zusammenschluß von fünf Baufirmen aus Münsingen und Umgebung zu einer Firmenkooperation und Arbeitsgemeinschaft, die dann 1976 zur Firmengründung Hoch - Tief - Straßenbau (HTS) führt.

Aus der Geschichte der Bauunternehmung Münz

Schwerer Zusammenstoß mit dem Personenzug 1056 bei Marbach. Eine Straßenwalze bringt die Lokomotive zur Entgleisung.
Am 7. August 1930 kam es beim Bahnübergang vor Marbach beim Schloß Grafeneck zu einem schweren Zusammenstoß der Straßenwalze samt Anhängewagen des Bauunternehmers Eugen Münz mit dem aus Münsingen kommenden Personenzug. Lokomotive und Straßenwalze waren stark beschädigt, die Lokomotive entgleiste, der Walzenführer Johs. Rauscher aus Apfelstetten konnte im letzten Augenblick abspringen. Glücklicherweise hat er keine ernsten Verletzungen davongetragen.

Straßenwalze bringt Lokomotive zur Entgleisung

Ein selbstfahrender Steinbrecher

Wohnhaus und Bauhof, Lautertalstraße 41, links: Geräteschuppen und Kraftfahrzeughalle – Werkstatt – Wohnhaus, rechts: Bauhof und Mischanlage

Wohnhaus und Bauhof, Lautertalstraße 41

einst: Uracher Straße 210, später: 189   # "Vom Salzstadel zur Metallwarenfabrik"   heute: Uracher Straße 19

"Ein Einstokigter Salzstadel vor dem unteren Thor, an der Uracher Straße, bei den Bronnen Stuben", 1823 erbaut.

Gustav Adolf Keller, Kaufmann, in Stuttgart geboren (4. 5. 1818 – 5. 3. 1890), kauft 1866 den Salzstadel von dem Conditor Carl Ludwig Daur und gründet hier eine Eisenwarenfabrik, in der vier bis sechs Männer beschäftigt sind.

Bereits 1844 heiratet G. A. Keller Luise Auguste Schnitzer, Tochter des Kaufmanns Andreas Thimotheus Schnitzer am Markt, und übernimmt 1859 nach dem Ableben des Schwiegervaters dessen Geschäft (später Carl Stiegler), siehe Seite 68.

Der am 10. 2. 1847 geborene älteste Sohn aus erster Ehe, Gustav Adolf Keller, fällt im deutsch-französischen Krieg 1870/71 am 30. 11. 1870 im Gefecht bei Villiers sur Marne.

1884 verkauft G. A. Keller die Eisenwarenfabrik an den Schmied Adolf Schreiber aus Ludwigsburg.

Adolf Schreiber, Schmied in Ludwigsburg (15. 2. 1849 – 13. 5. 1900), erwirbt 1884 die Kellersche Fabrik. Er stockt das Gebäude um zwei Stockwerke auf und erstellt zwei Eisenmagazine. Die Belegschaft wächst unter ihm auf zwölf Beschäftigte an.

Am 1. Oktober 1902 übernimmt der Eisenhandelskaufmann Fritz Unglert die Firma Adolf Schreiber Eisenwarenfabrik durch Einheirat. Unglert ist am 16. 5. 1875 in Füssen/Allgäu geboren worden und stirbt am 4. 4. 1964.

Ein Standortnachteil ist damals die unzulängliche Verkehrsanbindung. Die schweren Lasten können auf der Bahnlinie Münsingen – Reutlingen nicht befördert werden. Deshalb holt der Fuhrunternehmer und Mohren-Wirt Schwenk aus Laichingen jeden Donnerstag, bei Bedarf auch zweimal wöchentlich die Ware ab und gibt die Sendungen in Ulm auf.

Bei Beginn des Ersten Weltkriegs im August 1914 werden die Fabrikationsräume von der Militärverwaltung für eine Waffenmeisterei beschlagnahmt. Die Fabrikation muß eingestellt werden und auch Fritz Unglert erhält die Einberufung zum Kriegsdienst.

Der Wiederbeginn nach Kriegsende 1918 ist schwierig, die Werkzeuge sind zum großen Teil weggekommen, das Eisenlager ist leer.

Im ALB BOTE vom 10. Februar 1920 wird berichtet: "Am heutigen Tage sind es 50 Jahre, daß Herr Friedrich Starzmann, Schlosser von hier, ununterbrochen in der Eisenwarenfabrik der Firma Adolf Schreiber, bzw. deren Vorgängerin, der Firma G. A. Keller, beschäftigt ist. Herr Starzmann begeht diesen Tag in körperlicher und geistiger Frische und denkt noch lange nicht daran, sich zur Ruhe zu setzen. Die Firma Adolf Schreiber und seine Kollegen ließen es sich nicht nehmen, des greisen Jubilars – Kriegsveteran 1870/71 – ehrend zu gedenken. (...) Es folgte dann eine Würdigung der Verdienste des Jubilars durch Fritz Unglert.

Die Belegschaft der Firma Adolf Schreiber, Eisenwarenfabrik, vermutlich 1920: Das Bild (oben zweiter von links) Fritz Unglert mit 20 Mitarbeitern, ist möglicherweise aus Anlaß des 50jährigen Arbeitsjubiläums von Mitarbeiter Friedrich Starzmann entstanden

Richard Schäfer, Bankkaufmann – Fabrikant (13. 11. 1910 – 21. 7. 1993)

Alice Schäfer geb. Münz (geb. 6. 2. 1914)

Richard Schäfer, Bankkaufmann aus Döffingen, Kreis Böblingen, übernimmt am 1. Januar 1941 durch Kauf die Eisenwarenfabrik von Fabrikant Fritz Unglert.

Schon wenige Wochen später wird der neue Besitzer zur Wehrmacht einberufen. Auch die Belegschaft hat sich kriegsbedingt verkleinert. Einen breiten Raum nehmen in den Kriegsjahren die Wehrmachtaufträge ein.

Erst 1948 kann damit begonnen werden, den Betrieb in mehreren Bauab-

Die Schreibersche Fabrik

einst: Uracher Straße 210, später: 189   **„Vom Salzstadel zur Metallwarenfabrik"**   heute: Uracher Straße 19

Günter Schäfer, Wirtschafts-Ingenieur (FH) (14. 10. 1944 – 5. 12. 1978)

Ein kontinuierlicher Übergang in der Unternehmensführung vom Vater zum Sohn soll eingeleitet werden. Doch es kommt anders! Eine schwere Krankheit setzt Günter Schäfers Wirken am 5. 12. 1978 ein frühes Ende.

Im Jahr 1992 zieht das Unternehmen in die Robert-Bosch-Straße 6 im Industriegebiet West in Münsingen um. Für den Seniorchef Richard Schäfer ist dies die Krönung von 50 Jahren währender, zielbewußter Aufbauarbeit. Stolz und mit Genugtuung kann er das Unternehmen in junge Hände übergeben.

Am 21. Juli 1993 verstirbt Richard Schäfer nach einem erfüllten Leben. Das bisherige Fabrikareal übernimmt 1992 die Firma J. F. Schoell und eröffnet dort 1993 ein Eisenwaren-Fachgeschäft (siehe Seite 121).

schnitten bis 1972 neu zu gestalten. Alle alten Gebäude außer dem Verwaltungsgebäude werden abgebrochen. Damit einher geht die Betriebserweiterung durch Grundstückskäufe und Personalaufstockung. Das Fertigungsprogramm umfaßt mehr als 1000 Artikel und Spezialteile. Es erstreckt sich auf die Herstellung von Gitterrosten, Baubeschlägen und Kleineisenwaren, Freileitungsmaterial, Kfz-Zubehörteile, sowie Schnitt- und Stanzwerkzeuge.

J. F. Schoell Eisenhandlung, Uracher Straße 19

Das 1992 bezogene neue Werk im Industriegebiet West, Robert-Bosch-Straße 6, mit 20 000 Quadratmeter Betriebsgröße ist mit modernen, nach Betriebsabläufen optimierten Arbeitsplätzen ausgestattet.

Der Hauptbereich im neuen Werk ist die Gitterrostfertigung. In weiteren Fertigungsbereichen stellt das Unternehmen Industrie- und Stanzteile sowie Baubeschläge her.

Modern ausgerüstet: die Fabrikationshalle der Firma Schreiber

Nach dem Studium zum Wirtschafts-Ingenieur an der Fachhochschule in München tritt Günter Schäfer 1971 in die elterliche Firma ein. Mit viel Elan arbeitet sich der künftige Firmeninhaber in das neue Aufgabengebiet ein.

Die Firma J. F. Schoell lädt am 16. Juni 1993 zur Eröffnung ihres Eisenwaren-Fachgeschäfts an der Uracher Straße 19 ein. Gleichzeitig mit der Eröffnung wird auch der Verwaltungssitz des Unternehmens hierher verlegt.
Nach dem Erwerb des Fabrikareals der Firma Adolf Schreiber Metallwarenfabrik im Jahr 1992 und deren Abzug ins Industriegebiet West beginnt die Neugestaltung der bisherigen Anlagen. Die ehemaligen Fabrikhallen werden abgerissen. Auf einer Fläche von zirka 50 Ar entstehen Lager, Werkstätten und ausgedehnte Verkaufsräume.

einst: Uracher Straße 272 | heute: Uracher Straße 17

Feuerwehrmagazin (links) – Farrenstall (rechts)

Im April des Jahres 1849 gibt die Württembergische Regierung infolge eines großen Brandfalles den Behörden die Weisung, in größeren Gemeinden auf die Einführung von gut eingeübten Feuerlöschmannschaften („Pompier-Corps") hinzuwirken.

ALB BOTE 5. 7. 1887

Obwohl die Gründung einer Feuerwehr von den Bürgern immer wieder angemahnt wird, dauert es noch 16 Jahre, bis auch Münsingen eine obligatorische Feuerwehr bekommt. Im ALB BOTE vom 23. August 1865 wird mitgeteilt:

„Nachdem nun endlich auch hier eine obligatorische Feuerwehr errichtet und organisiert ist, wird sie am nächsten Bartholomäfeiertag früh 6 Uhr ihre erste Probe halten. Schon letzten Sonntag hielt die Steigerkompanie eine Vorübung, bei welcher sie erfreuliche Proben ihrer unerschrockenen Gewandtheit ablegte."

Im gleichen Jahr, 1865, wird das Feuerwehrmagazin und der Farrenstall an der Uracher Straße 272, heute Uracher Straße 17, erbaut. Am 18. 10. 1958 zieht die Feuerwehr von dem bisherigen Feuerwehr-

ALB BOTE 16. 7. 1895

magazin in das Gebäude Wolfgartenstraße 32 um. Das seitherige Feuerwehrmagazin wird an die Firma Adolf Schreiber, Baubeschläge- und Eisenwarenfabrik, vermietet. Zur Betriebserweiterung der Firma Adolf Schreiber verkauft die Stadt Münsingen mit Kaufvertrag vom 9. November 1960 das frühere Farrenstallgebäude mit Feuerwehrmagazin Uracher Straße 17 an Richard Schäfer zum Gesamtkaufpreis von 20.000,– DM. Diese Baulichkeiten werden 1961 abgerissen und eine Shedhalle nebst Betriebsparkplätzen errichtet. Zwischenzeitlich hat sich die „PLUS"-Warenhandels-GmbH & Co. OHG in den bisherigen Fabrikationsräumen eingemietet.

Das heutige Areal

einst: Adlerstraße 204 **heute: Uracher Straße 16**

Vom 16. Jahrhundert bis in die Gegenwart reicht eine direkte Linie von Philipp Heinrich Haueisen bis zur Firma Gustav Vöhringer Kachelöfen/Fliesen.

Die Familien Haueisen sind alteingesessene Münsinger. Sie gehen auf den Stammvater Hans Hawysen (geb. um 1533, gest. 23. 3. 1623), 1587 Bürgermeister in Münsingen, zurück. Von den zwölf Generationen der Hafner-Haueisen-Linie haben die letzten sieben Generationen das Hafner-Geschäft in Münsingen betrieben. Der Beiname „Torhafner" hat sich bis in die jüngste Zeit gehalten. Der Standort des Gebäudes Adlerstraße 204 war unmittelbar „Beim unteren Tor".

Philipp Heinrich Haueisen, Hafner in Münsingen (26. 4. 1691 – ?), Ehe mit Barbara geb. Schall am 19. 9. 1714;

Heinrich Haueisen, Hafner in Münsingen (7. 2. 1716 – 18. 10. 1783), Ehe mit Anna Barbara geb. Hauff am 17. 4. 1736;

Philipp Heinrich Haueisen, Hafner in Münsingen (13. 9. 1746 – 28. 12. 1794), Ehe mit Juliana geb. Bolay (24. 8. 1754 – 6. 12. 1836) aus Mundingen am 3. 5. 1774;

Philipp Heinrich Haueisen, Hafner in Münsingen (27. 3. 1808 – 22. 12. 1871), Ehe mit Magdalena geb. Bleher verw. Freitag aus Auingen, gestorben 24. 3. 1865.

Johann Jakob Haueisen, Hafnermeister in Münsingen (24. 2. 1839 – 9. 3. 1900), Hochzeit am 1. 6. 1869 mit Luise geb. Eppinger (21. 2. 1841 – 25. 11. 1900), Tochter

Johann Jakob Haueisen und Luise, geb. Eppinger, im Jahr 1897

des Adam Eppinger, Schäfer, genannt „der lange Adam".

Jakob Haueisen erwirbt 1882 das Haus Adlerstraße 204 von dem Seifensieder Gottlieb Bihler. Nach dem Ableben von Jakob Haueisen führt die Witwe Luise Haueisen das Geschäft zusammen mit ihren Söhnen weiter.

1897: Carl Haueisen, Hafnermeister in Münsingen (6. 4. 1872 – 9. 4. 1947), Heirat mit Magdalena geb. Ruoß (24. 4. 1872 – 11. 3. 1932) am 1. 4. 1902

Sommer 1938: Um den holzgeschnitzten Wegzeiger gruppiert sich der Tanzkurs „Vergißmeinnicht"– im Hintergrund: an das Haus Haueisen angebaut war ein zum Gasthof Ochsen gehörendes Gebäude, es wurde am 2. 8. 1957 abgebrochen

Emma Haueisen hat das vom Vater übernommene Geschäft weiter ausgebaut. 1936 wird ein Ausstellungsraum in die Scheune eingebaut, aus dem in der Folgezeit ein ansprechend gestalteter Verkaufsraum wird. Ein reichhaltiges Angebot an Öfen, Kachelöfen, Herden und Fliesen, sowie der handwerklich geführte Kachelofenbau und die Fliesenlegerei bringen steigende Umsatzzahlen.

Der Geschäftsinhaberin wird 1. Juli 1964 eine seltene Ehrung zuteil: Zum 250jährigen Bestehen ihres Betriebes überreicht ihr ein Vertreter der Hand-

Emma Haueisen, Geschäftsinhaberin (25. 1. 1906 – 15. 9. 1987)

werkskammer Ulm eine Ehren-Urkunde.

1985 zieht sich Emma Haueisen aus gesundheitlichen Gründen aus dem Geschäftsleben zurück und verpachtet das Geschäft an den Fliesenlegermeister Gustav Vöhringer.

Mit dem Tod von Emma Haueisen am 15. 9. 1987 erlischt der Familienstamm Hafner-Haueisen.

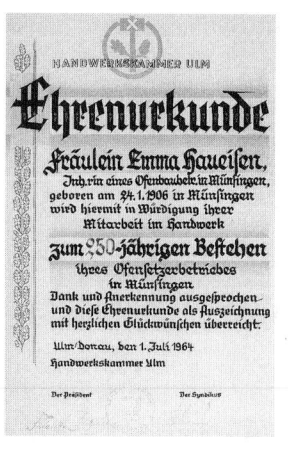

einst: Adlerstraße 204   heute: Uracher Straße 16

Das Geschäftshaus Haueisen in der Uracher Straße 16

Der grundlegende Umbau des Geschäftshauses Haueisen durch Gustav Vöhringer gab dem Stadtbild an der Lamm-Kreuzung eine besondere Note

Gudrun Vöhringer, geb. Hipp (geb. 28. 9. 1941)

Gustav Vöhringer, Fliesenlegermeister (geb. 2. 7. 1936)

Die neuen Verkaufsräume

Ingo Vöhringer (geb. 24. 8. 1965)

Joachim Vöhringer (geb. 22. 8. 1968)

Gustav Vöhringer ist gerade 23 Jahre alt, als er im Jahr 1960 in seinem Heimatort Bernloch einen Fliesenmarkt eröffnet. Im Jahr 1978 sieht Vöhringer eine Chance, seine Firma in Münsingen zu etablieren. Das gelingt auch mit der Eröffnung eines Ladengeschäfts in der Hauptstraße. 1985 kann er durch die Übernahme des Geschäfts Haueisen-Ofenbau in der Uracher Straße 16 die Vergrößerung vorantreiben.

Am 17. Februar 1995 kann die Firma Gustav Vöhringer im Industriegebiet Dottinger Straße 36 einen Neubau beziehen, der dem Geschäft eine neue Basis verschafft. Auf rund 500 Quadratmetern Verkaufs- und Ausstellungsfläche finden die Kunden sämtliche Baustoffe und Materialien zu den Themen Fliesen und Kachelöfen vor.

Nach und nach treten auch die beiden Söhne Ingo Vöhringer, Fliesenlegermeister, und Joachim Vöhringer, Meister im Kachelofen- und Luftheizungsbauer-Handwerk, heute Mitglieder der Geschäftsleitung, in den Betrieb ein.

Blick auf das alte Geschäftshaus

Der Neubau

einst: Adlerstraße 201 — heute: Uracher Straße 9

Die Familie des Adam Eppinger, seines Zeichens Schäfer.

Johann Adam Eppinger, Schäfer (29. 11. 1800 – 23. 2. 1871)

Der große Eppinger-Familien-Clan, seinerzeit im Volksmund „d'Schäfer-Bande" genannt, hat heute noch zahlreiche Nachkommen in unserer Stadt.

Adam Eppinger, seiner Körpergröße wegen „der lange Adam" genannt, wird am 29. 11. 1800 als Sohn des Küfers Johannes Eppinger zu Notzingen geboren.

Die Ehe mit Agnes Maria, geb. Scholl, aus Münsingen (17. 7. 1805 – 2. 1. 1870) wird mit 15 Kindern gesegnet, davon vier Buben. Das erste Kind, Hieronymus (29. 4. 1823) wird tot geboren.

Adam Eppinger wird 1827 als Besitzer des landwirtschaftlichen Anwesens „vor dem unteren Thor" beim Gasthaus „Lamm" genannt. Dort betreibt er seine Landwirtschaft und Schäferei, bis sein Sohn Gottlieb („dr Schäfer Adama-Gottliab") den Betrieb übernimmt.

Ferdinand Gottlieb Eppinger, Ökonom (21. 6. 1844 – 15. 3. 1921)

Gottliebs Tochter Marie heiratet den Glaser und Musikus Albert Scheck (Davidsohn). Dieser betreibt seine Glaserei im Erdgeschoß des Hauses rechts vom Hauseingang bis er

Nach mündlicher Überlieferung soll dieses Haus ursprünglich in Grafeneck gestanden haben. Dort sei es abgetragen und in Münsingen in der Uracher Straße 201 neu erstellt worden

1904 das Haus in der Bachwiesenstraße baut (siehe Seite 106). 1905 verkauft Gottlieb Eppinger einen Teil seiner Güter. Möglicherweise hat er den Erlös dem Schwiegersohn (Tochtermann) Albert Scheck zur Finanzierung des Neubaues beigesteuert.

Sein Sohn Louis, „dr Schäfer-Adama -Gottliaba - Louis" übernimmt nach dem Ableben des Vaters das elterliche Anwesen.

Ludwig (Louis) Eppinger, Landwirt (18. 9. 1873 – 7. 7. 1945)

Nach seiner Zurruhe-Setzung verkauft Louis 1938 das gesamte Areal mit Haus und Hof an Albert Bader. Während des 2. Weltkriegs 1939/45 wird das Haus zur Unterbringung von Kriegsgefangenen benutzt. Erst nach dem Krieg ist es möglich, das Anwesen einer neuen Nutzung zuzuführen (siehe Seiten 10, 28).

Anzeige im ALB BOTE 1905

Im März 1921, allseits geachtet und als Veteran des deutschfranzösischen Kriegs von 1870/71 geehrt, hat Gottlieb Eppinger das Zeitliche gesegnet

einst: Adlerstraße 201 heute: Uracher Straße 9

Die neuen Geschäftsräume der Firma Bader an der Uracher Straße im Jahre 1954

Die Firma Auto-Bader Münsingen läßt 1954 die Baulichkeiten abtragen und erstellt auf dem Areal ein Geschäftshaus mit Ausstellungsraum, Büro, Wohnung und einer Autoreparaturwerkstätte mit Tankstelle. Die Firma Auto-Bader wird zum 1. 1. 1987 von der Firma Opel-Sauer, Reutlingen, übernommen (siehe Seite 110).

Hilde Reiff im Gespräch mit dem Tankwart

Renate Bader, geb. Manz (geb. 10. 7. 1935)

Albert Bader, Kaufmann, (geb. 19. 10. 1932)

Ernst Goller, Meister im Kfz-Handwerk (geb. 31. 1. 1928)

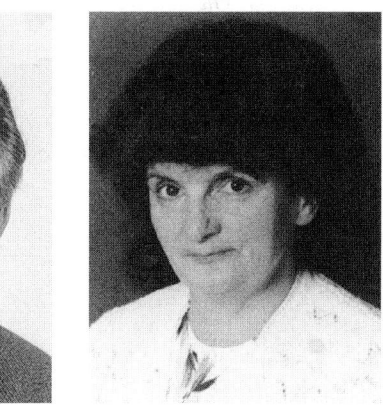

Trude Goller, geb. Bader (geb. 27. 3. 1927)

Hilde Reiff, geb. Bader (geb. 29. 8. 1936)

| einst: Grafenecker Straße/Hauptstraße/Adlerstraße/Uracher Straße | heute: Uracher Straße 1 |

Das Progymnasium, Grafenecker Straße 303, (zuletzt: Hauptstraße 15) und der Häuserblock Adlerstraße 207 – Uracher Straße 1 – 3 – 5 werden 1987 für den Neubau des Altenwohnhauses Samariterstift abgerissen. Das Progymnasium stand in der Grafenecker Straße 303 – Hauptstraße 15. Das ursprüngliche Volksschulgebäude wurde 1890 erbaut und ab 1912, als das neue Schulgebäude auf den Schloßwiesen gebaut war, als Realschule, Oberschule und Progymnasium genutzt.

Karl Bezler, Schlossermeister (2. 1. 1842 – 16. 3. 1895), und Sohn Karl Bezler, Schlossermeister (9. 2. 1866 – 1. 1. 1906), betreiben in der Uracher Straße 1 eine Schlosserei sowie den Handel mit Baubeschlägen und Kochherden.

Der Schmied Johann Georg Schwenk (16. 1. 1865 – 7. 6. 1931), „Türkenschmied" genannt, erwarb das Bezlersche Anwesen, nachdem sein Vater Jakob Schwenk zuvor schon im Haus Adlerstraße 207, zuletzt Uracher Straße 3, seine Schmiede hatte. Er war von kräftiger Statur. Zeitzeugen erzählten, der „Türkenschmied" habe seinen Amboß frei in die Höhe gestemmt. Woher aber dieser Beiname kam, ist nicht zu ergründen. Selbst seine Tochter Pauline Mauch geb. Schwenk wußte keine Erklärung hierfür, in der Türkei sei er nie gewesen.

Anzeige im ALB BOTE: 23. 3. 1895

Vom 26. 5. 1908 bis September 1909 war dann Hans Brändle in der Werkstatt des verstorbenen Karl Bezler beim Schulhaus als selbständiger Schlosser tätig.

Progymnasium: Grafenecker Straße 303 – Hauptstraße 15 – heute: Uracher Straße 1

Die alte Schmiede; vorne rechts linke Bildhälfte: Uracher Straße 1

Das Wohn- und Geschäftshaus von Schuhmachermeister August Neunhöfer, zuletzt von der Kreissparkasse Münsingen für eine geplante anderweitige Nutzung gekauft.

Der einstockige Querbau beherbergt die alte Schmiede, der Mittelbau die 1925 von Schmiedemeister Christian Kuhn erbaute neue Schmiedewerkstatt und das Wohnhaus von Schmiedmeister Christian Kuhn, Adlerstraße 207, zuletzt: Uracher Straße 1.

Anzeige im ALB BOTE: 7. 9. 1909

Johann Blochinger (11. 4. 1883 – 9. 7. 1950) betrieb eine Schlosserei und ein Herdgeschäft. Er begann hier am 7. 9. 1909 seine selbständige Tätigkeit, wechselte 1912 in das von ihm gekaufte Haus Gartenstraße 353, heute Bachwiesenstraße 3, und ging 1914 als Maschinenwärter an das Städtische Pumpwerk Seeburg, wo schon sein Vater Ulrich Blochinger tätig gewesen war (siehe Seite 105).

Nach dreijähriger aktiver Dienstzeit in einem Württ. Ulanen-Regiment, die sich nahtlos dem 1. Weltkrieg anschloß, erwirbt der Fahnenschmied Christian Kuhn 1920 das Schmiedeanwesen von Johann Georg Schwenk. Ein Fahnenschmied ist der bei der berittenen Truppe den Hufbeschlag ausführende Unteroffizier.
1925 erstellt er die neue Schmiede zwischen dem Querbau der einstockigen alten Schmiede und dem Wohnhaus.

einst: Grafenecker Straße/Hauptstraße/Adlerstraße/Uracher Straße heute: Uracher Straße 1

Johann Georg Schwenk (linkes Bild) und seine Familie: Ehefrau Katharine Magdalene Schwenk geb. Werner (17. 2. 1866 – 25. 9. 1937), Tochter des Glasers und Glasmalers Konrad Werner, Töchter Berta (28. 7. 1898 – 2. 11. 1916) und Pauline verh. Mauch (geb. 6. 6. 1904)

Manfred Kuhn (geb. 22. 12. 1920)

Nach der Rückkehr aus Krieg und Kriegsgefangenschaft im Oktober 1946 arbeitet der Schmiedmeister und Hufbeschlagschmied Manfred Kuhn im elterlichen Betrieb weiter, bis er am 1. 4. 1951 das Geschäft vom Vater übernehmen kann. Vor Abbruch des Häuserblocks 1987 stellt Manfred Kuhn die komplette Schmiedewerkstatt dem Bauernhaus-Museum Hohenstein zur Verfügung.

Christian Kuhn, Schmiedmeister (26. 2. 1891 – 16. 2. 1981), Frieda Kuhn geb. Mauser (10. 9. 1891 – 19.10.1974)

Schmiedmeister Manfred Kuhn bei der Arbeit

Familie Christian Kuhn – hinten: Gertraude Kuhn verh. Neumann (geb. 19. 12. 1925), Kurt Kuhn (2. 12. 1919 – 23. 10. 1944), gefallen bei Goldap, und Manfred Kuhn (geb. 22. 12. 1920)

Werkstattunterricht mit den Schmiede-Lehrlingen. Hinter dem Amboß Schmiedemeister Christian Kuhn, zweiter von rechts Schmiedmeister Christian Späth

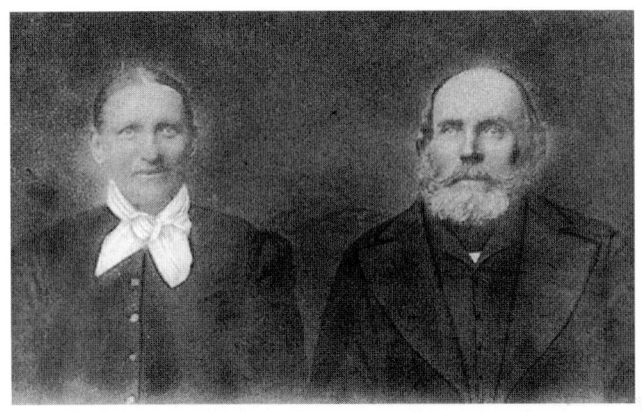

Johann Jakob Schwenk, Schmied (27. 12. 1829 – 15. 12. 1906)
Dorothee Mathilde Schwenk geb. Rolle (18. 6. 1837 – 21. 7. 1898)

August Neunhöfer, Schuhmachermeister (7. 11. 1885 – 6. 1. 1951)

August Neunhöfer gründet am 1. September 1907 im Hause des Gottlieb Eppinger, vis-à-vis vom Gasthaus zum Lamm ein Schuh-, Maß- und Reparatur-Geschäft und verlegt dieses am 2. 5. 1908 in das von ihm käuflich erworbene Haus Adlerstraße 207 – Uracher Straße 3. Zuvor baut er in die bisherige Schmiede eine Schuhmacherwerkstatt und einen Schuhverkaufsraum ein. Später erwirbt die Kreissparkasse Münsingen das Gebäude.

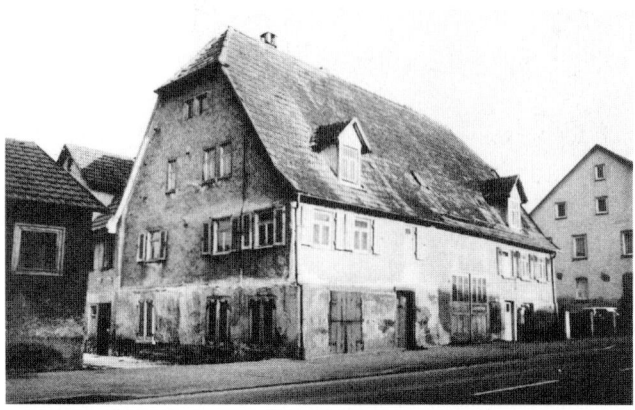

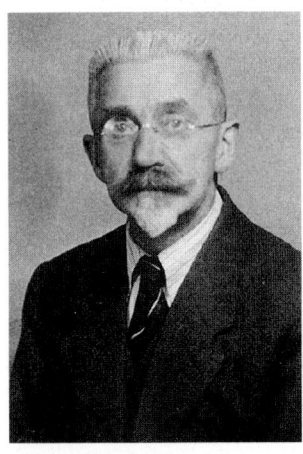

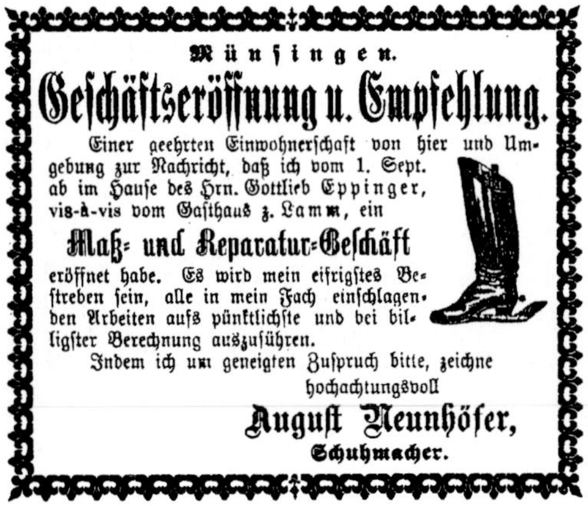

Münsingen.

Geschäftseröffnung u. Empfehlung.

Einer geehrten Einwohnerschaft von hier und Umgebung zur Nachricht, daß ich vom 1. Sept. ab im Hause des Hrn. Gottlieb Eppinger, vis-à-vis vom Gasthaus z. Lamm, ein

Maß- und Reparatur-Geschäft

eröffnet habe. Es wird mein eifrigstes Bestreben sein, alle in mein Fach einschlagenden Arbeiten aufs pünktlichste und bei billigster Berechnung auszuführen.

Indem ich um geneigten Zuspruch bitte, zeichne hochachtungsvoll

August Neunhöfer,
Schuhmacher.

ALB BOTE 7. 9. 1907

In der Adlerstraße 207 – Uracher Straße 3 betreibt Jakob Schwenk eine Schmiede. Sie ist in der Südost-Ecke des Hauses untergebracht, wo später der Schuhladen und die Werkstatt von Schuhmachermeister August Neunhöfer angesiedelt wird.

Jakob Schwenk aus Zainingen hat seine Ehefrau aus Laufen (Basel Land) in der Schweiz von der Wanderschaft hierher mitgebracht. Oft hatte sie Heimweh nach der Schweiz, dann ging sie auf den Beutenlay und schaute traurig hinüber in ihre Heimat, so ist es überliefert.

Das Doppelhaus: Adlerstraße 207
zuletzt: Uracher Straße 3 und 5

Linke Haushälfte: Wohn- und Geschäftshaus von August Neunhöfer, Schuhmachermeister, zuletzt im Besitz der Kreissparkasse Münsingen. Rechts im Bild das Gasthaus Adler

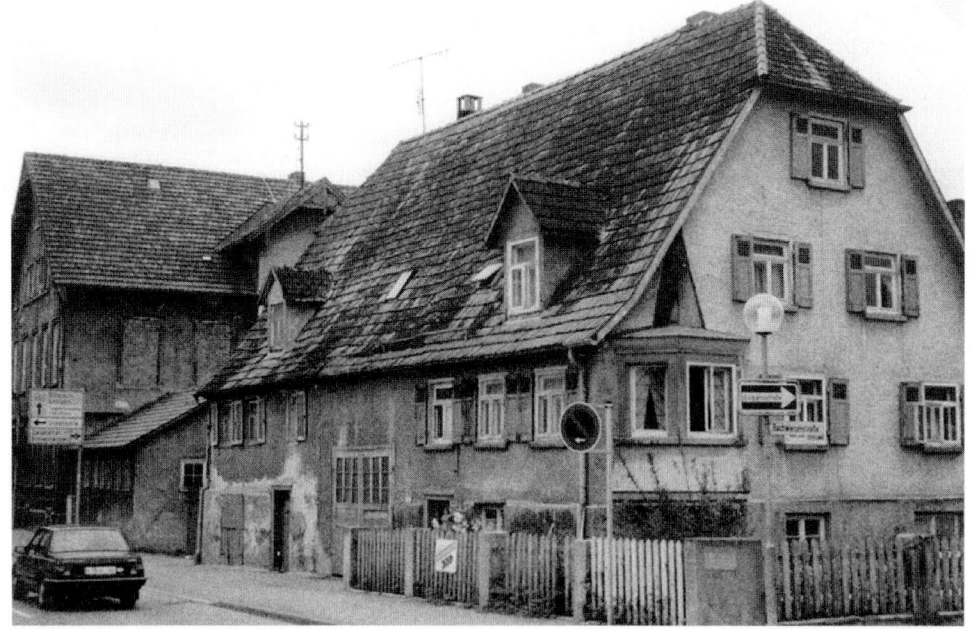

Rechte Haushälfte: Wohn- und Geschäftshaus von Ernst Münz, Bauunternehmer, zuletzt Uracher Straße 5 – links im Bild das Progymnasium, zuletzt: Hauptstraße 15

einst: Grafenecker Straße/Hauptstraße/Adlerstraße/Uracher Straße heute: Uracher Straße 1

Ernst Münz, Bauunternehmer (29. 11. 1872 – 17. 11. 1966)

An das Gebäude 207 baut Ernst Münz ein Magazingebäude sowie ein Werkstattgebäude, Gartenstraße 207, das heutige Wohngebäude von Sofie Mezger, Bachwiesenstraße 1, an.
Ernst Münz ist von 1920 bis 1933 Kommandant der Freiwilligen Feuerwehr Münsingen.

1933 tritt der Bau-Ingenieur Friedrich Mezger in das Baugeschäft Ernst Münz ein. Damit verbunden war die Gründung der Firma

Das Areal, auf dem seit 1990 das Altenwohnhaus Samariterstift steht, hatte eine wechselvolle Nutzung. Es umfaßt Teile der früheren Adlerstraße und der Grafenecker Straße, der heutigen Uracher- und Hauptstraße

Friedrich Mezger, Bau-Ingenieur (3. 1. 1908 – vermißt in Stalingrad, letzte Nachricht von Januar 1943)

Sofie Mezger geb. Münz (geb. 22. 5. 1909)

Der Bauunternehmer Ernst Münz erwirbt 1898 das Haus von der Witwe Christine Margarethe Freitag geb. Haible (2. 1. 1834 – 25. 11. 1904), einer Tante seiner Ehefrau.

Münz & Mezger, Bauunternehmung. Die Firma erlischt, nachdem Friedrich Mezger aus dem Krieg nicht zurückkehrt und Ernst Münz altershalber aus dem Berufsleben ausscheidet.

Am 12. 10 1990 wurde das Altenwohnhaus eingeweiht

einst: Ortsweg 190 / 188 a / Fabrikstraße 198 / 197   heute: Im Bach 6 / 7

Das Ruoßsche Stammhaus (links), die Ruoßsche Bildweberei (rechts)

„Johann Jacob Ruoß (1765-1834), Herrschaftlicher Bild- und Damastweber, ein württembergischer Industriepionier aus Münsingen."

Unter diesem Titel hat der Stadtarchivar Günter Randecker die Geschichte dieses ersten Industriebetriebs in Münsingen aufgearbeitet. Nachstehende Ausführungen sind der Dokumentation entnommen:

Johann Jacob Ruoß, Bild- und Damastweber-Fabrikant (25. 2. 1765 – 23. 2. 1834), Ehe am 1. 4. 1788 mit Elisabethe Margaretha geb. Krehl (12. 6. 1764 – 20. 1. 1849).

„Johann Jacob Ruoß wurde am 25. Februar 1765 als Sohn des Münsinger Webers Johannes Ruoß und der Anna Elisabethe geb. Lok geboren. Ebenso wie sein Vater erlernte er das Weberhandwerk. In Schlesien und Altona ließ sich Johann Jacob Ruoß ausbilden. Er verheiratete sich 1788 mit Elisabethe Margaretha, Tochter des Sattlermeisters Johann Jacob Krehl, brachte 905 Gulden und 41 Kreuzer mit in die Ehe. Im gleichen Jahr machte er sich in seiner Heimatstadt selbständig."

„Im Bach 7-9/Ecke Lichtensteinstraße 5-9, den früheren Gebäuden Nr. 188/188a, und auf dem Platz Im Bach 6 (früheres Gebäude Nr. 190) wurde ein bedeutendes Kapitel Münsinger und darüber hinaus südwestdeutscher Industriegeschichte geschrieben. Hier legte der Bildweber Johann Jacob Ruoß den Grundstein zur ersten württembergischen „Bild- und Damastweberey-Fabrique". Mit dem Jahr 1788 beginnt in Münsingen das Zeitalter der Industriekultur."

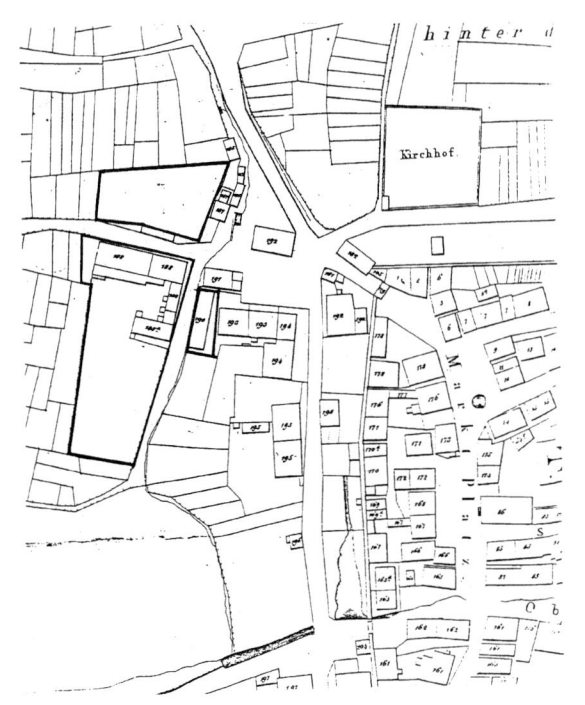

Die herrschaftliche Bild- und Damastweberei Johann Jacob Ruoß, Vater und Sohn, Gebäude Nr. 188, 188a und 190 vor dem unteren Tor (Nr. 179) in Eschmannsgassen wurde Ende des 18., Anfang des 19. Jahrhunderts in einem zusammenhängenden Gebäudekomplex errichtet. Zum Ruoßschen Besitz gehörten auch über ein Morgen Wiesen „Im Bach" und ein großer Garten in Eschmannsgassen hinter dem Waschhaus (Nr. 186). Die Ruoß-Kinder waren großenteils in Münsinger Bürgerhäuser eingeheiratet: Johannes Ruoß, zuerst Adlerwirt (Nr. 195), dann Traiteur im Gebäude Nr. 11 am großen Brunnen in der vorderen Gasse; Barbara verheiratet mit dem Begründer des Kaufhauses J. F. Schoell; Anna Dorothea, Ehefrau des letzten Ochsenwirts mit dem Namen Schöll (Nr. 178), Caroline verheiratet mit dem Schullehrer und Liederkranzbegründer Philipp Strobel (Nr. 79) und Johann Jacob Ruoß, verheiratet mit der Tochter des Posthalters und Hirschwirts Schöll. Der Färber Friedrich Ruoß wohnte 1847 in Gebäude 187. In Nr. 185 befand sich eine Rotgerberhütte bzw. eine Hafnerbrennhütte (1892 abgebrochen und neu erbaut als zweistockiges Armenhaus mit Wasch- und Backküche).

Johann Jacob Ruoß gründete die erste Bild- und Damastwebereifabrik in Württemberg vor den Mauern der Stadt und erhielt dafür bald den Rang eines herrschaftlichen Bildwebers. Der Stuttgarter Expeditionsrat und Gewölbsverwalter Landauer pries den Pioniergeist des Münsinger Unternehmers:

„Nachdem Johann Jacob Ruoß in Münsingen am 4. Januar 1798 als herrschaftlicher Bild- und Damastweber aufgestellt, ihm die herrschaftlichen Webstühle von Urach aus übergeben, nach Münsingen transportiert und der herzoglichen Gewölbsverwaltung aufgegeben worden, das für den Hof erforderliche Tafelzeug, als Damast, Tafeltücher und Servietten mit Wappen und Namen sowohl als anderes fein gebildetes Tischzeug bei besagtem Ruoß zu bestellen und verfertigen zu lassen: Und da dieser neu aufgestellte Bild- und Damastweber die erste Bestellung zur Zufriedenheit des Hofes verfertigt und eingeliefert, zugleich aber versichert und versprochen, daß in der Folge bei noch besserer Einrichtung alles noch besser als die erste Probe ausfallen solle; so nimmt Unterzeichneter keinen Anstand, besagtem Ruoß einem geehrten Publico bestens zu empfehlen, um so mehr, da er – der Unterfertigte – schon öfters um die Adresse eines erprobten Bild- und Damastwebers angesprochen worden. Man siehet sich also enthoben, bei diesem Bedürfnis sich ans Ausland zu wenden."

einst: Ortsweg 190 / 188 a / Fabrikstraße 198 / 197 heute: Im Bach 6 / 7

Münsingen war um 1800 auf dem Bild- und Damastwebereisektor die erste Adresse in Württemberg. Fabriken befanden sich damals außer der Ruoßschen Manufaktur keine in dem Oberamt. Vater Johann Jacob Ruoß und zwei Söhne betrieben drei Bild- und Damastwebereien, konnte die Münsinger Oberamtsbeschreibung im Jahre 1825 feststellen: „Diese Anstalten verdienen einer besonders ehrenvollen Erwähnung: sie waren in ihrer Art lange die einzigen im Lande, und liefern eine Ware, welche jeder ausländischen an die Seite gesetzt werden darf. Der Vater Johann Jacob Ruoß ist zugleich der Gründer dieses schönen Industriezweiges."
Der Textilpionier von der Münsinger Alb Johann Jacob Ruoß erhielt für seine Verdienste eine silberne Medaille von Friedrich II., der bis 1816 regiert (1797 Herzog – 1803 Kurfürst – 1805 König). 17 Jahre später übergab Ruoß seine Fabrik an seinen Sohn und im Jahr darauf, am 23. 2. 1834, verstarb er.

Jung Johannes Jacob Ruoß trat in die Fußstapfen seines Vaters und gründete 1816 eine zweite Münsinger Bildweberei…

Ruoß Vater beschäftigte 1832 20 Personen innerhalb seiner „Fabrique" und 50 Arbeiter außerhalb des Betriebes. Die Zahl der Betriebsmitarbeiter von Ruoß Sohn wurden mit 18 angegeben. Absatzgebiete der Leinwandhandlung waren Baden, Frankreich, die Schweiz und Italien.

Johannes Ruoß, Schmied (29. 2. 1808 – 23. 6. 1872), verheiratet mit Christine Majer (22. 5. 1804 – 1. 1. 1883), ein Neffe von Johann Jacob Ruoß sen., übernimmt 1847 das ehemalige Ruoßsche Fabrikgebäude, in das 1846 eine Schmiede und eine Wohnung eingebaut wird, wo er dann sein Handwerk ausübt.

Anzeige 19. 4. 1843

Familie Jacob Bubeck – Kinder: vo. li. Marie Christine verh. Wiech (1872-1921), Wilhelm Rosine verh. Warth (1878-1948), Wilhelm Jakob (1877-1943), Sofie Friederike verh. Wiech (1880-1958), Imanuel Gottlieb (1873-1931), Lydia verh. Gaßmann (1884-1978)

Das Haus gehört je zur Hälfte der Schmieds-Witwe Johannes Ruoß und Jacob Bubeck, letzterem seit 1883 ganz.

Eberhard Jacob Bubeck, Bauer aus Obertürkheim (9. 1. 1844 – 22. 10. 1916), heiratet am 3. 10. 1871 Marie Karoline Ruoß (26. 12. 1844 – 24. 3. 1905), Tochter des Schmiedmeisters Johannes Ruoß.

Neben seiner Landwirtschaft engagiert sich Jacob Bubeck auch im kirchlichen Bereich. Er ist Kirchengemeinderat seit 1884, Leiter der altpietistischen Gemeinschaft seit 1888 und Kirchenpfleger seit 1894.

Ernst Gaßmann, Bauer und Weingärtner aus Untertürkheim (2. 11. 1880 – 8. 3. 1961), Ehe mit Lydia Bubeck (11. 10. 1884 – 20. 4. 1978).

Ernst Gaßmann übernimmt die Landwirtschaft seines Schwiegervaters Jacob Bubeck. Er ist Kirchengemeinderat und Anhänger der Hahnschen Gemeinschaft. Jedes Jahr im Herbst belädt Ernst Gaßmann sein Fuhrwerk mit Kartoffeln und Getreide und bringt es den Waisenkindern in Wilhelmsdorf. Dies seien die Ärmsten, die von niemand etwas bekommen, sagt er.

Das Haus Im Bach 6 wird 1978 abgerissen.

Das ehemals Ruoßsche Fabrikgebäude

Ehepaar Ernst und Lydia Gaßmann

einst: Ortsweg 3 Nr. 188 a / Fabrikstraße 197 heute: Im Bach 7

Das Ruoßsche Stammhaus: Christian Eppingers Haus „Im Bach" ging 1903 auf seinen Schwiegersohn Wilhelm Ruopp (29. 7. 1868 – 8. 3. 1946) über – heute Lydia Schöll geb. Ruopp, Im Bach 7

Christian Friedrich Eppinger, Schäfer und Landwirt (28. 8. 1832 – 19. 2. 1904), ist der Sohn von Adam Eppinger, Schäfer. Der am 10. 2. 1863 zwischen Christian Friedrich Eppinger mit Friedericke geb. Xander (10. 10. 1832 – 1. 12. 1904) aus Grunbach, Oberamt Schorndorf geschlossenen Ehe entsprießen drei Kinder.

In seinem Wohnhaus „Im Bach" und dem landwirtschaftlichen Anwesen in der „Eschmannsgasse – Fabrikstraße – Lichtensteinstraße" geht er seinem Beruf als Schäfer und Landwirt nach. Seit seiner Verheiratung, so ist dem Kirchenbuch zu entnehmen, ist er Bäcker. Christian Eppinger engagiert sich auch im öffentlichen Leben, seit 1883 ist er Stadtrat.

Friedericke Eppinger geb. Xander

Christian Friedrich Eppinger

Kinder: Luise Friedericke, geb. 1. 2. 1864, heiratet am 12. 5. 1892 Matthäus Fischer, Küfer in Grunbach, Oberamt Schorndorf (siehe S. 20, 9).

Christian August (30. 4. 1865 – 14. 12. 1865),

Helene Dorothee (25. 9. 1866 – 27. 2. 1944).

Wilhelm Ruopp, Landwirt aus Trailfingen (29. 7. 1868 – 8. 3. 1946), heiratet am 3. 6. 1895 Helene Dorothee geb. Eppinger (25. 9. 1866 – 27. 2. 1944). Das Ehepaar Ruopp führt die 1903 übernommene elterliche Landwirtschaft weiter. In der am 3. 6. 1895 geschlossenen Ehe werden acht Kinder geboren.

Familie Wilhelm Ruopp

Kinder:
Wilhelm Matthäus (27. 11. 1895 – 24. 6. 1979), Waldmeister.
Eheschließung am 26. 11. 1932 mit Rosa Reutter aus Mehrstetten (19. 10. 1905 – 24. 3. 1991).

Marie Helene (31. 5. 1897 – 16. 5. 1981), Eheschließung am 25. 11. 1932 mit Paul Georg Käuffert, Sattlermeister, in Mailand geboren, aufgewachsen in Eltingen, Oberamt Leonberg (30. 5. 1890 – 31. 5. 1955).

Karl Christian (30. 6. 1898 – 22. 8. 1898).

Karl Christian (7. 12. 1899 – 10. 3. 1988), Eheschließung mit Martha geb. Gröner (15. 7. 1906 – 10. 1. 1977).

Helene Friederike (14. 12. 1900 – 5. 1. 1992), Sparkassen-Angestellte.

Adolf Georg (26. 8. 1904 – 11. 9. 1969), städtischer Angestellter, Eheschließung am 4. 2. 1928 mit Emma Gertrud Ludwig aus Fellhammer/Schlesien (24. 2. 1906 – 5. 2. 1995).

Anna Frida (27. 11. 1905 – 30. 8. 1930).

Lydia Bertha (geb. 1. 11. 1908), Eheschließung mit Christian Schöll, Maurermeister aus Rietheim (28. 11. 1911 – 1. 4. 1984).

Ursprünglich bewirtschaftete das Ehepaar Schöll die Ruoppsche Landwirtschaft weiter.

1946 eröffnet Christian Schöll in diesem landwirtschaftlichen Anwesen an der Lichtensteinstraße ein Baugeschäft mit Büro im Wohnhaus Im Bach 7. Dieses wird 1966 umgebaut.

Das 1966 umgebaute Haus im Bach 7

einst: Eschmannsgasse 193 / 200 / Fabrikstraße 200   heute: Lichtensteinstraße 1

Das Haus Nr. 193 „Vor dem unteren Thor auf der Hofstatt" ist am 10. Juli 1839 abgebrannt.

Es wird 1839 von dem Bäcker und Stadtrat Johann Jacob Schöck (29. 9. 1803 – 19. 6. 1888) wieder aufgebaut. Die neue Straßenbezeichnung lautet Fabrikstraße 200 (später Lichtensteinstraße 1).

In dem neuen Haus gegenüber dem Gasthaus „Lamm" mietet sich der Tuchmacher Johs. Keim ein.

Intelligenzblatt: 19. 11. 1842

Intelligenzblatt: 20. 9. 1845

ALB BOTE: 10. 10. 1879

Theodor Riethmüller „Tuch-, Ellenwaaren, Spezerei- & Kurzwaaren-Geschäft".

Im Oktober 1879 eröffnet der Kaufmann Theodor Riethmüller (21. 3. 1850 – 31. 1. 1900) im Hause seines Schwiegervaters Johann Jacob Schöck beim „Lamm" ein „Tuch-, Ellenwaaren, Spezerei- & Kurzwaaren-Geschäft". Theodor Riethmüller kann das Haus 1889 erwerben, es wechselt aber in der Folgezeit wiederholt die Eigentümer. Nach dem Tod von Theodor Riethmüller führt die Witwe Christiane Luise Riethmüller das Geschäft weiter, bis der Kaufmann und Gemeinderat Ludwig Schweizerhof aus Urach dieses als Zweigniederlassung seines Uracher Geschäfts am 14. 7. 1900 übernimmt. Die Leitung wird seinem Sohn Eugen Schweizerhof übertragen. Schon zwei Monate später, am 7. 9. 1900, stirbt Ludwig Schweizerhof. Neuer Geschäftsinhaber wird Eugen Schweizerhof, Kaufmann.

Sechs Jahre lang hat Eugen Schweizerhof wie schon sein Vorgänger Theodor Riethmüller im Textilfachgeschäft Tuche, Stoffe, Aussteuerartikel, Wolle und Oberbekleidung jedweder Art in großer Auswahl im Warensortiment.

ALB BOTE: 10. 3. 1900

1906 kann Eugen Schweizerhof das 1899 von Maurermeister Johann Georg Griesinger erbaute Haus in der Grafenecker Straße 335, heute Hauptstraße 13, käuflich erwerben.

Der Umzug ins neue Haus erfolgt am 29. 9. 1906 (siehe Seite 118).

Anzeige im ALB BOTE 14. 7. 1900

Eugen Schweizerhof, Kaufmann (1. 7. 1867 – 1. 1. 1946) und Wilhelmine Schweizerhof geb. Boßeller (23. 9. 1875 – 16. 7. 1965)

einst: Eschmannsgasse 193 / dann 200 / Fabrikstraße 200 heute: Lichtensteinstraße 1

Vor dem Haus ein Opel P 4. Links angrenzend das Anwesen des Landwirts Louis Eppinger („dr Schäfer Adama-Gottliaba- Luis"), das 1954 von der Firma Auto-Bader abgebrochen und mit einem Geschäftshaus neu bebaut wird

Karl Bader, Radio-Techniker, eröffnet hier am 7. 10. 1933 ein Spezial-Radiogeschäft, nachdem der Ladenraum zuvor von dem Schreinermeister Georg Pöhler als Möbel-Ausstellungsraum genutzt war.

1939 kann Karl Bader in das von ihm erbaute neue Geschäftshaus in der Hauptstraße 59 einziehen.

Karl Bader, Maschinenbauer-Meister und Radio-Techniker (geb. 11. 7. 1904)

ALB BOTE: 7. 10. 1933

Das neue Geschäftshaus der Firma Radio-Bader in der Hauptstraße 59

Postkarte: Münsingen um die Jahrhundertwende

Am Ende der Fabrikstraße/Lichtensteinstraße stand das Portland-Zementwerk Münsingen.

einst: Fabrikstraße 355 | heute: Lichtensteinstraße 6

Wilhelmine Bückle geb. Fromm (7. 11. 1881 – 13. 8. 1959)
Christian Jakob Bückle (18. 7. 1879 – 2. 6. 1959)

Otto Bückle, Textilchemiker und Dolmetscher (geb. 5. 10. 1913)

Josefine Bückle geb. Vieten (7. 3. 1918 – 21. 3. 1988)

Christian Bückle, Malermeister, eröffnet sein Malergeschäft im März 1905 vorläufig im Hause seines Vaters, des Schmiedemeisters Johann Georg Bückle, bis sein in der Fabrikstraße 355 erbautes Haus bezugsfertig ist.

Christian Bückle ist vielseitig interessiert. Er gehört 1912 zu den Begründern der Altertümersammlung, aus der das Heimatmuseum hervorgeht.

Er hat maßgeblichen Anteil am heutigen Münsinger Wappen. Seine Nachforschungen führten zur ursprünglichen Form mit nur einer, statt drei Hirschstangen.

Otto Bückle verkauft das Haus an das Ehepaar Rolf Eberhard, die dann ein „Bierstüble" einrichten.

Diese geben das Haus 1984 an die Herren Koch und Knäuer ab, die das „Bierstüble" unter dem Namen „Schlitzohr" weiterführen.

Das von Christian Bückle, Malermeister und Heraldiker, im Jahre 1905 erbaute Haus

ALB BOTE: 23. 3. 1905

einst: Eschmannsgasse 247 / Fabrikstraße 195

heute: Lichtensteinstraße 12

Die Familie Haueisen

*Jakob Haueisen
(6. 4. 1887 – 20. 5. 1967)*

Jakob Haueisen, der Vater des Buchautors, beginnt schon in den 20er Jahren mit der Ahnenforschung und hat die Ahnenreihe der Familie Haueisen bis ins 16. Jahrhundert nachgewiesen. So kann er auch dem Eberhard Wilhelm Haueisenschen Familienverein e.V. Göppingen den Anschluß der Göppinger Haueisen-Linie an die Münsinger Vorfahren aufzeigen.

Zwölf Generationen Haueisen werden in Münsingen geboren.

Die Wappen der Familien Haueisen und Neuffer

Hans Hawysen, 1587 Bürgermeister in Münsingen, geb. um 1533, gest. 23. 3. 1623, 1. Ehe Margarethe Neifferein, geb. um 1538, gest. 12. 4. 1589, Tochter des Münsinger Bürgermeisters Ludwig Neuffer.
Das Ehepaar hatte 13 Kinder. Der Jüngste, Sebastian Haueisen (24. 3. 1581 – 6. 9. 1634), ab 1612 Gastgeber und Ochsenwirt in Nürtingen, wurde im Dreißigjährigen Krieg am 6. 9. 1634 in der Seeburger Steige von Soldaten ermordet.
„Die zahlreichen Nachkommen des Münsinger Bürgermeisters Hans Haueisen und der Margarethe Neuffer können in Münsingen und auch anderorts in zahlreichen Zweigen bis in unsere Zeit verfolgt werden."
Hans Haueisen und Margarethe Neuffer sind die Ahnen 284/285 in der Ahnentafel des Dichters Wilhelm Hauff (1802-1827).
„Die Neuffers (Nifer – Neiffer – Neyffer – Neuffer) sind eine weit verzweigte Familie in Württemberg. Obwohl der Name auf die Stadt Neuffen zurückweist, kann in vielen Fällen Münsingen als ursprünglicher Sitz dieser Familie nachgewiesen werden. Und bis heute leben Neuffer-Nachkommen mit dem Familiennamen Haueisen in dieser Stadt."
In der Familien-Chronik geht Jakob Haueisen auf die Familie Neuffer ein und berichtet in diesem Zusammenhang über die Grabplatte, die bei der Renovierung der Martinskirche 1938 freigelegt wurde und über das Epitaph von 1624 mit der Wiedergabe der jeweiligen Inschriften.
Beide sind Gegenstand wissenschaftlicher Betrachtungen, die Prof. Dr. Wenzel 1979 und 1982 anstellte.
Das Epitaph von 1624 an der Ostwand des nördlichen Seitenschiffes der Martinskirche ist dem Gerichtsherrn Johann Neuffer (um 1548 – 29. 9. 1624) gewidmet. Er war der jüngere Bruder der Margarethe Neuffer-Haueisen.
In diesem Zusammenhang ist es erwähnenswert, daß bei der Renovierung der Martinskirche 1938 eine Grabplatte freigelegt wurde, die noch aus der Zeit des Chorbaus des Peter von Koblenz stammt und folgende Inschrift trägt: „† Anno domini 1517 her hannß Nifer, der jung" (Hans Nifer, der junge). Heute ist diese Platte an der Seitenschiffwand unter dem Epitaph von 1624 angebracht. Der Kelch im Innenfeld dieser Grabplatte weist auf einen Verstorbenen der Familie Neuffer hin, der in Münsingen vor der Reformation katholischer Priester war.

Das Epitaph von 1624 in der Martinskirche

einst: Eschmannsgasse 247 / Fabrikstraße 195　　　　　　　　　　　　　　　　　　　　　heute: Lichtensteinstraße 12

Johannes Haueisen, Nagelschmied und Bauer (28. 11. 1811 – 26. 10. 1856), der Urgroßvater des Buchautors, verkauft 1845 sein Geburtshaus Uracher Straße 1 – Beim unteren Tor 3 an den Schuhmacher Friedrich Götz (1807-1896) und baut das Haus in der Eschmannsgasse – heute Lichtensteinstraße 12. Nach dem Besuch der Lateinschule macht er eine Lehre als Nagelschmied. Wie seinem Wanderbuch zu entnehmen ist, arbeitete er als Geselle im In- und Ausland und machte sich nach zehnjähriger Gesellenzeit als Meister im elterlichen Haus selbständig.

Johann Jakob Haueisen, Schreiner: Die Gesellenzeit von Jakob Haueisen (22. 11. 1852 – 24. 8. 1887), Großvater des Buchautors, wird am 6. November 1872 wegen Einberufung zum Militärdienst beim 8. Württ. Inf. Rgt. 126 in Straßburg unterbrochen. Damals mußten die Soldaten noch drei Jahre dienen. Er wird aber nach zwei Jahren zur Disposition entlassen, weil er der Sohn einer Witwe ist. 1884 übernimmt er das elterliche Haus, heiratet und macht sich selbständig. 1887 erweitert der Großvater das Haus durch den Anbau der Scheuer. Im gleichen Jahr, am 24. August 1887, stirbt er an den Folgen einer schweren Erkältung, die er sich als Feuerwehrmann bei einem Brand in Dottingen zugezogen hat.

Der Vater des Buchautors ist Johann Jakob Haueisen (6. 4. 1887 – 20. 5. 1967), Schreiner und Verwalter der Wanderarbeitsstätte. Nach der Entlassung vom Militär arbeitet er als Schreiner in Münsingen und Stuttgart, bis er 1911 sein eigenes Geschäft im elterlichen Haus gründet.

ALB BOTE: 13. 3. 1911

Um 1950. Im Bild die Rebstöcke an Weindls Haus und auf der gegenüberliegenden Straßenseite die Linde

Im Frühjahr 1914 entschließt sich Johann Jakob Haueisen, das elterliche Haus durch den Aufbau eines Stockwerkes zu vergrößern. Nach langem Hin und Her verkauft Dote Marie ihren Hausanteil um 600 Mark. Der Umbau kann beginnen. Im Herbst soll das Obergeschoß bezugsfertig sein, damit die Hochzeit gemacht werden kann mit Marie Glocker. Es soll aber anders kommen. Das Haus ist im Rohbau fertig, da bricht der 1. Weltkrieg aus. So bleibt es dann stehen, bis Haueisen im Sommer 1919 aus dem Lazarett nach Hause entlassen wird.

Februar 1921 eingestellt. Damit ist der Umzug an den neuen Arbeitsbereich verbunden (siehe Seite 44).

Marie Haueisen geb. Glocker (4. 11. 1893 – 16. 12. 1982)

Wegen einer schweren Kriegsverletzung kann Haueisen den Schreinerberuf nicht mehr ausüben. Er bewirbt sich um die Stelle des Verwalters der Wanderarbeitsstätte Münsingen und wird ab

Johannes Glocker

Der Sattler Johannes Glocker (15. 1. 1897 – 23. 5. 1966) eröffnet im April 1927 im Haus Fabrikstraße 195 ein Sattler- und Polstergeschäft. Er ist auch der Amtsbote.

Friedrich Glocker (29. 12. 1899 – 2. 3. 1989)

Nach ihrer Hochzeit im September 1930 halten das junge Paar Friedrich und Pauline Glocker geb. Krehl und die Großeltern Friedrich und Katharina Glocker geb. Dizinger Einzug und bewirtschaften von hier aus ihre Landwirtschaft, bis sie 1959 ins Wiesental aussiedeln.

Hans Glocker verlegt sein Geschäft in das elterliche Haus in der Salzgasse 69 (siehe Seite 93).

Mit soviel Holz vor dem Haus kann der Winter ruhig kommen. Auf der Treppe Jakob Haueisen (1887-1967)

einst: Eschmannsgasse 247 / Fabrikstraße 195   heute: Lichtensteinstraße 12

Am 30. 9. 1938 wird die Wanderarbeitsstätte aufgelöst. Nach 17 Jahren zieht Johann Jakob Haueisen mit seiner Familie wieder in sein eigenes Haus in der Fabrikstraße 195, heute Lichtensteinstraße 12, ein.

Berta Haueisen geb. Käuffert (22. 5. 1920 – 5. 12. 1988)

Karl Haueisen, Industriekaufmann, Verw. Amtsrat a. D., der Autor dieses Buches (geb. 29. 12. 1920)

Am 30. 6. 1944 schließt Karl Haueisen die Ehe mit Berta Haueisen geb. Käuffert. Den Hausstand gründen sie im elterlichen Haus in der Lichtensteinstraße 12. 1956 wird das Haus umgebaut und von ihnen durch Kaufvertrag vom 18. 6. 1964 erworben.

Mit Schenkungsvertrag vom 17. 1. 1992 wurde das Haus samt dem dazu gehörenden Grundstück an die Töchter Brigitte Bergenthun und Dietlinde Heppeler weitergegeben. Es ist nun in der fünften Generation im Familienbesitz

Brigitte Bergenthun geb. Haueisen (geb. 31. 1. 1945) Betriebswirtin (VWA)

Dietlinde Heppeler geb. Haueisen (geb. 12. 2. 1948) Diplom-Volkswirtin, Oberstudienrätin

Der im Jahre 1983 gebaute Alterssitz von Karl und Berta Haueisen in der Dottinger Straße 10

einst: Eschmannsgasse 264 / Fabrikstraße 264 heute: Lichtensteinstraße 16

Johann Ludwig Ostertag, Hafner – Hermann Bleher, Schreiner und Kaufmann, Fabrikstraße 264, heute Lichtensteinstraße 16

Johann Ludwig Ostertag, Hafner (4. 3. 1864 – 2. 6. 1911).

Justine Ostertag geb. Dangel, Wwe. (22. 9. 1864 – 2. 1. 1950).

Marie Ostertag (31. 7. 1893 – 9. 3. 1975).

Im Juli 1957 erwirbt Wagnermeister Christian Bleher (24. 10. 1919 – 20. 10. 1995) das Anwesen. Die Wohnung wird umgebaut, sowie Werkstatt und Laden eingebaut. Hieraus entwickelt sich in der Folgezeit das namhafte Sportartikelgeschäft Bleher.

Das von Christian Bleher erworbene Anwesen

Christian Bleher übernimmt am 1. 9. 1946 das Geschäft seines Lehrmeisters August Münz, Fabrikstraße 196, jetzt Lichtensteinstraße 5, und wechselte im Juli 1957 in das Anwesen Ostertag, Lichtensteinstraße 16, das er käuflich erwirbt.
Zuerst betreibt er eine Wagnerei mit Ski- und Holzwarenfertigung sowie den Handel mit Sportwarenartikeln. 1970 erfolgt dann die Umstellung zum reinen Fachgeschäft für Sportartikel mit dem gesamten Sportartikelsortiment.
Der Sohn Hermann Bleher, der bisher schon im elterlichen Betrieb tätig war, kauft 1978 das unmittelbar an die Scheune Ostertag angebaute Wohnhaus Lichtensteinstraße 18, welches ehemals Friedrich Götz, Polizeidiener (22. 4. 1881 – 29. 9. 1918), gefallen als Offizierstellvertreter und Kompaniefeldwebel im Landw. Inf. Rgt. 125 in den Argonnen und dessen Ehefrau Elisabeth Götz, Wwe., geb. Hösch aus Trailfingen (24. 6. 1887 – 16. 4. 1967) gehörte, von der Erbin Maria Holder aus Böhringen.
Hermann Bleher, Schreiner und Kaufmann, übernimmt am 1. 5. 1982 das elterliche Geschäft.
Nach den verschiedenen Ausbaustufen wird nun auf übersichtlich gegliederten Verkaufsflächen ein breit gefächertes Warensortiment in Sportartikeln und Sportbekleidung angeboten.
ALB BOTE, Freitag, 12. November 1993:
„Nach dreimonatigem Umbau: Ski- und Sport-Bleher wieder geöffnet. Sport-Bleher: innen und außen mit neuem Gesicht. Im Obergeschoß zusätzlich hundert Quadratmeter Verkaufsfläche."

Marie Ostertag, rechts daneben stehend ihre Schwester Emma Ostertag

Christian Bleher, Wagnermeister (24. 10. 1919 – 20. 10. 1995)

Anna Bleher geb. Bleher (geb. 12. 2. 1921)

Hermann Bleher, Schreiner und Kaufmann (geb. 19. 8. 1950), und Cornelia Bleher geb. Weißhaar (geb. 11. 11. 1954), Steuerbevollmächtigte

Sport Bleher

einst: Eschmannsgasse 349 / Fabrikstraße 349 heute: Lichtensteinstraße 19

Johannes Starzmann, Zimmermann aus Trailfingen (3. 4. 1849 – 25. 7. 1915), Sohn des Webers Johannes Starzmann, seit 1874 in Münsingen, gründet hier 1877 ein Zimmereigeschäft.

Damals auf dem Bühl wohnhaft, baut er 1895 das Haus Bachstraße 311, heute Achalmstraße 19, verlegt sein Geschäft hierher und erstellt 1899 das Sägewerk auf dem rückwärtigen Gelände.

Als weitere Baumaßnahme folgt 1904 der Bau des Hauses Fabrikstraße 349, heute Lichtensteinstraße 19, das Stammhaus des heutigen Unternehmens.

Johannes Starzmann, Zimmermann (3. 4. 1849 – 25. 7. 1915)

Das Haus wird am 12. 9. 1994 abgerissen

Johannes Starzmann jr., Zimmermann (7. 4. 1882 – 6. 6. 1915, gefallen westl. von Verdun) eröffnet im Dezember 1907 ein Zimmereigeschäft im elterlichen Anwesen Fabrikstraße 349 (Lichtensteinstraße 19). 1911 erbaut er ein Wohnhaus mit Werkstatt und Remise, Bachstraße 381, heute Achalmstraße 13, und verlegt sein Geschäft 1912 an den neuen Standort.

Die Nachfolge im elterlichen Geschäft tritt sein Bruder, der Zimmermann David Starzmann an.

ALB BOTE 28. 12. 1907

ALB BOTE 3. 12. 1912

David Starzmann mit Ehefrau Luise Starzmann geb. Götz; Geschwister v. l.: Marianne, Karl (gefallen), Hans, Liesel

David Starzmann, Zimmermann (22. 1. 1887 – 20. 6. 1965).
Im Februar 1912 übernimmt David Starzmann das Zimmergeschäft mit Sägewerk beim Zementwerk.

Mit Hans Starzmann (24. 11. 1916 – 2. 8. 1973) beginnt nach Kriegsende 1946 eine neue Aufbauphase. Neben Zimmergeschäft, Sägewerk und Holzhandel baut er von 1958 bis 1978 die Altenstadt-Massiv-Kernhäuser.

Hans Starzmann, Zimmerermeister (24. 11. 1916 – 2. 8. 1973)

Hans Starzmann mit Ehefrau Antonia geb. Deix (geb. 14. 8. 1924) und den Kindern Gert und Helga

einst: Eschmannsgasse 349 / Fabrikstraße 349   heute: Lichtensteinstraße 19

Die Kapazitätsausweitung machte 1961 den Neubau des Sägewerks erforderlich

Gert Starzmann, Zimmermeister (geb. 30. 9. 1944), führt das 1877 begonnene Werk in der vierten Generation fort.

Er baut das Unternehmen um, weg von Zimmergeschäft und Sägewerk, hin zum Holz- und Heimwerkermarkt.

1970 Aufbau des Holzhandels mit Halb- und Fertigprodukten bei gleichzeitiger Erstellung von Lager- und Zuschnitthallen.

1973 Neubau des Holz- und Heimwerkermarktes.

1974 Eröffnung.

1990 bis 1994 Erstellung von Neubauten zur gewerblichen Vermietung auf dem Sägewerks- und Zimmereigelände. Das Sägewerk wird 1992 abgebrochen.

Der alte Holz- und Heimwerkermarkt

Das neue Sägewerk, das im Zusammenhang mit der Produktänderung (Holz- und Heimwerkermarkt) 1976 stillgelegt und 1992 abgebrochen wurde. Links unten die 1965 errichtete Zimmerei- und Holzbauhalle. Sie ist am 2. 11. 1988 abgebrannt

Gert Starzmann, Zimmermeister (geb. 30. 9. 1944)

Waltraud Starzmann geb. Fischer (geb. 4. 6. 1944)

1994: Neueröffnung der Firma Cadi auf dem Starzmann-Gelände

einst: Eschmannsgasse 343 / Fabrikstraße 343 / Achalmstraße 20   heute: Lichteinstreinstraße 22

Haus Pfleiderer in der Lichtensteinstraße 22, erbaut 1902

Adolf Heinrich Pfleiderer, und Ehefrau Marie Katharine geb. Schlotz

Christian Pfleiderer (19. 5. 1872 – 29. 1. 1949), Metzger und Wirtschaftsführer zum „Lamm", Ökonom und Schlachtaufseher, mit Ehefrau Wilhelmine Katharine geb. Götz (9. 1. 1874 – 26. 11. 1940)

Christian Pfleiderer, Metzger, Ökonom und Schlachthausaufseher (19. 5. 1872 – 29. 1. 1949), Sohn des Rotgerbers Christian Jakob Pfleiderer (4. 1. 1845 – Sept. 1876), Besitzer der Lohmühle an der Uracher Straße, ist verheiratet mit Wilhelmine Katharine geb. Götz (9. 1. 1874 – 26. 11. 1940).

Heinrich Pfleiderer ist Landwirt und Molkerei-Rechner (geb. 22. 1. 1904 – beim Rückzug aus Frankreich bei Aachen vermißt. Die letzte Nachricht stammt vom 15. 9. 1944). Er ist verheiratet mit Marie Katharine geb. Schlotz (18. 10. 1906 – 19. 12. 1991).

Heinrich Pfleiderer ist vielseitig beschäftigt mit der Bewirtschaftung seines landwirtschaftlichen Betriebs, als Rechner der Molkerei-Genossenschaft Münsingen und im Herbst als leitender Mitarbeiter in der Mosterei seines Onkels Heinrich Schwenk.

Nach der Einberufung zum Wehrdienst ist seine Ehefrau Marie Pfleiderer auf sich selbst gestellt, die Kinder müssen schon frühzeitig in der Landwirtschaft mithelfen.

Adolf Heinrich Pfleiderer, Landwirt und Postfacharbeiter (geb. 4. 1. 1934), ist verheiratet mit Emma Klara geb. Manz (geb. 20. 1. 1941).

Adolf Pfleiderer, Landwirt, führt mit der Mutter zusammen die Landwirtschaft fort, bis er den Betrieb selbst übernimmt. Am 1. 2. 1972 wird er beim Postamt Münsingen hauptberuflich als Postfacharbeiter eingestellt.

Das 1994/1995 umgebaute Haus Pfleiderer – insbesondere wird das Obergeschoß ausgebaut – mit einem separaten Hauseingang an der Ostseite (siehe Seite 11, 46)

einst: Eschmannsgasse 337 / Fabrikstraße 337 / Achalmstraße 21 heute: Lichtensteinstraße 24

Haus des Georg Friedrich Pfleiderer

Der Sohn Ernst Pfleiderer, Elektriker und Landwirt (5. 4. 1917 – Februar 1943), erlernt das Elektrikerhandwerk und soll später die elterliche Landwirtschaft übernehmen. Er hat bereits zusammen mit dem Bruder Karl den ersten Bulldog gekauft. Doch zuvor ist noch Reichsarbeitsdienst und Wehrdienst abzuleisten. Der 2. Weltkrieg beginnt, nahtlos schließt sich der Kriegsdienst an. Ernst Pfleiderer stirbt im Februar 1943 in russischer Gefangenschaft im Lager Pekekowka bei Stalingrad.

Das Ehepaar Karl Pfleiderer (10. 4. 1909 – 10. 1. 1967), Landwirt, und Luise Pfleiderer geb. Lorenz (23. 3. 1910 – 4. 2. 1986)

Georg Friedrich Pfleiderer, Ökonom (23. 4. 1870 – 11. 1. 1944), Ehe am 14. 2. 1901 mit Wilhelmine Pfleiderer geb. Ostertag (16. 12. 1878 – 24. 6. 1953), Sohn des Rotgerbers Christian Jakob Pfleiderer (4. 1. 1845 – September 1876) und Besitzer der Lohmühle an der Uracher Straße 186, baut im Jahr 1900 das Haus in der Eschmannsgasse 337, heute Lichtensteinstraße 24, und zieht 1901 mit seiner jungen Ehefrau ein. Der Ökonom, der auch Kirchengemeinderat ist, gründet hier seinen landwirtschaftlichen Betrieb.

Ernst Pfleiderer (1917-1943)

Karl Pfleiderer gründet seinen Hausstand im Hause seines Schwiegervaters Albrecht Lorenz, Landwirt und Bierführer, Alte Buttenhauser Straße 346, heute Wolfgartenstraße 28, und übernimmt dessen Landwirtschaft. 1947 siedelt das Ehepaar Karl Pfleiderer aus zwingenden familiären Gründen in sein Elternhaus Fabrikstraße 337, heute Lichtensteinstraße 24, um und übernimmt den elterlichen Hof, nachdem der Vater Georg Friedrich Pfleiderer 1944 verstorben ist und der Bruder Ernst Pfleiderer aus dem Krieg nicht zurückkehrt (siehe Seite 11, 46).

Familie Georg Friedrich und Wilhelmine Pfleiderer: die Kinder: hinten v. l. Karl, Friedrich Wilhelm, Hans Otto, vorne Mitte: Ernst einst: Eschmannsgasse 337 / Fabrikstraße 337 / Achalmstraße 21   heute: Lichtensteinstraße 24

Karl Pfleiderer, Landwirt (geb. 15. 5. 1939) heiratet am 7. 11. 1964 Hanna Walburga Pfleiderer geb. Steeb (geb. 5. 6. 1941)

Familie Karl Pfleiderer: v. li.: Andrea, Dorothea, Christa, Mutter Hanna, Albrecht, hinten: Karl-Heinz, Ulrich, Vater Karl

Karl Pfleiderer, Landwirt, bewirtschaftet den Hof seiner Vorfahren in der dritten Generation. Neben den beruflichen Anforderungen ist er noch in der Kommunalpolitik engagiert. Seit 1971 ist er Stadtrat und Fraktionsvorsitzender der Freien Wählervereinigung und von 1982 bis 1989 Mitglied des Kreistags.
1983 erwirbt Karl Pfleiderer den Stall des Landwirts Höfer, Fauserhöhe und siedelt mit dem gesamten Viehbestand aus. Nur das Federvieh (Hühner und Enten) bleibt in der Lichtensteinstraße. 1993 wird der Stall auf der Fauserhöhe umgebaut.
Zu Weihnachten 1990 organisiert Karl Pfleiderer erstmals einen Transport mit Bekleidung, Stoffen, Schuhen und Medikamenten für die Bevölkerung von Rowno in der Ukraine. Es sind Spenden aus der Bevölkerung und auch Bekleidung von Geschäften. Schon achtmal gingen voll beladene Lastwagen nach Rowno und auch 1995 wird wieder ein Transport zusammengestellt. Einmal wurde ein Lastzug mit Kartoffeln als Saatgut nach Rowno auf den Weg gebracht. Jeder, der Saatkartoffeln zum Anbau erhielt, mußte nach der Ernte die gleiche Menge Kartoffeln zurückgeben. Das hat sich gelohnt, denn der Ertrag beläuft sich auf das 6- bis 7fache. Dadurch wurde ein erweiterter Kartoffelanbau erreicht. Die Fahrt nach Rowno ist nicht problemlos. Es gab Schwierigkeiten bei der Grenzabfertigung, besonders an der polnischen Grenze und Wartezeiten bis zu sechs Stunden. Der Pfarrer in Rowno leitet die Verteilung mit Helferinnen, Lehrern und Schülern, breit gestreut im 50-Kilometer-Umkreis. Jede Person erhält nur 1 Stück gegen Unterschrift. Dem Waisenhaus in Rowno mit 200 Kindern wurde eine besondere Freude zuteil. Die Lehrerin Elke Schultes sammelte in ihrer Klasse Kinderspielzeug, möglichst die Lieblingsspielzeuge. Es sei unbeschreiblich, welch rührende Szenen sich bei der Verteilung abgespielt hätten.

Das 1958 umgebaute Haus

einst: Bachstraße 372   heute: Achalmstraße 16

Johannes Kocher (6. 2. 1853 – 9. 1. 1914), Gastwirt und Bauer, ist verheiratet mit Dorothea Kocher (12. 4. 1858 – 26. 9. 1933) geb. Barner. Kocher, Besitzer des Gasthauses zum Löwen in Trailfingen, übernimmt 1895 zusammen mit seiner aus Owen/Teck stammenden Ehefrau pachtweise die Wirtschaft zum Faß in Münsingen und baut 1908 das Haus in der Bachstraße. Inzwischen ist er seit 1897 auch Kantine-Pächter im Alten Lager.

Dorothea Kocher

Georg Kocher, Landwirt (11. 11. 1887 – 13. 2. 1968)
Katharine Kocher geb. Batzer (9. 6. 1891 – 13. 10. 1970)

Die Karte gilt für das Gebiet „des Deutschen Reiches"

Georg Kocher ist mit seinem Fahrrad amtlich registrierter Verkehrsteilnehmer. „Der Radfahrer hat diese Karte bei sich zu führen und auf Verlangen dem zuständigen Beamten vorzuzeigen."

1970 übernimmt Paula Seeger geb. Kocher (geb. 21. 9. 1927) das elterliche Haus.

„Kantine Kocher" im Alten Lager

Das 1994/95 umgebaute Haus Kocher/Seeger

41

einst: Am Hungerberg 299 heute: Trailfinger Straße 3

Emil Matthäus Dieterich, Gärtner, wurde am 4. 6. 1854 in Markbronn, Oberamt Blaubeuren geboren.

Er erhält am 22. 10. 1886 die Genehmigung zur Erbauung eines Gewächshauses in seinem Garten.

Johannes Bader, Gärtner (27. 3. 1839 – 10. 7. 1913), in Mühlhausen bei Vaihingen geboren, verheiratet mit Elisabethe Bader geb. Schnitzer (6. 1. 1842 – 3. 2. 1897), ist am 25. 3. 1890 mit seiner Familie von Trailfingen hierher verzogen. Zuvor war er Gärtner auf Schloß und Hofgut Uhenfels.

Er übernimmt die in kleinen Anfängen stehende Gärtnerei von Emil Matthäus Dieterich und baut mit Genehmigung vom 20. 6. 1890 ein Wohnhaus und Ökonomiegebäude (2stokkig, Parz. 192).

27. Februar 1894: Der Gärtnerei wird eine Niederlage in Pflanzen und Kränzen angegliedert

ALB BOTE 24. 4. 1897: Eine Ausweitung des Angebots: Kränze, Toten- und Hand-Bouquets werden nun im Haus angefertigt

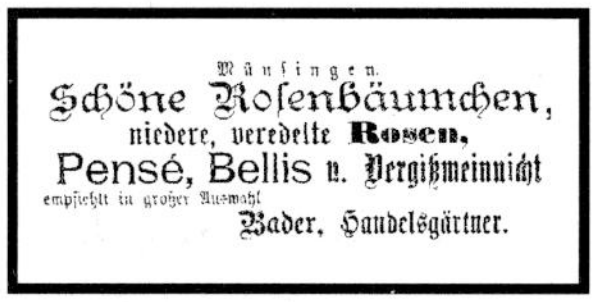

ALB BOTE 21. 1. 1903: Und nun runden Rosen und sonstige Blumen die Angebotspalette ab

Andreas Bader, Gärtner (18. 5. 1872 – 20. 6. 1942), Ehe mit Christiane Dorothee Bader geb. Heide (13. 6. 1868 – 14. 12. 1955). Andreas Bader beginnt am 20. 6. 1906 mit dem Bau eines Gewächshauses und am 9. 10. 1916 mit dem Einbau von Wohn- und Arbeitsräumen in seiner Scheuer.

Das Wohn- und Geschäftshaus von Johannes Bader

Christiane Bader, Konditor Magel, Andreas Bader, Johannes Bader

Im Bild: Das umgebaute Haus und rechts sichtbar das 1906 neu erbaute Gewächshaus

Das Ehepaar Christiane Dorothee und Andreas Bader

42

einst: Am Hungerberg 299 heute: Trailfinger Straße 3

Ernst Bader treibt die Erweiterung der Kulturen und der Blumenbinderei voran und baut 1939 das Wohnhaus um.

Der Übergang zum selbständigen Betriebsinhaber kommt 1941 mit der Pacht der Gärtnerei von den Eltern und 1952 durch die Übernahme der Gärtnerei ins Eigentum.

1961 erfolgt der Neubau eines Blumenfachgeschäfts.

Christiane Dorothee, Andreas, Albert, Emilie, Ernst, Otto, Karl

Die alte Gärtnerei Bader

1974: Übergabe des Betriebs an Doris und Friedhelm Raffel. Völliger Umbau des Geschäftshauses, Neubau von Gewächshäusern, Verkaufsgewächshaus, Ladengeschäft und Arbeitsräumen.

Ernst Bader, Gärtnermeister (geb. 24. 9. 1908)

Das Betriebsgelände im Sommer 1981

Helene Bader geb. Brändle (19. 11. 1910 – 10. 10. 1978)

Friedhelm Raffel, Gärtner und Floristmeister (geb. 17. 8. 1941)

Doris Raffel geb. Bader, Floristmeisterin (geb. 16. 6. 1939)

Ursel Requardt geb. Bader, Gärtnerin und Floristin (geb. 28. 11. 1941)

Ursel Requardt ist seit 1960 mit Unterbrechungen im Betrieb tätig.

Seit 1974 ergeben sich aus den Aktivitäten von Doris und Friedhelm Raffel Ausstellungen, Kurse, Seminare im In- und Ausland, sowie Prüfertätigkeiten.

Nach dem Abbruch der Altgewächshäuser und dem Neubau moderner Foliengewächshäuser wird der Gesamtbetrieb auf den neuesten Stand gebracht.

Den Kundenwünschen Rechnung tragend, erfolgt ab 1985 eine starke Hinwendung zu mediterranen und tropischen Pflanzen, sowie zu Ausführungen von Innenraumbegrünungen, regionalen und überregionalen Charakters.

Die Spezialisierung der Firma auf Innenraum- und Wintergartenbegrünung, Planung, Ausführung und Service entwickelt sich seit 1990.

einst: Panoramastraße 382 | heute: Gruorner Weg 9

Die „Wander" ist ein kleiner landwirtschaftlicher Betrieb. „Wander" ist die Kurzbezeichnung für die Wanderarbeitsstätte. Für die Verpflegung der Wanderer werden die Kartoffeln auf den eigenen Äckern angebaut und im großen Garten am Haus wachsen Bohnen, Kraut und allerlei Gemüse heran.

Hühner, Gänse, Enten, Schweine und natürlich auch der Wolfshund „Barri von Schloß Lichtenstein" und die Katze „Bär" gehören dazu. Ebenso der Raabe „Hannes" und ein Lämmchen ergänzen die Schar der Haustiere.

Bild oben: Die 1911 neu erbaute Wanderarbeitsstätte, Mitte links: Städt. Gas- und Elektrizitätswerk, oben rechts: alleinstehend hinter dem Turnhallenturm: Volksschulgebäude

Der Neubeginn

Am 5. 5. 1921 zieht das Verwalter-Ehepaar Jakob (1887-1967) und Marie Haueisen (1893-1982) in die wiedereröffnete Wanderarbeitsstätte ein (siehe Seite 91).

Ein Sonntagnachmittag im Gartenhaus

Hausverwalter Jakob Haueisen, rechts im Bild mit seinen Söhnen Friedrich und Karl

Verwalter Jakob Haueisen (links) und städtischer Bauverwalter Jakob Freitag (rechts), der „Bauverwalter-Jakob", mit den Wanderern auf dem Weg zur Arbeit

Gastfreundschaft wird auf der „Wander" groß geschrieben. Sie gilt nicht nur dem großen Freundes- und Bekanntenkreis. Den guten Most, der Jahr für Jahr in den voluminösen Fässern im Keller lagert, lassen sich alle Besucher wohl schmecken.

Besonders in den Wintermonaten und hauptsächlich um Weihnachten/Neujahr suchen die Männer ein warmes Obdach auf. Noch heute denken einige Zeitgenossen gerne an die Weihnachtsfeiern mit den Wanderern zurück, in Anwesenheit der ganzen Familie und der Gäste, von Dekan Seitz so eindrucksvoll gestaltet.

Seine besinnlichen Worte waren selbst den meist hart gesottenen Burschen Anlaß zur Nachdenklichkeit.

Trotz seiner beruflichen Beanspruchung am Heiligen Abend nahm sich Dekan Seitz Zeit zu einem anschließenden Plauderstündchen im engeren Familienkreis.

Durch Spenden aus der Bevölkerung an Kleidung, Unterwäsche, Schuhen und Gebäck war es möglich, jedem Wanderer einen Geschenkteller und notwendige Kleidungsstücke zu bescheren (siehe auch Seite 32).

einst: Panoramastraße 382 heute: Gruorner Weg 9

Friedrich Haueisen, Vermessungstechniker Stud. Ing. (7. 10. 1919 – 23. 7. 1943)

Friedrich Haueisen, der Bruder des Autors, erlernt beim Kreisvermessungsamt Münsingen den Beruf des Vermessungstechnikers und ist anschließend bei der Bauunternehmung Wolfer & Göbel Stuttgart auf der Baustelle Schwarzwaldhochstraße und den Westbefestigungen als Vermessungstechniker beschäftigt.

Am 16. 10. 1939 kann er dann das Studium an der Staatlichen Bauschule Stuttgart beginnen. Nach dem zweiten Semester wird er an seinem 21. Geburtstag, am 7. 10. 1940, zum Wehrdienst eingezogen. Nach zwei Rußlandwintern ist der Uffz. Friedrich Haueisen am 23. 7. 1943 bei den Kämpfen um Bolchow/ Rußland gefallen.

Der älteste Bruder Hans will den Kaminfegerberuf erlernen, aber die Zeiten sind schlecht, es gibt keine Lehrstelle. Deshalb besucht er weiterhin die Schule, bis er am 1. 10. 1931 bei Bezirks-Schornsteinfegermeister Anton Freudemann in Hechingen eine Lehre antreten kann.

Die Freizeit der Kinder des Verwalterehepaares ist knapp bemessen. Zu Hause muß viel mitgearbeitet werden, denn die Mutter muß das immense Arbeitspensum allein bewältigen. Um teilweise bis zu 70 Wanderer täglich zu verpflegen, muß vieles an Lebensmitteln herangeschafft und die Küche ständig mit Holz und Kohlen bestückt sein.

Hans Haueisen, Schornsteinfegermeister (31. 5. 1917 – 24. 4. 1988)

1929: Ski-Ausfahrt am Hungerberg

Die Zeiten ändern sich: Im Dritten Reich bleibt kein Platz mehr für die Benutzer der Wanderarbeitsstätte.

Am 30. 9. 1938 schließt die Wanderarbeitsstätte Münsingen endgültig ihre Pforten.

Die drei Haueisen-Buben auf ihrer Schneeburg beim Garten der Gärtnerei Füss

Die Firma Josef Harsch KG Strickwarenfabrik in Denkendorf kann den Betrieb am Ort nicht erweitern und ist deshalb auf der Suche nach einem neuen Standort. Ein geeignetes Objekt findet sich dann in Münsingen. Das Ehepaar Emil und Alice Harsch kauft 1955 die ehemalige Wanderarbeitsstätte von der Landkreisverwaltung Münsingen und verlegt den Betrieb hierher.

Die Firma Harsch fertigt Damen-, Herren- und Kinderstrickwaren. Der günstigen wirtschaftlichen Entwicklung folgend wird 1964 das Hauptgebäude aufgestockt, und in der Folgezeit werden die Fabrikationsräume entlang der Trailfinger Straße bis zur Grundstücksgrenze erweitert.

1988 zieht sich das Ehepaar Harsch aus dem Geschäftsleben zurück. Die nachfolgende Generation übernimmt den Betrieb am 30. 1. 1989:

Karin Wetzel geb. Harsch, Textil-Ingenieurin (FH) (geb. 23. 6. 1958) und Horst Wetzel, Textil-Ingenieur (FH) (geb. 7. 6. 1957).

Emil Harsch, Industriekaufmann – Strickmeister (17. 3. 1926 – 24. 8. 1994); Alice Harsch geb. Hagenlocher (geb. 26. 12. 1926)

Das Ehepaar Harsch beim Ausflug

einst: Uracher Straße 181 / Uracher Straße 18 heute: Reichenaustraße 1

Das Haus der Witwe Elise Schwenk

Christian Jakob Pfleiderer alt (28. 9. 1814 – 16. 10. 1860), Rotgerber, verheiratet mit Maria Catharina Pfleiderer geb. Mak (9. 3. 1807 – 7. 1. 1896) ist Besitzer der Lohmühle Uracher Straße 184, später 186. Er erbaut 1844 das „2 Stock hohe" Wohnhaus Uracher Straße 181, später 18. Nach seinem Ableben im Oktober 1860 erbt die Witwe Maria Catharina geb. Mak 1/3 des Hauses, der Sohn Christian Jakob Pfleiderer 2/3.

Christian Jakob Pfleiderer jung, Rotgerber (4. 1. 1845 – Sept. 1876)

Marie Luise Pfleiderer geb. Boßler (3. 2. 1845 – 10. 9. 1912)

Christian Jakob Pfleiderer jung übernimmt Geschäft und Liegenschaften des Vaters, das Wohnhaus mit 2/3 Anteil. Erst 36 Jahre alt, stirbt Christian Jakob Pfleiderer.

Die Witwe Marie Luise Pfleiderer heiratet in zweiter Ehe den Ökonom Gottlob Heinrich Schwenk (16. 10. 1849 – 3. 2. 1934).

Gottlob Heinrich Schwenk alt

Gottlob Heinrich Schwenk (16. 10. 1849 – 3. 2. 1934), Ökonom und städtischer Bauverwalter, heiratet am 19. 3. 1878 die seit 1876 verwitwete Marie Luise Pfleiderer geb. Boßler (3. 2. 1845 – 10. 9. 1912) und übernimmt 1878 das bisher Pfleiderersche Anwesen in der damaligen Uracher Straße 181, heute Reichenaustraße 1.

Die beiden Söhne von Frau Marie Luise Schwenk-Pfleiderer aus erster Ehe gründen eigene landwirtschaftliche Betriebe.

Friedrich Georg Pfleiderer (23. 4. 1870 – 11. 1. 1944) baut 1900 das Anwesen Eschmannsgasse 337, später Fabrikstraße 337, heute Lichtensteinstraße 24. Besitzer ist Karl Pfleiderer.

Christian Pfleiderer (19. 5. 1872 – 29. 1. 1949) baut 1902 das Anwesen Eschmannsgasse 343, später Fabrikstraße 343, heute Lichtensteinstraße 22. Besitzer ist Adolf Pfleiderer.

Die Pfleidersche Lohmühle geht 1879 in den Besitz von Karl August Münz, Steinhauer und Maurer, über.

Gottlob Heinrich Schwenk ist Kommandant der Freiwilligen Feuerwehr Münsingen von 1886 bis 1910 und Vorstand der Turngemeinde Münsingen bis 1882 (Aufzeichnungen liegen erst seit 1880 vor).

Heinrich Schwenk, Junglandwirt (13. 4. 1880 – 16. 10. 1931), verheiratet mit Elise Schwenk geb. Münz (6. 3. 1882 – 11. 2. 1980), übernimmt 1908 die elterliche Landwirtschaft und betreibt außerdem eine Mosterei.

Er ist von 1929 bis zu seinem Tod Vorstand der Turngemeinde Münsingen.

Der Betrieb Schwenk war der einzige landwirtschaftliche Betrieb in der Innenstadt Münsingens, der nach dem Reichserbhofgesetz vom 29. September 1933 kraft Gesetz Erbhof wird.

„Ist ein landwirtschaftlicher Betrieb mit einer Gaststätte verbunden, ist zu prüfen, welches der Hauptzweck des Betriebes ist", lautet die Vorschrift. Bei den großen Landwirtschaften der

Ehepaar Heinrich und Elise Schwenk mit den Kindern (v. li.) Ernst, Luise und Klara

Münsinger Gaststätten wird die Landwirtschaft als Nebenbetrieb eingestuft und Haupterwerb ist die Gaststätte.
Deshalb werden diese nicht Erbhof.
Erbhöfe in den Parzellen nach den mir zugegangenen Informationen:
Hans Schrade Christoph Sohn, Fauserhöhe;
Ziegelhäuser: keine;
Eugen Hahn, Diplom-Landwirt, Hopfenburg;
Christian Eben, Unterheutal;
Ludwig Striebel, Unterheutal;
Matthäus Striebel, Unterheutal.
Es würde zu weit führen, auf das Gesetz näher einzugehen. Seit 1945 ist es außer Kraft gesetzt.
Ernst Schwenk, Erbhofbauer, (1. 8. 1914 – 16. 5. 1943) heiratet am 16. 8. 1941 Hildegard Schwenk geb. Raach (9. 6. 1918 – 21. 8. 1979). Ernst Schwenk bleibt es versagt, den traditionsreichen Hof weiterzuführen. Am 16. 5. 1943 fällt er vor Leningrad.

Ernst Schwenk

Anzumerken ist noch, daß die Scheune am 19. 11. 1946 abbrennt und wieder neu aufgebaut wird.

Die Warenhandels-GmbH & Co. KG „PLUS" erwirbt das Anwesen Schwenk käuflich und läßt es im Februar 1985 abreißen. Auf dem Grundstück entsteht der Warenmarkt „PLUS" (siehe Seite 11, 38, 39)

einst: Friedhofstraße 279 — **Haus Bubeck** — heute: Reichenaustraße 9

Immanuel Bubeck kauft 1902 das Haus des Schäfers Johann Friedrich Heide (* 22. 11. 1842 in Ebersbach, † 11. 7. 1909). Dieser ist verheiratet mit Rosine Heide geb. Eppinger (28. 2. 1839 – 19. 7. 1911), Tochter des Schäfers Adam Eppinger. Das Haus war 1869 erbaut worden vom Schäfer Friedrich Heide – „Am Kirchhof ein 2 Stock hohes Wohnhaus". Hier bewirtschaftet Bubeck, wie nach ihm die Familien des Sohnes Robert Bubeck und des Enkels Alfred Bubeck, eine umfangreiche Landwirtschaft.

Haus Bubeck

Gottlieb Immanuel Bubeck, Bauer (28. 4. 1875 – 31. 8. 1951)

Katharine Luise Bubeck geb. Krehl (20. 3. 1882 – 5. 11. 1970)

Robert Hermann Bubeck, Landwirt (24. 4. 1913 – 12. 3. 1978), Erna Marie Barbara Bubeck geb. Rapp (geb. 4. 6. 1914)

Der Wohnteil des Hauses wurde 1958 abgebrochen und durch einen Neubau ersetzt

Die wesentliche Erweiterung des landwirtschaftlichen Betriebs macht schon im Jahr zuvor, 1957, den Neubau von Scheune und Stallungen notwendig, den neuen wirtschaftlichen Gegebenheiten angepaßt.
Zur geplanten Friedhof-Erweiterung wird das Haus am 24. 3. 1992 an die Stadt Münsingen verkauft.

Sybille Bubeck geb. Hacker, Geschäftsinhaberin (geb. 1. 10. 1957)

Alfred Bubeck, Landwirt (geb. 23. 3. 1952)

Steffi Bubeck (geb. 21. 4. 1978)

Corina Bubeck (geb. 8. 7. 1981)

einst: Uracher Straße 180   heute: Beim unteren Tor 5

Links das Eichhäusle – rechts: Haus Illig

Gustav Füss jun., Gärtner, und Margret Füss

Margot Füss, Floristmeisterin (geb. 29. 3. 1958)

Das 1961 erbaute Blumengeschäft – es wird 1969 erweitert

Stadtgemeinde Münsingen: „Ein ohne eigene Wand an Nr. 180 angebaut, 1. Stock, hohes Eichlokal." Es ist am 15. 9. 1936 der Spitzhacke zum Opfer gefallen.

Unmittelbar rechts anschließend befand sich das Haus Uracher Straße 180 – heute Beim unteren Tor 5.

Hausbesitzer: Gottlieb Krehl, Seiler Wwe.; 1923 Heinrich Illig, Schmied – Reisevertreter (29. 9. 1880 – 1. 2. 1936); 1961 Gustav Füss, Gärtner (geb. 10. 11. 1937), verheiratet mit Margret Füss geb. Böhm (geb. 11. 1. 1937).

Gustav Füss jun. erwirbt 1961 das Haus von den Heinrich-Illig-Erben zum Abbruch und baut ein Blumengeschäft, das von seiner Ehefrau Margret und der Tochter Margot, Floristmeisterin, betrieben wird.

einst: Uracher Straße 179   heute: Beim unteren Tor 4

Das Haus liegt zwischen dem Haus Heinrich Illig und dem Stammhaus Füss. Auf dieser Postkarte ist es noch mit der Firmenaufschrift „Handelsgärtnerei Füss – Landesprodukte" zu sehen. Es wird 1928 abgebrochen und durch den Ladenneubau ersetzt.

Postkarte um 1920

Eigentümer dieses Hauses waren:

Gottlieb Krehl, Seiler (18. 12. 1847 – 4. 2. 1909),

1885 Ludwig Hommel, Seckler (22. 1. 1827 – 16. 1. 1903),

1887 Jakob Dieterle, Sattler (14. 9. 1859 – 6. 11. 1915),

1916 Gustav Füss, Schneider – Landesproduktenhändler (23. 11. 1874 – 20. 2. 1949).

Das 1928 erbaute Wohn- und Geschäftshaus mit dem Laden für Gemüse, Obst und Südfrüchte – im Bild v. l. n. r.: (August 1932) ein Besucher, Gustav Füss jun., Gustav Füss sen., Lina Füss, Ernst Füss (Elektromeister), davor: Erich Füss (gefallen), Christine Füss geb. Hardecker (5. 5. 1877 – 29. 12. 1945). Frau Füss hat das Ladengeschäft besorgt

Im Rahmen der Erbfolge übernimmt Frida Noack geb. Füss (12. 10. 1901 – 9. 12. 1967) Haus mit Geschäft, das nach deren Ableben von den Erben am 6. 3. 1969 an Gustav Füss jun., Gärtner, verkauft wird.

Gustav Füss zieht dann in das 1961 erbaute Blumengeschäft ein.

Gustav Füss, Schneider – Landesproduktenhändler (23. 11. 1874 – 20. 2. 1949). Nach dem Erwerb dieses Hauses im Jahr 1916 gibt Gustav Füss das bisher mit seinem Bruder Ernst ausgeübte Schneiderhandwerk auf und widmet sich dem Handel mit Landesprodukten.

1929 wird ein Gärtnereibetrieb angegliedert.

1929 beginnt Gustav Füss jun., Gärtner (29. 9. 1905 – 7. 4. 1978), die Gärtnerei am Gruorner Weg. Er beliefert auch die Übungstruppen der Reichswehr und später der Wehrmacht auf dem Truppen-Übungsplatz mit Kartoffeln, Obst und Gemüse.

ALB BOTE 2. 4. 1929

Der Gärtner Gustav Füss (geb. 10. 11. 1937) übernimmt die elterliche Gärtnerei und baut sie zu einem modernen Gärtnereibetrieb weiter aus.

Im Bild: Gustav Füss (1905-1978) mit seinem Chevrolet-Lieferwagen

Jost Füss, Friedhofsgärtnermeister (geb. 30. 3. 1966)

Das heutige Geschäft Beim unteren Tor

einst: Uracher Straße 1   heute: Beim unteren Tor 3

Der Ur-Ur-Großvater des Buchautors, Johannes Haueisen, Schuhmacher (19. 4. 1776 – 8. 7. 1850), erwirbt 1836 das Haus von Jg. Matheus Schnitzer (28. 11. 1811 – 26. 10. 1856). Die älteste Tochter Anna Maria Haueisen (16. 6. 1803 – 8. 7. 1850) ist mit Johannes Schnitzer, Bauer, Bierbrauer und Lammwirt verheiratet. Als sie stirbt, sind ihre beiden Söhne Johannes (geb. 24. 9. 1838), später Ochsenwirt in Obertürkheim, und Carl (geb. 14. 11. 1840), später selbständiger Kaufmann in Mannheim, erst 16 beziehungsweise 14 Jahre alt. Jeder der beiden Söhne erhält 30 000 Gulden Muttergut – 1 Gulden (fl) = 60 Kreuzer (Kr) = 1.71 Mark. Als Vormund, der das Vermögen dieser unmündigen Kinder zu verwalten hat, wird der Onkel in Münsingen, Stiftungspfleger Haueisen, bestellt. Dieser geht mit dem Vermögen seiner Mündel sehr sparsam um. Offensichtlich ist Carl schon in seiner Jugendzeit ein cleverer Bursche. Er weiß sich zu helfen, als er einmal in finanziellen Nöten ist. Eines Tages bekommt der Onkel in Münsingen von Carl eine Kiste per Nachnahme zugeschickt, die auch von dem korrekten Vormund entgegengenommen wird. Er öffnet die Kiste und ist nicht wenig erstaunt, als er nur Steine darin vorfindet. Leider ist nicht überliefert, wie der Onkel diese Überraschung aufgenommen hat. Carl hat wertlose Steine geschickt und bekommt dafür gutes Geld aus der Nachnahme. Nach dem Besuch der Lateinschule macht Johannes Haueisen (28. 11. 1811 – 26. 10. 1856) eine Lehre als Nagelschmied. Wie seinem Wanderbuch zu entnehmen ist, arbeitet er als Geselle im In- und Ausland und macht sich nach zehnjähriger Gesellenzeit als Meister im elterlichen Haus selbständig.

Die noch schulpflichtige älteste Tochter Maria (16. 9. 1838 – 29. 6. 1915) muß die vom Vater in Handarbeit hergestellten Nägel aller Art in einem Lederranzen zur Kundschaft bringen. Bis nach Böhringen hat sie diese Last zu tragen. 1845 verkauft Haueisen sein Geburtshaus Beim unteren Tor an den Schuhmacher Friedrich Götz, der es wiederum an seinen Schwiegersohn Johannes Füss, Schneider und Orgeltreter, weitergibt. Johannes Haueisen baut ein neues Haus in der Eschmannsgasse – Lichtensteinstraße 12.

Im Bild: Gustav Füss, Schneider, Kohlen- und Landesproduktenhändler mit den Kindern (von rechts nach links) Ernst, Frida, Gustav, Lina auf dem Arm der Mutter – am Scheunentor der Großvater Johannes Füss, Schneider und Orgeltreter

Der „Kleine Laden" von A. Haller

4 Generationen Schneider Füss:

Johannes Füss, Schneider (17. 10. 1768 – 27. 11. 1835)

Johannes Füss, Schneider (8. 12. 1807 – 9. 7. 1889). Er kauft 1837 das Haus Nr. 136 Auf dem Bühl (zuletzt Friedrich Götz, gen. „Hurra-Götz") – Abramo Ballestriero – Lorenz Kibele, 1976 abgebrochen, heute Parkplatz der Firma Uhrenhaus Stein.

Johannes Füss, Schneider und Orgeltreter (29. 10. 1840 – 26. 10. 1913).

Gustav Füss, Schneider, Kohlen- und Landesproduktenhändler (23. 11. 1874 – 20. 2. 1949), mit seinem Bruder Ernst Füss, Schneider und Landwirt (2. 6. 1869 – 4. 11. 1941).

Gustav Füss und sein Bruder Ernst geben die Schneiderei schon frühzeitig auf. Neben dem gemeinsamen Herrenkleidergeschäft betreibt Gustav Füss auch noch ein Hut- und Mützengeschäft. Nach dem Weltkrieg widmet er sich nur noch dem Landesproduktenhandel.

Einer Anzeige vom 27. 10. 1906 ist zu entnehmen, daß er außerdem in dem von ihm renovierten ehemals Metzger Schnitzerschen Gebäude Hauptstraße 89, heute Friseur Birkle, Hauptstraße 29, ein Ladengeschäft eingerichtet hat, wo er bis 1908 Herrenkonfektion anbietet. Das Haus verkauft er im Oktober 1908 an den Friseurmeister Anton Schultes. In den 60er Jahren mietet sich August Haller, Textilwaren, ein und firmiert als „Kleiner Laden". Die Gustav-Füss-Erben verkaufen das Haus am 20. 11. 1972 an den Heizungs- und Installateurmeister Helmut Mutschler. Nach grundlegenden Umbau- und Renovierungsarbeiten hat hier der Augenarzt Dr. Walter Dechant im Obergeschoß seine Praxis. Am 3. 10. 1981 eröffnet das Uhren-, Schmuck- und Optikgeschäft Stein ein Optik-Spezialgeschäft im Erdgeschoß.

einst: Uracher Straße 1   heute: Beim unteren Tor 3

Jürgen Stein übernimmt zusammen mit seiner Ehefrau Brigitte Stein das Gesamtgeschäft Stein in der vierten Generation am 1. 1. 1992 (siehe Seite 126, 133).

ALB BOTE: „Firma Optik Stein in neuen Geschäftsräumen
Die Firma Optik Stein eröffnete am 3. 10. 1981 ihr Optik-Spezialgeschäft nach erfolgtem Um- und Ausbau im Haus der Firma Helmut Mutschler, Beim unteren Tor 3.
Als modernes Fachgeschäft ist das Haus Stein mit der Neueinrichtung der Geschäftsräume im Jahr 1992 dem wirtschaftlichen Trend gefolgt."

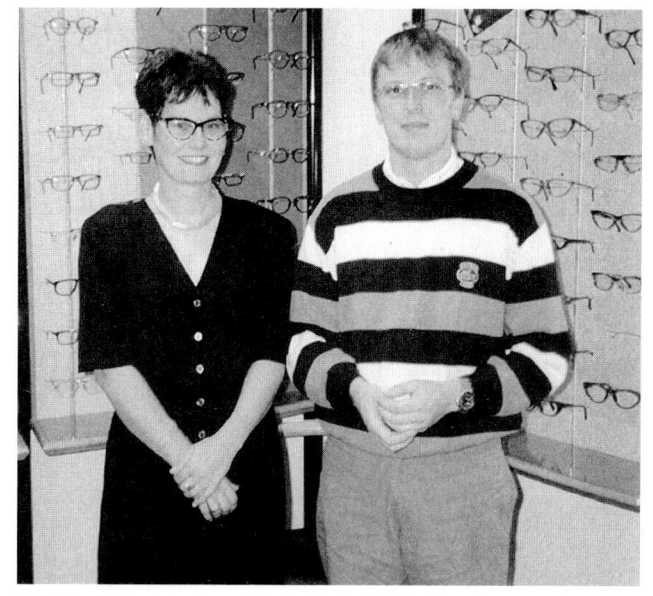

Brigitte Stein geb. Pamp (geb. 29. 3. 1959), Staatl. gepr. Augenoptikerin und Augenoptikermeisterin; Jürgen Stein (geb. 6. 4. 1960), Staatl. gepr. Augenoptiker und Augenoptikermeister

Firma Optik Stein in neuen Geschäftsräumen

Das Spezialgeschäft wird heute der Öffentlichkeit vorgestellt

MÜNSINGEN (gero). - Die Firma Uhren-Optik-Stein stellt heute ihr neues Optik-Spezialgeschäft der Öffentlichkeit vor. Nach erfolgtem Um- und Ausbau im Haus der Firma Mutschler, Beim Unteren Tor 3, ist ein Optik-Spezialgeschäft nach neuesten und modernsten Gesichtspunkten entstanden, das im Bereich der Augenoptik in Münsingen neue Maßstäbe setzt.

Die Firma Stein, die auf über hundertjährige Erfahrung baut und das Uhren- Schmuck- und Optikgeschäft schon in der vierten Generation betreibt, hat weder Mühen noch Kosten gescheut, um neben dem neuen Laden auch eine Werkstatt nach modernsten Gesichtspunkten einzurichten.

Dadurch ist gewährleistet, daß neben einer fachlichen und qualifizierten Beratung und einer Großauswahl von der einfachsten Vertragsfassung bis hin zur exklusivsten und auf den neuesten Modetrend abgestimmten Brillenfassung die Herstellung und Bearbeitung von Gläsern, Brillenreparaturen und sonstigem optischen Gerät zuverlässig und schnell ausgeführt wird.

Neben Brillen hat die Firma Stein auch ein reichhaltiges Sortiment an optischem Gerät. Ferngläser, Fernrohre, Mikroskope, Lesehilfen, Vergrößerungsgläser, Kompasse, Wetterstationen, Thermometer und Barometer, Schrittzähler, Brillenetuis, Pflegemittel und vieles andere findet man in großer Auswahl.

Den hohen Anforderungen, denen ein Augenoptikerbetrieb heute ausgesetzt wird, ist die Firma Stein bestimmt gewachsen, zumal nur namhafte Hersteller der Optikbranche mit der Firma Stein in Geschäftsverbindung stehen.

Mit Stolz und Recht kann die Firma Stein ihr neues Geschäft als Spezialgeschäft bezeichnen. Höchstes Ziel wird sein, daß der zukünftigen Kundschaft stets der »richtige Durchblick« verschafft wird. Der Firma Stein ist zu wünschen, daß sie in ihren neuen Geschäftsräumen weiterhin so erfolgreich arbeitet und eine stets zufriedene Kundschaft hinterläßt.

Die Eröffnungsfeierlichkeiten beginnen heute am 3. Oktober mit einem »Tag der offenen Tür«. Hierbei wird allen Interessierten aus nah und fern die Möglichkeit gegeben, einen Optik-Fachbetrieb in allen Teilbereichen kennenzulernen.

Es wird gezeigt, wie eine Brille hergestellt wird, allen Brillenträgern wird die Brille mit Ultraschall gereinigt und angepaßt, Sehtests werden durchgeführt und interessante Filme über das Auge, seine Funktion und über die Korrektur des fehlsichtigen Auges werden aufgeführt.

Außerdem erhält jeder Besucher eine kleine Erfrischung und eine Überraschung. Den Teilnehmern am Preisrätsel winken wertvolle Preise. Die Firma Stein lädt die gesamte Bevölkerung aus nah und fern ein und freut sich auf zahlreichen Besuch.

ALB BOTE 3. 10. 1981

Beim unteren Tor 3

einst: Uracher Straße 2   heute: Beim unteren Tor 2

Rechts das Haus von Schlosser Krehl

Der Schäfer Georg Friedrich Blank, (6. 11. 1787 – 13. 1. 1853) wurde in Weilheim/Teck geboren. Ihm gehört das Haus seit 1828. Am 2. 5. 1820 heiratet er Christine Magdalena Blank geb. Maier (25. 12. 1794 – 23. 9. 1867).

Friedrich Krehl, Dreher (8. 5. 1841 – 16. 9. 1909), gegenüber dem „Ochsen", gibt in einer Geschäfts-Empfehlung vom 13. 5. 1868 bekannt, „daß er die Dreherei für sich betreibt". Vermutlich hat er bis dato beim Vater gearbeitet.

> **Empfehlung.**
> Münsingen. Unterzeichneter zeigt hiemit an, daß von ihm, nebst den gewöhnlichen Spinnrädern auch Schnurr-Räder gemacht und zu haben sind, und empfiehlt sich überhaupt mit alle in sein Fach einschlagende Arbeiten in Holz und Bein bestens.
> M. Krehl, Drehermeister.

Intelligenzblatt: 18. 10. 1839

Sein Vater, der Drehermeister Matthäus Krehl, (30. 1. 1810 – 10. 8. 1873) hatte ursprünglich 1/2 Hausanteil am Gebäude Hintere Gasse 46, jetzt Hintere Gasse 2. Diesen Hausanteil verkauft er 1849 an den Schlosser Ferdinand Schmid.

Im Bild: Das Ehepaar Krehl: Friedrich Krehl, (19. 3. 1884 – 10. 11. 1945), Schlossermeister, und Philippine Krehl geb. Beck

Im Bild links: Tag des Handwerks am 15. 10. 1933, ganz rechts Schlossermeister Friedrich Krehl, Der Junge links ist Richard Krehl

> Der Text auf dem Schild (linkes Foto):
> *Wenn an jedes lose Maul angehängt ein Schloß könnt' werden dann wär' die edle Schlosserkunst die schönste Kunst auf Erden.*

Richard Krehl, Schlossermeister (geb. 4. 4. 1924), errichtet 1973 an der Dottinger Straße 51 ein Werkstattgebäude und verlegt seinen Betrieb dorthin (heute Autohaus Ferruzzi). Leider muß er schon 1979 aus gesundheitlichen Gründen aus dem Berufsleben ausscheiden. Besondere Anerkennung verdient sein Wirken für die Freiwillige Feuerwehr Münsingen, deren Kommandant er von 1967 bis 1979 ist. Das Haus wird 1992 abgebrochen und der Platz neu bebaut.

Das alte Haus von Schlossermeister Richard Krehl zwischen Gasthof Ochsen und dem Pflügerhaus

Der Neubau von Schlossermeiser Richard Krehl, Beim unteren Tor 2

einst: Uracher Straße 3 | heute: Beim unteren Tor 1

Foto vom 14. 3. 1910

„Ein dreystockiges Haus, samt der darunter befindlichen Schmiedwerkstatt Bey dem unteren Thor", so die Formulierung im Brandversicherungskataster. Dann werden eine ganze Reihe von Hauseigentümern, meist mit 1/2 und 1/4 Hausanteilen genannt:

1892: Joh. Georg Bückle, Huf- und Wagenschmied, und Johannes Krehl, Seiler,

1905: Jakob Mutschler, Flaschner, dann dessen Witwe 1/2 Anteil,

1926: Ernst Deschle, Briefträger, 1/2 Anteil,

1931: Emil Mutschler, Flaschnermeister.

ALB BOTE 1. 3. 1906

Joh. Georg Bückle (5. 9. 1851 – 29. 5. 1924), Huf- und Wagenschmiedemeister, und seine Ehefrau Barbara (1. 3. 1850 – 2. 7. 1919) geb. Lamparter

ALB BOTE 27. 2. 1892

Im Juli 1902 eröffnet der Flaschner Jakob Mutschler (16. 1. 1877 – 16. 5. 1907) eine Flaschnerei mit Ladengeschäft im Haus Uracher Straße 3.

Jakob Mutschler ist eine nur kurze Schaffensperiode im eigenen Geschäft vergönnt. Fünf Jahre nach der Eröffnung verstirbt er.
Der Betrieb ruht bis sein Sohn Emil Mutschler, Flaschnermeister, das vom Vater begonnene Werk fortführen und weiter ausbauen kann.

ALB BOTE 19. 7. 1902

Nach dem Ableben von Schmiedmeister Joh. Georg Bückle übernimmt sein Sohn Ludwig Bückle, Schmiedmeister, am 1. August 1924 die elterliche Huf- und Wagenschmiede.

Schmiedmeister Ludwig Bückle (1889-1968) und Ehefrau Friedericke (1893-1979) geb. Bleher

ALB BOTE 26. 7. 1924

Die seit 1907 ruhende Flaschnerei des Jakob Mutschler erfährt im Februar 1931 einen Wiederbeginn durch seinen Sohn Emil Mutschler, Flaschnermeister (27. 8. 1905 – 2. 1. 1971).

Emil Mutschler mit Ehefrau Regina geb. Bart (1. 4. 1903 – 7. 1. 1986)

ALB BOTE 3. 2. 1931

Reklameschild

Dem Trend der Zeit folgend weitet Emil Mutschler das fachliche Angebot über den Sanitärbereich bis hin zu den Zentralheizungen aus.

einst: Uracher Straße 3 heute: Beim unteren Tor 1

Das Stammhaus der Firma Mutschler

Helmut Mutschler, Flaschner- und Installateurmeister, Zentralheizungs- und Lüftungsbaumeister, übernimmt am 1. 1. 1965 den elterlichen Betrieb. Heizung – Lüftung – Sanitär, Öl- und Gasfeuerungstechnik, das sind die Fachbereiche, die das unter seiner Leitung gewachsene Unternehmen anbietet.

Seit 1981 Stadtbrandmeister: Helmut Mutschler

Die neue Mutschler-Generation: v. l.: Horst Mutschler, Meister im Zentralheizungs- und Lüftungsbauhandwerk, Meister im Gas- und Wasserinstallateurhandwerk (geb. 2. 4. 1965); Silvia Mutschler geb. Hermann, Industriekauffrau (geb. 28. 3. 1967); Heinz Mutschler, Dipl.-Ing. (FH) Fachrichtung Versorgungstechnik (geb. 3. 2. 1964); Frank Mutschler, Kommunikationselektroniker, Fachrichtung Funktechnik (geb. 2. 8. 1974)

1976 erfolgt die Aussiedlung ins Industriegebiet West, Dottinger Straße 59, wo den Erfordernissen entsprechende Wohn- und Geschäftsräume erstellt und bald wieder erweitert werden.
Das alte Haus Beim unteren Tor 1 wird 1990 vollständig abgetragen und durch einen Neubau ersetzt.

Hilde Mutschler geb. Reinhardt (geb. 11. 8. 1938)

Helmut Mutschler, (geb. 7. 11. 1936)

Viel Zeit widmet Helmut Mutschler der Feuerwehr. Seit 1979 ist er Kommandant der Freiwilligen Feuerwehr Münsingen und seit 1981 Stadtbrandmeister der Gesamtfeuerwehr mit 14 Feuerwehr-Abteilungen.

Helmut Mutschler
Heizungsbau Öl- u. Gasfeuerungen
Sanitäre Anlagen
742 Münsingen
Telefon 07381/403

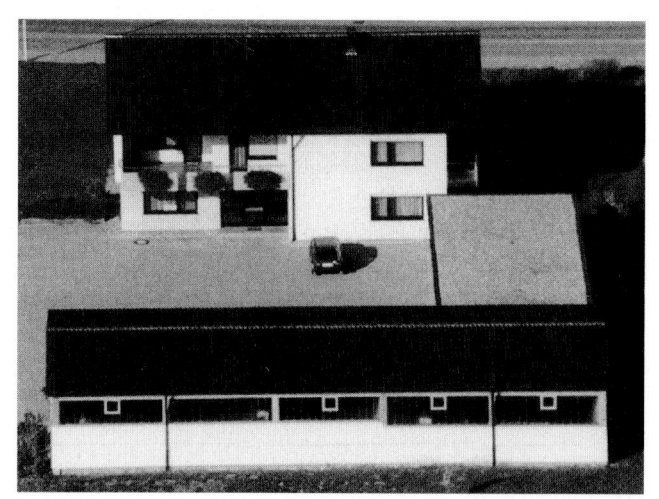

Der neue Betrieb im Industriegebiet West, Dottinger Straße 59

Marktplatz

Oberamtsstadt Münsingen in den 20er Jahren

Infrastruktur! Ein Fremdwort, das damals niemand kannte. Es gab noch keine Kanalisation, wie wir sie heute in den kleinsten Orten kennen. Man hatte eben die Stadtdole, die am Ausgang des Kirchtales (Kidel) zur Stadt hin begann und in den Bachwiesen in den Stadtbach mündete. Am heutigen Vorplatz des Neuen Rathauses, etwas niedriger gelegen, entlang den Anwesen Schweizerhof und Baader verlief der Stadtbach. Im Winter war hier die Eisbahn, im Sommer spielte die Jugend Fußball. Gerade hier, etwa unter dem Telefonhäuschen, war der Einstieg in die Stadtdole, fast mannshoch. Junge Burschen stiegen von dort ein bis zum Haus des Buchbinders Koch, verwegene drangen auch, obwohl die Dole niedriger wurde, bis zum Haus Schoell vor, um sich dann jeweils an den Schächten zur Oberfläche zu melden.

Wenn aber Schneeschmelze war oder ein heftiger Gewitterregen niederging, dann gab es in der Stadtmitte Hochwasser.

Bei der Schneeschmelze kam von den Südwesthängen des Truppenübungsplatzes über den Badstuhl und den Heuweg zum Kirchtal (Kidel) Wasser, Wasser, Wasser, das die Stadtdole nicht mehr fassen konnte und sich über den heutigen Zehntscheuerweg, Hauptstraße zum

Münsingen, 8. Juni. Nach vorausgegangenen schwülen Stunden entlud sich gestern vormittag nach 11 Uhr über unserer Stadt ein schweres Gewitter, das unter rasch aufeinander folgenden Blitzen und Donnerschlägen neben großen Wassermassen viele Hagelkörner mit sich führte, so daß die Straßen bald weiß besät waren. Auf dem Marktplatz, bei Kaufmann Veil und der Krone erwiesen sich die vorhandenen Dohlen als viel zu klein, so daß das Wasser in Keller und Stallungen ꝛc. eindrang. An den Gärten und Wiesen richtete es ebenfalls Schaden an, indem sich der vorhandene Wassergraben wiederum als viel zu ungenügend erwies, die von der ganzen Stadt herbeiströmenden Wassermassen in geordneter Weise abzuführen. Wie lange wird es noch anstehen, bis diesem seit Jahrzehnten bei jedem größeren Gewitter und bei Schneegang empfundenen Mißstand abgeholfen wird?

ALB BOTE 8. 6. 1910

Marktplatz ergoß. Alle Keller waren randvoll. Ältere Münsinger erinnern sich heute noch, wie der auch durch seinen weißen Vollbart bekannte Bäckermeister Heideker gegen das Wasser ankämpfte, damit nicht der ganze Bäckerladen (das große Gebäude im Bild ganz rechts) unter Wasser stand. Von der Straße zum etwas höher gelegenen Ladeneingang war ständig eine Terrazzoplatte gelegt, daneben zwischen den Häusern Heideker und Schoell ein Klapprost zur Stadtdole, der bei Hochwasser geöffnet wurde. Das Naturereignis der Schneeschmelze hatte aber auch für die Jugend positive Seiten. In den Nächten fror die Wasseroberfläche so stark, daß sich eine starke Eisschicht bildete und man dann auf den Eisschollen im Kidel, etwa wie auf dem Canale Grande in Venedig, Eisfloß fahren konnte. Dann mußte natürlich, wenn die Scholle bei einer Kollision auseinanderbrach, mit einem kalten Bad gerechnet werden.

Marktplatz in den 50er Jahren

Markt in Münsingen

einst: Marktplatz 174   heute: Marktplatz 2

Christoph Haag, Glaser (31. 8. 1795 – 7. 9. 1861), betreibt seit 1834 eine Glaserei in seinem Haus am Markt 174, neben dem Rathaus (heute Marktplatz 2). 1844 gliedert er seiner Glaserei noch den Handel mit Hohlglaswaren und Spiegeln aller Gattungen an.

Eine Vorbemerkung zur Familie Blank.

Georg Friedrich Blank, Schäfer (6. 11. 1787 – 13. 1. 1853), ist in Weilheim/Teck geboren. Ihm gehört seit 1828 das Haus Beim unteren Tor 2 (Richard Krehl, Schlossermeister). Am 2. 5. 1820 heiratet er Christina Magdalena geb. Maier (25. 12. 1794 – 23. 9. 1867).

Christina Magdalena Maier ist eine Tochter des Johann Christoph Maier, Zunftmeister der Zimmerleute und Ölmüller in Münsingen (9. 11. 1763 – 3. 11. 1833).

Johann Christoph Maier ist Eigentümer der Ölmühle an der Straße nach Urach Nr. 183, später Uracher Straße 185. Das Haus beim Aufgang zum Krankenhaus wird 1954 abgebrochen, siehe Seite 12.

Ludwig Friedrich Blank, Flaschnermeister (6. 3. 1823 – 20. 2. 1849), hat sich im September 1845 im Hause seines Vaters Georg Friedrich Blank, Schäfer, gegenüber dem „Ochsen" etabliert. Am 28. 4. 1846 heiratet er Caroline Margaretha geb. Haag (30. 5. 1820 – 12. 3. 1880) und verlegt gleichzeitig sein Geschäft in das Haus Am Markt 2, das seit 1834 zu 3/4 Hausanteil seinem Schwiegervater Christoph Haag, Glaser, gehört. 1848 erwirbt L. F. Blank 1/2 Hausanteil.

Intelligenzblatt 20. 9. 1845

Nach knapp drei Ehejahren verstirbt L. F. Blank kurz vor Vollendung des 26. Lebensjahres. Sein Sohn Ludwig Blank ist erst fünf Monate alt (siehe Seite 141).

Intelligenzblatt 28. 2. 1849

Intelligenzblatt 14. 4. 1849

Caroline Blank geb. Haag (30. 5. 1820 – 12. 3. 1880) führt das Geschäft weiter, bis sie am 24. 8. 1850 die zweite Ehe eingeht mit Johann Jacob Grotz, Flaschnermeister (22. 10. 1820 – 23. 9. 1896).

Johann Jacob Grotz, Flaschnermeister, Stadtrat und von 1874 bis 1886 Kommandant der Feuerwehr Münsingen, ist gebürtig aus Haberschlacht. Der Sohn Ludwig Blank (15. 7. 1849 – 30. 8. 1915) aus erster Ehe gründet später ein eigenes Flaschnergeschäft in der Grafenecker Straße 163a, heute Hauptstraße 21. Er heiratet am 18. 1. 1876 Rosa Elisabeth geb. Schwenk (28. 9. 1853 – 20. 4. 1927), Tochter des Gottlieb Heinrich Schwenk, Weber, Gründer des Textilhauses Schwenk.

Friedrich Grotz *Anna Grotz, geb. Künkele*

Philipp Friedrich Grotz, Flaschnermeister, Gemeinderat und von 1910 bis 1920 Kommandant der Freiwilligen Feuerwehr Münsingen (3. 1. 1864 – 29. 12. 1942).

Friedrich Grotz geht am 26. 5. 1890 die Ehe ein mit Anna geb. Künkele (23. 12. 1864 – 13. 12. 1943), Tochter des Friedrich Künkele, Bäcker.

Die Putzmacherin Anna Hermann eröffnet im Februar 1897 im Hause ihres Onkels, Flaschner Grotz, ein Putz- und Blumengeschäft.

Einst: Am Marktplatz 174

ALB BOTE 20. 2. 1897

einst: Marktplatz 174   heute: Marktplatz 2

Friedrich Grotz mit Frau im Garten vor seinem Bienenstand

Friedrich Grotz ist passionierter Imker. Sein Garten mit Bienenstand liegt unterhalb des Hungerberges. In der Folgezeit verlegt Friedrich Grotz junior seine Werkstatt der räumlichen Enge in der Stadt wegen an den Hungerberg. Eine groß ausgelegte, modern ausgestattete Werkstatt in der Trailfinger Straße 10 sichert einen rationellen Arbeitsablauf.

Bei dem Brand des Nachbarhauses von Uhrmacher August Münz am 12. Dezember 1896 wird auch das Haus Grotz in Mitleidenschaft gezogen.

Gustav Wilhelm Friedrich Grotz, Flaschnermeister (5. 3. 1896 – 23. 3. 1972).

Friedrich Grotz geht am 21. 5. 1921 die Ehe mit Marie geb. Schmid (27. 8. 1898 – 16. 3. 1985), Tochter des Johannes Schmid, Ziegler, ein.

Ehepaar Friedrich und Maria Grotz mit Tochter Frida Marianne Grotz verh. Wolf (25. 10. 1926 – 27. 4. 1993)

Ein nicht alltäglicher Hochzeitszug (Dreierhochzeit – 25. 9. 1930): Erwin Stiegler mit Ruth geb. Daur; Otto Brodt, Bürgermeister, mit Lydia geb. Stiegler; Otto Stiegler mit Emma geb. Hahn

Am 1. 11. 1966 übernimmt Schlossermeister Helmut Claß (geb. 29. 5. 1939), der im Hause Grotz beschäftigt ist, das Grotzsche Geschäft und führt es unter dem Firmennamen Helmut Claß, Behälterbau bis 31. 5. 1979 weiter. Das ganze Grotzsche Areal wird dann im Rahmen der Friedhoferweiterung nach Nordosten in den Friedhof einbezogen.

Kreissparkasse am Münsinger Marktplatz

Bei der Kreissparkasse in Münsingen bestand schon seit langem die Absicht, der Bevölkerung unmittelbar in der Stadtmitte die Möglichkeit zur Abwicklung von Geldgeschäften zu bieten. Am 8. Oktober 1975 kann mit dem Anwesen Marktplatz 2 ein zentral gelegenes und für den Ausbau zu einer Stadtzweigstelle geeignetes Gebäude erworben werden. Doch fordert eine Auflage des Denkmalschutzes, daß eine Balkenkonstruktion an einem Bau aus dem 16. Jahrhundert ans Tageslicht gebracht werden muß. Das Veto der Denkmalschützer hat zur Folge, daß der Außenputz abgeschlagen und die Balkenkonstruktion freigelegt wird. Die Sanierung verteuert das Vorhaben des Geldinstituts gewaltig. Münsingens Marktplatz wird aber um einen sehenswerten Bau bereichert.

125 Jahre Kreissparkasse in Münsingen

Am 13. Dezember 1976 begeht die Kreissparkasse in Münsingen ihr 125jähriges Bestehen. Anstelle einer Jubiläumsveranstaltung stellt sie dem Verein Lebenshilfe für geistig Behinderte Münsingen für den Bau des Sonderschulkindergartens und der Volkshochschule Münsingen je einen ansehnlichen Betrag als Spende zur Verfügung. Auch für die Stadt Münsingen ist eine „Jubiläumsgabe" vorgesehen: Die neue Sparkassen-Stadtzweigstelle, ein Baudenkmal von historischer Bedeutung, die am 20. Dezember am Marktplatz 2 neben dem alten Rathaus nach umfassender Instandsetzung eröffnet wird.

Marktplatz 2

Mittelalterliche Holzkonstruktion, vom Verputz befreit: der Nachbarbau des alten Münsinger Rathauses soll jetzt zur Marktplatzzierde werden (siehe Seite 184)

einst: Marktplatz 175   heute: Marktplatz 3

1795 verkauft Michael Krehl, Beck, das Haus an seinen Schwiegersohn Fr. Boßler. Weiter werden genannt:

1823 Johannes Pflüger, Schneider, Jg. Jakob Krehl, Bäcker.

1823 Ludwig Mohn, Barbier und Chirurgus, Joh. Freitag.

1877 Ferdinand Semmle, Metzger, 1881 dessen Ehefrau, Christian Ganter, Metzger, August Münz, Maurermeister.

August Münz (13. 11. 1871 – 27. 10. 1960), Uhrmacher, Elektrotechniker.

Der ledige Uhrmacher August Münz hat sich am 4. 12. 1893 vorläufig im elterlichen Hause niedergelassen. Das war in der einstigen Öl-Mühle, Uracher Straße 183, später Uracher Straße 185 (1954 abgebrochen).

ALB BOTE 4. 12. 1893

In der Folgezeit verlegt August Münz sein Geschäft in das Haus Marktplatz 175, heute Marktplatz 3, das ihm zusammen mit dem Metzger Christian Ganter gehört. Dieses brennt am 12. Dezember 1896 ab. Dem

ALB BOTE 13. 11. 1900

Brandbericht im ALB BOTE vom 15. Dezember 1896 ist zu entnehmen: „Am 12. 12. 1896 brannte auf ungeklärte Weise, wahrscheinlich infolge eines Kamindefekts, das dem Uhrmacher August Münz und Metzger Ganter gehörige Haus vollständig ab." Im Zeitungsbericht wird weiter erwähnt, daß das Mobiliar und ein großer Teil von Geschäftsbüchern und Uhren glücklicherweise gerettet werden konnte. Die neu errichtete Wasserleitung habe sich vorzüglich bewährt und leistete bei diesem Brand „durch Zuführung großer Wassermengen gute Dienste."

August Münz übernimmt 1898 den Brandplatz-Anteil von Metzger Ganter. Der Wiederaufbau erfolgte erst 1900. Am 13. 11. 1900 zeigt August Münz an, daß er in seinem Neubau am Marktplatz vom nächsten Jahrmarkt ab sein Geschäft wieder offiziell betrieben wird. 1901 geht das Haus in das Eigentum von August Münz senior, Maurermeister, über.

Am 4. 4. 1908 verlegt August Münz sein Geschäft in das von ihm erbaute Geschäftshaus, Grafenecker Straße 366, heute Hauptstraße 1 (Haus H. Lorch), siehe Seite 109.

von links: Das Haus von Nagelschmied Johannes Bopp, das am 10. Oktober 1909 abbrannte, heute Verkaufsgeschäft Pflüger/ Robert Neumann, Marktplatz 4 (früher Brunnenstraße 14). Die Brandruine des Hauses von August Münz, Uhrmacher, das am 12. Dezember 1896 abbrannte, heute Walter Stiegler, Marktplatz 3, Haus Grotz/Kreissparkasse, Hauptzweigstelle Marktplatz 2, das Alte Rathaus

Otto Schupp, Kaufmann, geb. 25. 1. 1883, eröffnet 1908 ein Ellenwarengeschäft am Marktplatz 175. „Sortiment: Hemden, Vorhemden, Manchetten, Krawatten, Kragen, Hosenträger, Damenhemden, Bettjacken, Beinkleider, Unterröcke, Schürzen, sämtliche Kurzwaren, Cigarren, Näherinnen erhalten zehn Prozent Rabatt."

1. 10. 1910: Total-Ausverkauf.

Schupp verzieht nach Kirchheim.

Carl Merkh, Cigarrenhaus, Inhaber Th. Elwert.

22. 12. 1910: Geschäftseröffnung.

Hans Eberhardt, Elektromechaniker (5. 4. 1894 – 7. 8. 1935), eröffnet am 19. 2. 1919 im elterlichen Haus in der Salzstraße 82 ein Elektro-Installationsgeschäft und erwirbt 1920 das Haus am Marktplatz 175, heute Marktplatz 3. Neben der Reparatur von Kraftfahrzeugen und dem Handel mit Kraftfahrzeugen hat er auch die Produktion von Motorradrahmen und Motorradlenkern aufgenommen.

Am 7. 12. 1922 heißt es „Neue Fahrräder sind eingetroffen!"

1928 ist das Motorrad Hecker Sport der große Renner.

ALB BOTE 19. 2. 1919

ALB BOTE 14. 10. 1911

einst: Marktplatz 175　　　　　　　　　　　　　　　　　　　　　　　　　　heute: Marktplatz 3

Feldpostkarte vom 30. 3. 1916: Hans Eberhardt auf dem Motorrad

Im August 1928 bezieht Hans Eberhardt das neu erbaute Anwesen beim Gaswerk, heute Kegelgraben 14, zusammen mit seinem Geschäftspartner H. Hummel. Der Schwager von Hans Eberhardt, Josef Käser, Mechanikermeister, übernimmt im Dezember 1929 dieses Geschäft. Hans Eberhardt wandert zusammen mit seiner Ehefrau Sofie Eberhardt geb. Schmidt aus Langensteinbach/Baden (geboren am 22. 8. 1889) nach Daressalam, ehemals Deutsch-Ostafrika aus. Dort übernimmt er die Vertretung der Deutz-Motorenwerke Köln. Diese Tätigkeit soll von relativ kurzer Dauer sein. Am 7. 8. 1935, 41 Jahre alt, stirbt Hans Eberhardt am „Schwarzwasser-Fieber". Seine Familie kehrt wieder nach Deutschland zurück.

ALB BOTE 31. 12. 1929

Das 1900 von August Münz neu erbaute Haus am Marktplatz 175 wird von der Firma Carl Stiegler 1926 erworben. In der Baulücke vor der Kirche steht das 1909 abgebrannte Haus von Nagelschmied Johannes Bopp.
Im Rahmen der Neugliederung der Firma Carl Stiegler übernimmt Erwin Stiegler die Haushalts- und Eisenwaren, Otto Stiegler den Lebensmittelbereich im Haus Marktplatz 175 – Marktplatz 3 (siehe Seite 68).

Otto Stiegler, Kaufmann (12. 8. 1904 – 5. 8. 1965)

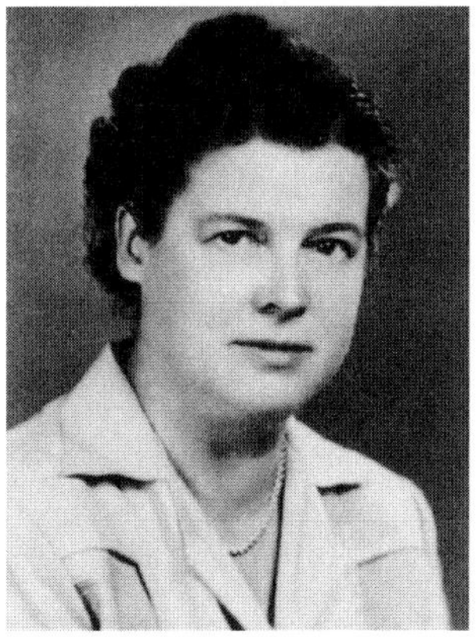

Emma Stiegler geb. Hahn (6. 2. 1905 – 29. 11. 1970)

Schwierig sind die Zeiten im Lebensmittelbereich geworden, die Lebensmittelketten bestimmen den Markt. Trotz allen Widrigkeiten führen Walter und Gerda Stiegler das elterliche Geschäft weiter.

Postkarte aus dem Jahre 1910

Walter Stiegler, Kaufmann (geb. 19. 1. 1935); Gerda Stiegler geb. Klumpp (geb. 13. 1. 1940)

| einst: Brunnenstraße 14 | heute: Marktplatz 4 |

„Ein zweistockigtes Hauß und Scheuer unter einem Dach beim vorderen Bronnen, 1620 erbaut."

Christoph Bopp, Nagelschmied; Johannes Bopp (9. 7. 1851 – 1. 11. 1930): 1. Ehe mit Elisabeth Katharine Bopp geb. Haueisen (7. 10. 1847 – 31. 3. 1893), 2. Ehe mit Marie Christiane Bopp geb. Freitag (23. 9. 1865 – 24. 2. 1937), Tochter des Jakob Freitag, Bruckhafner.

Johannes Bopp übernimmt 1908 das elterliche Anwesen. Bis zum Tod seiner ersten Ehefrau (1893) ist er auch Rosenwirt.

Am 19. 5. 1910 ist die Akkordvergabe für den Neubau, der auch noch 1910 fertiggestellt wird.

Nach dem Tod von Marie Christiane Bopp erwirbt Karl Pflüger 1937/38 das Haus. Er nutzt dieses als Lagerraum und Werkstatt. Die Wohnung im Obergeschoß war an die Familie Ernst Lautenschlager vermietet.

In der Folgezeit richtet Karl Pflüger ein Spielwarengeschäft ein, das am 1. 8. 1970 an das Ehepaar Richard und Gisela Kaiser und ab 1. 11. 1990 an das Ehepaar Robert und Brigitte Neumann vermietet wird.

Dieses Mietverhältnis endet im Jahr 1994 (siehe Seite 135).

Im Bild ganz links das alte Haus von Nagelschmied Johannes Bopp, rechts das Haus Stiegler

Das Pflügersche Spielwarengeschäft Marktplatz 4

Am Sonntag, 10. Oktober 1909, nachts 1 Uhr, wird das Nagelschmied-Gebäude des Johannes Bopp durch Brand zerstört

Ausschnitt aus dem von August Hoff, Goldschmied, gezeichneten Bild „Münsingen im Jahr 1879", unmittelbar hinter dem Brunnen das Haus von Nagelschmied Johannes Bopp, links der Gasthof „Herrmann"

einst: Marktplatz 9/10 **heute: Marktplatz 5**

Diese Aufnahme entstand um 1910 am Hauseingang Friedrich Bopp, Bäckermeister

„Ein dreystokigtes Hauß an der vorderen Gasse beim großen Bronnen."

Besitzer: C. G. Eipper, Kaufmann (22. 7. 1821 in Esslingen – 25. 10. 1902)

Ehefrau Rosina Dorothea geb. Ruoß, am 12. 3. 1821 geboren, Tochter des Joh. Jak. Ruoß, Bildleinwandfabrikant und königlicher Hoflieferant. Es ist das erste industrielle Unternehmen in Münsingen.

Am 1. Mai 1847 eröffnet Christian Gotthilf Eipper im ehemals Stadtrat-Burghardtschen-Haus neben Traiteur Herrmann ein Specerei-, Farb- und Kurzwaren-Geschäft „und Agenturen". Unter dieser Firmenbezeichnung erfolgt die Eintragung im Handelsregister am 5. Februar 1866.

Anzeige und Empfehlung.
Münsingen.

Einem verehrlichen hiesigen und auswärtigen Publikum mache ich hiermit die ergebene Anzeige, daß ich mich hier etablirt habe und mein Verkaufs-Lokal im ehemals Stadtrath Burkhardt'schen Hause neben Herrn Traiteur Herrmann am 1. Mai eröffnen werde.

Alle in das Specerei- und Colonial-Waarenfach einschlagende Artikel, Farb-Waaren, Papier und Schreibmaterialien jeder Art, Hohlglas und andere feine Glas-Porzellan-Waaren, Drahtstifte und Schrauben jeder Größe, Niederländer Jagdpulver und Schroote in allen Nummern, feine Blech- und Galanterie-Waaren in reicher Auswahl, Fürnisse und Lacke, Tabak, Cigarren und dergleichen Artikel sind bei mir stets in vorzüglicher Qualität zu haben.

Durch billige Preise und gute Bedienung werde ich mir das Zutrauen des Publikums zu erwerben und zu erhalten suchen und sehe ich somit einem zahlreichen Zuspruch entgegen.

C. G. Eipper.

Intelligenzblatt 24. 4. 1847

Münsingen, 18. August 1884.
Vom nächsten Sonntag an schließen wir versuchsweise unsere Läden an den Sonntagen abends 5 Uhr und bitten das verehrliche Publikum sich darnach richten zu wollen.

C. G. Eipper.   Paul Dauz.   J. Lod.
W. Fr. Oswald.   Carl Bopp.   H. Schwenk Wwe.
Paul Keller.   C. F. Krehl.   A. Groß.
Carl Schöll.   Carl Kegel.   J. Groß.

ALB BOTE 19. 8. 1884

Münsingen, 7. Febr. Wie in anderen Städten des Landes, so versammelten sich auch gestern abend auf dem Rathause die hiesigen Gewerbetreibenden, um in Sachen der Sonntagsruhe Beschluß zu fassen. Während an den Sonn- und Feiertagen der Hausierhandel ganz zu verbieten sei, so sollen vom 1. April dieses Jahres ab an sämtlichen Festtagen den ganzen Tag die Läden geschlossen und an den Sonntagen nur von vormittags 11 bis nachmittags 4 Uhr offen sein; worauf namentlich die hierher kommenden Landbewohner aufmerksam gemacht werden. Außerdem ist jedem Gewerbetreibenden gestattet, an den 3 Sonntagen vor Weihnachten von vormittags 11 bis abends 9 Uhr Waren zu verabreichen. Die Bäcker und Metzger haben sich über die Zeit des Offenhaltens ihrer Verkaufslokale noch besonders zu vereinbaren und können diesbezügliche Wünsche beim K. Oberamt zur Prüfung und Genehmigung vorlegen.

Anordnung vom 7. 2. 1892

Der Versuch der Münsinger Kaufleute vom 18. August 1884, die Läden an den Sonntagen abends um 5 Uhr zu schließen, wird vom Königlichen Oberamt erst 7 1/2 Jahre später aufgegriffen.

Das K. Oberamt hat im Februar 1892 eine verbindliche Anordnung zur Sonntagsruhe getroffen, die am 1. April 1892 in Kraft tritt.

1899 übernimmt die Witwe des Oberamtstierarztes Herrmann das Haus.

Kaufmann C. G. Eipper zieht sich aus dem Geschäftsleben zurück.

Das Eippersche Geschäft übernimmt Theo Hermann, der sich bei der neuen Hausbesitzerin einmietet.

Münsingen.
Geschäfts-Uebernahme und Empfehlung.

Einer geehrten hiesigen und auswärtigen Einwohnerschaft mache hiermit die höfl. Anzeige, daß ich das Warenlager des Herrn C. G. Eipper, Kaufmann hier, übernommen habe und unter Beilegung weiterer Artikel, in der bisherigen Weise unter Beilegung weiterer Artikel, die ich später einem verehrl. Publikum noch bekannt gebe, bei reeller und aufmerksamer Bedienung fortführe.

Indem ich bitte, das bisher dem Geschäfte erwiesene Wohlwollen auch auf mich gütigst übertragen zu wollen, zeichne hochachtungsvoll

Th. Hermann.

ALB BOTE 27. 4. 1899

Wegen Geschäftsaufgabe setzt Theo Hermann sein gesamtes Warenlager zum Verkauf aus.

Münsingen
Gänzlicher Ausverkauf.

Wegen Aufgabe des Geschäfts setze ich mein gesamtes Warenlager zum Verkauf aus und mache insbesondere auf meine

Portemonnaies, Broschen, Nusteru. Kämme,
sowie die
echten Wiener Meerschaumspitzen

aufmerksam; auch habe ich noch eine schöne Auswahl in Weihnachts-Gegenständen, insbesondere Puppen für ältere Mädchen, sowie sonstige Kinderspielwaren zu den billigsten Preisen abzugeben.

Um gefl. Besichtigung und zahlreichen Besuch bittet

Theo Hermann.

ALB BOTE 25. 7. 1901

Die Erben der verstorbenen Frau Oberamtstierarztwitwe Herrmann bieten das Haus Nr. 9 und 10 Am Marktplatz zum Kauf an, das der Bäckermeister Johann Friedrich Bopp erwirbt.

Oberamtsstadt Münsingen.
Geschäftshaus-Verkauf.

Die Erben der verst. Frau Oberamtstierarztwitwe Herrmanns bringen hier ihr nächsten Montag den 16. ds. Mts., nachmittags 1 Uhr, auf dem hiesigen Rathaus im öffentlichen Aufstreich zum Verkauf: Gebde. No. 9/10. 1 ar 18 qm. Ein 3tock. Wohn- u. Geschäftshaus mit Magazin u. Traufrecht auf dem Marktplatz.

Kaufliebhaber sind höflich eingeladen.

Den 11. März 1908.

K. Grundbuchamt.
Hörner.

ALB BOTE 2. 7. 1908

Im Juli 1908 eröffnet Bäckermeister Johann Friedrich Bopp (17. 5. 1882 – 19. 7. 1934) im früher Eipperschen Haus am Marktplatz eine Brot- und Feinbäckerei mit Mehlhandlung. Er hat das Haus von Oberamtstierarztwitwe Herrmann durch Kauf erworben.

Münsingen.
Geschäfts-Eröffnung und -Empfehlung.

Einer werten hiesigen und auswärtigen Einwohnerschaft zeige ergebenst an, daß ich in dem früher Kaufmann Eipper'schen Hause (Marktplatz) mein Geschäft

Brot- und Feinbäckerei
mit Mehlhandlung,
eröffnet habe.

Es wird mein eifrigstes Bestreben sein, meine geschätzten Kundschaft aufs reellste zu bedienen.

Um geneigten Besuch höflich bittend, zeichnet hochachtungsvoll

Friedrich Bopp, Bäckermeister.

NB. Da ich lästige Hausieren unterlasse, bitte ich die geschätzte Kundschaft gefl. Berücksichtigung; bestellte Ware wird auf Wunsch gerne ins Haus geliefert.

ALB BOTE 2. 7. 1908

Während des 1. Weltkrieges ist die Bäckerei Friedrich Bopp vorübergehend geschlossen.

1920 verlegt Friedrich Bopp sein Geschäft in die Hintere Gasse 42.

einst: Marktplatz 9/10   heute: Marktplatz 5

Paul Rudolf Krehl (22. 3. 1891 – 22. 6. 1968)

Rudolf Krehl eröffnet im Juli 1920 eine Farbenhandlung im Haus Marktplatz 9 und 10.
Nach Friedrich Bopp, Bäckermeister, kommt 1921 mit Otto Knaus, Müller aus Büttelschieß, kurzzeitig ein neuer Hausbesitzer, bis Rudolf Krehl das Haus 1922 käuflich erwirbt.

Farbenhandlung Krehl um 1920

Der Sohn Rudolf Krehl, am 14. 2. 1925 geboren, absolviert von 1940 bis 1943 eine Drogistenlehre in der Bismarck-Drogerie in Stuttgart. Er soll einmal das elterliche Geschäft übernehmen und einen weiteren Geschäftszweig angliedern.
Am 23. 4. 1943 wird Rudolf Krehl zum Reichs-Arbeitsdienst (RAD) eingezogen und im August 1943 zur Wehrmacht einberufen. Seit 1944 ist er in Rußland vermißt.

Farbenhaus Krehl im Jahre 1944, nachdem das Fachwerk freigelegt wurde

Farbenhaus Krehl in den 30er Jahren

Wappen der Familie Krehl

Rudolf Paul Krehl (1925-1944), Drogist

Der Marktbrunnen mit dem „Kinder-Stüble" von Gretel Schneckenburger, Gasthof „Herrmann" mit dem Gästehaus, dann ganz hinten das Haus von Konditor Karl Stelzle

einst: Marktplatz 9/10   heute: Marktplatz 5

Das Kinderstüble vor dem Umbau

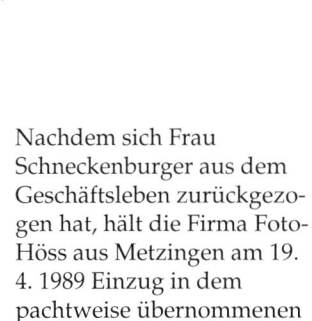

Das Ehepaar Schneckenburger

1963 erwirbt das Ehepaar Karl und Gretel Schneckenburger das Rudolf Krehlsche Haus Marktplatz 5 durch Kauf.

Gretel Schneckenburger eröffnet am 13. 12. 1963 das „Kinder-Stüble", ein von der Kundschaft gern aufgesuchtes Fachgeschäft für Kindermode.

Nachdem sich Frau Schneckenburger aus dem Geschäftsleben zurückgezogen hat, hält die Firma Foto-Höss aus Metzingen am 19. 4. 1989 Einzug in dem pachtweise übernommenen Laden.

Im März 1995 eröffnet das Fotohaus Höss ein Filialgeschäft im Lichtensteinpark, Lichtensteinstraße 36.

Axel Höss, Fotograf (geb. 7. 8. 1965) und Gaby Höss geb. Sept (geb. 8. 4. 1966), Fotografenmeisterin

Der Umbau 1976

Das Haus Schneckenburger, Marktplatz 5 – im Erdgeschoß das Geschäft der Firma Foto Höss

einst: Marktplatz 7   heute: Marktplatz 6

Neben dem Pflügerhaus stand einst das Gasthaus zum „Schützen", das am 12. Juli 1915 abbrannte (siehe Buch „Alt-Münsinger Gastwirtschaften" Seiten 25/26 und S. 100)

Nach dem Brand vom 12. Juli 1915 wohnt die Schützenwirts-Familie in ihrem Haus im Kegelgraben, wo sie eine kleine Landwirtschaft betreibt.

1922 entschließt sich Johs. Freitag, die Baulücke am Marktplatz durch den Bau eines Wohn- und Geschäftshauses zu schließen. Die Eröffnungsurkunde „betr. Baugesuch des Wilh. Hardter, Kaufmann, für Johannes Freitag alt, Schützenwirt in Münsingen" datiert vom 27. 10. 1922. Der Schützenwirt erlebt die Fertigstellung des Hauses nicht mehr, H. Hardter führt das Bauvorhaben zu Ende.

Johs. Freitag stirbt bei einer Familientragödie, er wird von seinem Sohn Paul am 14. 4. 1923 erschossen. Paul richtet die Pistole dann auf sich, hat aber laut Zeitungsnotiz „schlecht getroffen". Er stirbt ebenfalls am 14. 4. 1923 im Spital.

Aus Stadt, Bezirk und Umgegend.

Münsingen, 14. April 1923. Man bekam einen Schauder, als heute Vormittag die Runde von einer Familientragödie im Hause des Johs. Freitag, früherer Schützenwirt hier, die Stadt durcheilte. Nach vorausgegangenen jahrelangen Drohungen seines Sohnes, des 26jährigen ledigen Paul Freitag, der schon längere Zeit mit seinem Vater in Unfrieden lebte und außerhalb des Hauses wohnen mußte, drang derselbe heute früh halb acht Uhr wiederum in das Wohnzimmer seines Vaters ein und konnte sich trotz Widerstandes desselben und seiner Tochter Zutritt verschaffen und den Vater in das Schlafzimmer verfolgen. Dort zog er einen Revolver und gab Schüsse ab, die den 72jährigen Vater in die Herzgegend trafen und seinen sofortigen Tod zur Folge hatten. Hierauf begab sich der Vatermörder auf die Bühne, um die Waffe gegen sich zu richten. Von zwei Schüssen ging ihm einer in die Schläfe, die auch seinen Tod um 11 Uhr zur Folge hatten. Der Sohn Paul arbeitete im vorigen Jahr im Zementwerk und hat in den letzten Wochen die Arbeit daselbst aufgegeben. Er hielt sich viel in den Wirtschaften auf; auch wiederholten sich die Drohungen, namentlich letzten Mittwoch und gestern abend, so daß sich der Landjäger gestern Vormittag genötigt sah, ihm einen Revolver abzunehmen.

Bericht im ALB BOTE

ALB BOTE 2. 6. 1924

Hugo Länge (4. 8., 1897 – 22. 7. 1976), Kutscher, Kaufmann, zuletzt Gastwirt in Konstanz, und seine Ehefrau Emilie Länge geb. Stoß (30. 1. 1900 – 5. 11. 1967) eröffnen im Juni 1924 ein Konfektionshaus. Emma Frida Hardter geb. Wandel (3. 6. 1902 – 4. 4. 1995) übernimmt am 31. 3. 1927 das Konfektionshaus Länge.

ALB BOTE 3. 6. 1924

1960 zieht sich Emma Hardter aus dem Geschäftsleben zurück.

Das Kurz- und Textilwarengeschäft E. Hardter

einst: Marktplatz 7   heute: Marktplatz 6

Uhren und Schmuckgeschäft der Firma Schultes

Werner Schultes, Optikermeister (8. 11. 1942 – 30. 8. 1975)

Uhrenfachgeschäft der Firma Optik Gut

Thomas Gut

Erwin Schultes (25. 1. 1914 – 5. 9. 1994)

Liesel Schultes (geb. 11. 4. 1915)

Maria Gut (geb. 7. 8. 1935)

Reinhold Gut (geb. 7. 8. 1933)

Erwin Schultes, Uhrmachermeister, gründet 1947 im elterlichen Haus in der Hauptstraße 29 ein Uhren- und Schmuckgeschäft (siehe Seite 136).
Die kontinuierliche Weiterentwicklung des Geschäfts, wie dies bei den wirtschaftlichen Gegebenheiten der Sechzigerjahre möglich ist, findet ihre Grenze an der dort herrschenden räumlichen Enge. Dies erfordert zwingend eine andere Lösung, die sich durch die Geschäftsaufgabe von Frau Emma Hardter anbietet. Damit einher geht die Notwendigkeit, diese Geschäftsräume der künftigen Nutzung anzupassen und insbesondere der Ladenfront ein modernes Äußeres zu geben. Nach Abschluß der mit Baugenehmigung vom 4. 7. 1961 durchgeführten Umbauarbeiten kann in den neuen Geschäftsräumen Einzug gehalten werden. Mit dem Geschäftseintritt des Sohnes Werner Schultes, Optikermeister, kann der Bereich Optik weiter ausgebaut werden. Dadurch ist eine fachgerechte Beratung und Bedienung der Kundschaft bei Brillen und optischen Geräte, genau so wie bisher bei Schmuck und Uhren gesichert.
Im weiteren Verlauf wird eine Standortveränderung ins Auge gefaßt. Ein Grundstück an der Hauptstraße, auf dem ein neues Geschäftshaus entstehen sollte ist bereits gekauft. Der frühe Tod von Werner Schultes macht diesen Plan zunichte.
Am 1. 3. 1976 übernimmt Optiker- und Uhrmachermeister Reinhold Gut das Geschäft von Erwin Schultes und kauft am 27. 11. 1979 das Haus von den Erben des Wilhelm Hardter. Thomas Gut (geb. 19. 9. 1967), staatl. gepr. Augenoptikermeister und Uhrmachermeister, tritt in das elterliche Geschäft ein und übernimmt am 1. 10. 1995 den Betrieb.
Nach umfangreichen Umbaumaßnahmen wird das gesamte Erdgeschoß zur Ladenfläche. Im Obergeschoß sind die Werkstätten untergebracht.
Am 17. 11. 1995 ist Eröffnung im neu gestalteten Geschäft.

65

einst: Marktplatz 6   heute: Marktplatz 7

Rechts am Bildrand noch das 1915 abgebrannte Gasthaus „zum Schützen"

In der Baulücke stand einst das 1915 abgebrannte Gasthaus „zum Schützen".

Friedrich Pflüger, Buchbindermeister (3. 3. 1855 – 17. 11. 1944)

Karl Pflüger, Buchbindermeister, Buchhändler (7. 4. 1892 – 6. 8. 1980)

Besitzer:
1825 Joh. Kristof Schnizer, Färber (22. 4. 1785 – 7. 6. 1827),
1827 Philipp Adolph Groß, Färber (28. 11. 1798 – 25. 11. 1864),
Gustav Adolph Groß, Färber (5. 4. 1832 – ?),
1886 Friedrich Pflüger, Buchbinder (3. 3. 1855 – 17. 11. 1944),
Karl Pflüger, Buchbindermeister und Buchhändler (7. 4. 1892 – 6. 8. 1980),
1991 Buchhandlung Im Pflügerhaus, Filiale der Buchhandlung Bader, Rottenburg, Geschäftsführer: Roland Schatz.

Nach dem Tod des Vaters setzt Adolf Groß am 14. September 1868 das elterliche Anwesen zum Verkauf aus, ein Besitzwechsel kommt jedoch nicht zustande. Konrad Mezger, Zimmermaler, geboren 6. 4. 1845, mietet sich im April 1868 bei Färber Groß ein. 1873 verzieht Mezger nach Stuttgart.

1886 erwirbt der Buchbinder Friedrich Pflüger das Anwesen. Adolf Groß verzieht im November 1887 mit seiner Familie nach Stuttgart.

ALB BOTE 4. 4. 1868

ALB BOTE 5. 9. 1868

Die 104 Jahre alte Emilie Wick geb. Pflüger erzählte, daß ihr Vater Friedrich Pflüger bei dem Buchbinder, der gegenüber dem Haus von Schneidermeister Pflüger in der Hauptstraße wohnte, das Buchbinderhandwerk erlernt hat. Wie herauszufinden war, gehörte dieses Haus Obere Gasse 123 (heute Erich Dieter, Raumausstattung, Hauptstraße 34) je zur Hälfte dem Buchbinder Friedrich Krehl und seinem Stiefsohn Johann Jacob Bopp, Buchbinder. Friedrich Pflüger dürfte frühestens 1868 die Lehre begonnen haben, demnach bei Jacob Bopp junior. Ihr Vater habe acht Jahre in der Schweiz gearbeitet, bis die Mutter ihm geschrieben habe, „der letzte Buchbinder in der Stadt ist gestorben, komm' nach Hause". Er kommt zurück und eröffnet am 25. Juli 1882 das Buchbinder-Geschäft im Hause der Frau Wunsch neben dem Rathaus (heute Salzgasse 1).

ALB BOTE 25. 7. 1882

ALB BOTE 29. 7. 1885

Buchbinderei/Papierhandlung Pflüger

Als sich die Gelegenheit ergibt, das früher Färber Großsche Haus käuflich zu erwerben, greift Friedrich Pflüger zu und verlegt sein Geschäft am 29. Juli 1885 dorthin, neben den Gasthof „Zum Ochsen".

einst: Marktplatz 6 	heute: Marktplatz 7

Marktplatz mit Pflügerhaus einst . . .

. . . und heute

Roland Schatz, Buchhändler (geb. 26. 7. 1958)

Aus Altersgründen zieht sich Karl Pflüger aus dem Geschäftsleben zurück und verpachtet das Geschäft ab 1. 8. 1970 an das Ehepaar Richard und Gisela Kaiser. Der überraschende Tod ihres Mannes veranlaßt Frau Kaiser, das Pachtverhältnis zum Jahresende 1990 zu lösen. Das Geschäft geht in neue Hände über. Nach umfangreichen Umbauarbeiten – das Obergeschoß wird in den Verkaufsbereich mit einbezogen – eröffnet am 20. 3. 1991 die Buchhandlung im Pflügerhaus.

Roland Schatz, Buchhändler, bisher Geschäftsführer der Buchhandlung im Pflügerhaus, Filiale der Buchhandlung Bader, Rottenburg, übernimmt am 1. Januar 1993 das Geschäft.

Buchhandlung im Pflügerhaus

einst: Marktplatz 173 | heute: Marktplatz 9

Einst Marktplatz 173

Der Kaufmann Andreas Thimotheus Schnitzer (10. 8. 1786 – 22. 3. 1859) gründet sein Geschäft, eine Landesproduktenhandlung, im Hungerjahr 1817. Das Warenangebot geht weit über den Lebensmittelbereich hinaus: Sämereien, Bettfedern und Bettzeug, Textilien, Glas- und Eisenwaren sind im Sortiment. Die Agenturen der 1853 gegründeten Lebensversicherungs- und Ersparnis-Bank in Stuttgart und der Magdeburger Hagel-Versicherungs-Gesellschaft runden die Palette ab.
Neben seinem Geschäft ist er Zunftvorstand der Handlungs-Innung.
Im Revolutionsjahr 1848 stiftet Kaufmann Schnitzer 10 ¾ Ellen blaues Tuch zu drei Waffenröcken für die hiesige Bürgerwehr.
Am 22. März 1859 stirbt Andreas Thimotheus Schnitzer. Die Geschäftsnachfolge tritt der Schwiegersohn Kaufmann Gustav Adolph Keller (4. 5. 1818 – 5. 3. 1890) an.

Gustav Adolph Keller heiratet 1844 Luise Auguste Schnitzer (20. 11. 1817 – 9. 4. 1866), Tochter des Kaufmanns A. T. Schnitzer, und tritt in dessen Landesproduktenhandlung ein.

Gleichzeitig vermittelt er Schiffspassagen für Auswanderer nach Amerika.

Nach dem Tod von A. T. Schnitzer übernimmt Keller das Geschäft des Schwiegervaters.

Die beiden Firmen G. A. Keller und J. F. Schöll werben gemeinsam. Darüber hinaus wird schon im folgenden Jahr die Beziehung durch familiäre Bindungen vertieft.

ALB BOTE 2. 12. 1865

Am 9. 4. 1866 stirbt G. A. Kellers Ehefrau Luise Auguste geb. Schnitzer. Noch im gleichen Jahr, am 7. 8. 1866, geht er die zweite Ehe mit Rosine Wilhelmine geb. Schöll, Tochter des Kaufmanns Johann Friedrich Schöll, ein.

G. A. Keller erwirbt 1866 den Salzstadel von dem Conditor Carl Ludwig Daur und gründet hier eine Eisenwarenfabrik, in der vier bis sechs Männer beschäftigt sind (siehe Seite 15).

Die Kriege des 19. Jahrhunderts gehen auch an der Familie Keller nicht spurlos vorüber. Der am 10. 2. 1847 geborene älteste Sohn aus erster Ehe, Gustav Adolf Keller, fällt im deutsch-französischen Krieg 1870/71 am 30. 11. 1870 im Gefecht bei Villiers sur Marne.

ALB BOTE 28. 3. 1851

Paul Keller, am 15. 10. 1851 geboren, der bisher schon im elterlichen Geschäft tätig war, wird nach dem Ableben von G. A. Keller alleiniger Inhaber.

Carl Gottfried Stiegler, Kaufmann (18. 2. 1870 – 16. 2. 1955), geboren in Erdmannhausen O. A. Ludwigsburg, erwirbt 1895 das von G. A. Keller betriebene Colonialwaren-, Eisen- und Samen-Geschäft, in dem er schon seit einigen Jahren als Commis (kaufmännischer Angestellter) tätig war.

Carl Gottfried Stiegler

ALB BOTE 2. 3. 1895

ALB BOTE 18. 1. 1895

Familie Carl Stiegler

Elisabeth Johanna geb. Herzog (6. 9. 1866 – 9. 7. 1938), Carl Stiegler (18. 2. 1870 – 16. 2. 1955)

Anzeige im ALB BOTE

Carl Stiegler engagiert sich im öffentlichen Leben. Er ist viele Jahre Kirchenpfleger.

Im Bezirksverein der Geflügel- und Vogelfreunde Münsingen, dessen Vorstand Stiegler ist, wirkt er aktiv mit.

ALB BOTE 26. 8. 1899

Der Eintritt der Söhne Erwin Stiegler und Otto Stiegler bringt eine kontinuierliche Fortentwicklung in allen Geschäftsbereichen.

einst: Marktplatz 173   heute: Marktplatz 9

Die Stieglers: Lydia, Hermann, Erwin, Ernst, Dr. Richard, Otto, Ehefrau Hedwig, Frida (v.l.n.r.)

Ruth Stiegler geb. Daur (16. 3. 1909 – 12. 11. 1993)

Erwin Stiegler (10. 9. 1899 – 13. 5. 1968)

Der Großhandel erfordert einen entsprechenden Fuhrpark. Mit dem Beginn der Motorisierung werden die Pferdegespanne mitsamt dem Kutscher Johannes Kuhn durch einen damals noch mit Kettenantrieb und Vollgummibereifung ausgestatteten Lastwagen ersetzt.

Im Februar 1934 holt der Lastwagenfahrer Martin Böhm den ersten Mercedes-Lastwagen in Gaggenau.

Bis zu seiner Einberufung zum Wehrdienst bei Kriegsbeginn 1939 ist Böhm bei der Firma Carl Stiegler als Kraftfahrer tätig.

Er ist am 12. 7. 1941 bei Kranopol/Kiew in Rußland gefallen.

Martin Böhm (6. 3. 1908 – 12. 7. 1941)

1926 erwirbt die Firma Carl Stiegler das gegenüber liegende Haus Marktplatz 175 (heute Marktplatz 3) von dem Elektromechaniker Hans Eberhardt. Betriebsintern erhält es sinnvoller Weise den Namen „Eberhardtsbau", wohl von dem bekannten gleichnamigen Bau in Stuttgart übernommen.

Dieses 1900 von August Münz erbaute Haus, inzwischen den neuen geschäftlichen Anforderungen entsprechend umgebaut, ist heute das Lebensmittelgeschäft von Otto Stiegler, Inhaber Walter Stiegler (siehe Seite 59).

Der Kauf des ehemaligen Gasthauses „Kreuz" bringt 1957 eine Ausweitung des Unternehmens (siehe auch im Buch „Alt-Münsinger Gastwirtschaften" Seite 18 ff und Seite 97).

Die Nachfolge von Erwin Stiegler tritt sein Sohn Rolf Stiegler (geb. 9. 8. 1931) an.

Die Shell-Tankstelle beim Haus wird der wachsenden Motorisierung gerecht

Dreifachhochzeit im Hause Stiegler am 25. September 1930: links Otto Stiegler mit Emma geb. Hahn, Otto Brodt, Bürgermeister, mit Lydia geb. Stiegler, Erwin Stiegler mit Ruth geb. Daur

Rolf Stiegler (geb. 9. 8. 1931)

einst: Marktplatz 171　　　　　　　　　　　　　　　　　　　　　　　　　　　　　　　　　　　heute: Im Glack 2

Einst Haus Nr. 171

Christoph Schmid, Bäckermeister, Zunftvorsteher, verkauft am 6. Februar 1852 sein Haus Marktplatz 171, neben der alten Apotheke an den Bäcker und Gassenwirt Friedrich Glocker (3. 11. 1819 – 23. 4. 1858). Der war bisher ansässig im Haus Nr. 166 am Marktplatz, gegenüber dem „Rössle" (heute Bäckerei Hoffmann) und veräußert dieses Anwesen an den Seifensieder Gottlieb Bihler.

Im neu erworbenen Haus führt er die Wirtschaft und Bäckerei weiter.

(Siehe auch im Buch „Alt-Münsinger Gastwirtschaften" Seite 31-33 und Seite 95.)

Schon sechs Jahre später, am 23. 4. 1858, stirbt Friedrich Glocker, 38 Jahre alt, sechs Wochen nach der Geburt seines Sohnes Johann Friedrich Glocker (11. 3. 1858 – 17. 9. 1943).

Obwohl das Haus zum Verkauf angeboten wird, gibt die Witwe Kath. Heinrike Glocker die Hinterlassenschaft ihres verstorbenen Mannes nicht ab.

Am 10. 5. 1859 heiratet Kath. Heinrike Glocker (11. 4. 1830 – 12. 8. 1899) den Bäcker Johannes Reyhing aus Bernloch (19. 2. 1827 – 6. 2. 1889), der die Bäckerei weiterführt.

Dadurch bleibt den Kindern das elterliche Erbe erhalten.

Intelligenzblatt 2. 11. 1859

Der Bäcker und Landwirt Johann Friedrich Glocker (11. 3. 1858 – 17. 9. 1943), erlernt bei seinem Stiefvater Johannes Reyhing das Bäckerhandwerk und übernimmt nach dem Ableben der Mutter die elterliche Bäckerei im September 1890.

Er ist schwer herzkrank, deshalb muß die Frau tatkräftig in der Backstube mitarbeiten und hat so die Hauptlast in der Familie zu tragen. Schließlich muß Glocker den Beruf aufgeben. Er trennt sich von Beruf und Haus und kauft 1902 das Anwesen des verstorbenen Friedrich Götz in der Salzgasse 69, wo er sich mit Frau und Kindern der Landwirtschaft widmet, siehe Seite 93.

Katharine (17. 7. 1863 – 9. 10. 1946) und Friedrich Glocker (11. 3. 1858 – 17. 9. 1943)

Jakob Jäger, Bäckermeister, pachtet ab 1. Mai 1902 die Glockersche Bäckerei und erwirbt sie 1904 durch Kauf.

ALB BOTE 1. 5. 1902

Am 1. März 1930 eröffnet Bäckermeister Wilhelm Kirchmann nach erfolgter Renovierung die von Jakob Jäger durch Kauf erworbene Bäckerei.

Wilhelm Kirchmann (21. 5. 1899 – 31. 8. 1987)

Anna-Elisabeth Kirchmann geb. Engelhart (geb. 10. 5. 1943)

Siegfried Kirchmann (geb. 1. 4. 1939)

Siegfried Kirchmann, Bäckermeister, übernimmt das elterliche Geschäft am 1. 1. 1972 und paßt dieses durch weitere bauliche Maßnahmen den heutigen Erfordernissen an.

Die heutige Bäckerei Kirchmann

einst: Marktplatz 172   **Die „Alte Apotheke Am Markt"**   heute: Marktplatz 10

Die Oberamtsbeschreibung von 1825 (Seite 108) besagt: „Eine Apotheke wurde erst ums Jahr 1760 errichtet."

B 16 Stadtgerichtsprotokoll 1754 bis 1758 fol. 221

Verhandlung vom 2. 10. 1755: „Die Aufrichtung einer Apotheke betreffend".

Beschluß: „...daß wann Herr Hummel sich dahier ohne seinem Verspruch gemäß jemandem in seine Profession eingreif zu tun fortzubringen getraue, und gnädiger fürstlicher Regierung die gnädigste Conzession beigebracht haben, werde ihme um seiner guten Testimonea und der Sachen Notwendigkeit Willen in seinem Gesuch gratifiziert und zu Aufrichtung einer Officin die Magistratische Erlaubnis andurch erteilt sein solle."

Ebenda fol. 286: Sitzung vom 4. März 1756

Bürgerrechtsaufnahme für Friedrich Ludwig Hummel, Apotheker, mit seiner Hausfrau Regina Judith geb. Knapp (Tochter des früheren Vizebürgermeisters Knapp in Reutlingen).

B 102 Kaufbuch 1747 bis 1759 fol. 492

4. 3. 1756: Hauskauf: Friedrich Ludwig Hummel kauft von Matthes Krehl, Kreuzwirt, „Behausung ohne Scheuer auf dem Markt zwischen gemeiner Gass und Johann Walter" für 740 Gulden.

Nach dem ersten Apotheker Friedrich Ludwig Hummel folgten nachstehende Apotheker:

W. Wullen	1820
Joh. Bauer	1846

W. Wullen übernimmt seine Apotheke wieder im Jahre 1852;

C. Friedlein	um 1860-1865
P. A. Alber	1865-1884
Otto Fischer	1884-1892
K. Hellwig	1892-1897
Emil Häberle	1897-1899

Apotheker W. Wullen läßt 1844 das alte Gebäude abreißen. Die nachstehende Fotokopie aus der Bauakte des Stadtarchivs zeigt die Ansicht des neu zu erstellenden Apothekengebäudes am Marktplatz.

Apotheker Emil Häberle hat 1899 eine neue Apotheke Ecke Hauptstraße-Rosenberg, die heutige Kronen-Apotheke erbaut. Am 15. 11. 1900 setzt er das bisherige Geschäfts- und Wohnhaus am Marktplatz zum Verkauf aus.

Neuer Inhaber wird die Firma Friedr. Lamparter, Colonialwaren und Nährmittel.

Die neu eröffnete Verkaufs-Niederlage von Friedr. Lamparter in der „Alten Apotheke" findet offensichtlich keinen Anklang in Münsingen. Vier Monate nach der Eröffnung ist schon wieder Total-Ausverkauf wegen vollständiger Geschäftsaufgabe.

ALB BOTE 23. 10. 1900

Architekturentwurf

ALB BOTE 2. 6. 1900

ALB BOTE 15. 11. 1900

einst: Marktplatz 172 — **Die „Alte Apotheke Am Markt"** — heute: Marktplatz 10

Wilhelm Mayer (14. 2. 1874 – 31. 7. 1949)

Wilhelm Mayer, Metzgermeister, Sohn von Adlerwirt Carl Mayer, „dr' Adler-Helm", eröffnet nach abgeschlossenen Umbauarbeiten am 2. 3. 1901 eine Metzgerei in der „Alten Apotheke" am Markt.

Oberamtsstadt Münsingen.
Geschäfts-Eröffnung und Empfehlung.
Einem geehrten hiesigen und auswärtigen Publikum erlaube ich mir hiemit die ergebene Anzeige, daß ich in dem Gebäude No. 172 am Marktplatz dahier ein
Fleisch- und Wurstwarengeschäft
eingerichtet und solches heute eröffnet habe.
Mein Bestreben wird es sein, sämtliche Sorten
Fleisch- und Wurstwaren,
namentlich prima Mastrindfleisch, Kalbfleisch, Schweinefleisch, Rauchfleisch, Schinken, Schinkenroulade und überhaupt sämtliche Wurstwaren
fortwährend frisch und gut
abzugeben und meine verehrte Kundschaft stets reell und billig zu bedienen.
Um zahlreichen Besuch bittet
Wilhelm Mayer, Metzgermeister.

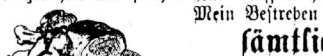

ALB BOTE 2. 3. 1901

Nachstehenden Reim hatte Wilhelm Mayer gut sichtbar in der Metzgerei aufgehängt, um den Hausfrauen weitere Überlegungen in Sachen Knochen zu ersparen.

„Ochsen, Kühe, Kälber, Schweine haben Knochen und Gebeine darum soll beim Fleisch ausmiegen jeder etwas Knochen kriegen."

Wilhelm Mayer geht auch auf die Wünsche seiner jüdischen Kundschaft ein, indem er koschere Fleisch- und Wurstwaren anbietet.

Münsingen.
Feine Knoblauchwürste
nach koscherer Art, per Paar 24 Pfg., sowie
Blut- und Leberwürste
empfiehlt
Metzger Mayer.

ALB BOTE 3. 1. 1907

„Koscher" ist hebräisch und bedeutet nach den jüdischen Speisegesetzen rituell rein und den Gläubigen zum Genuß erlaubt.

1910 geht Wilhelm Mayer nach Buttenhausen und übernimmt dort den „Adler" (siehe Seite 153).

1. 10. 1909: Ernst Rauscher, Metzgermeister aus Ödenwaldstetten, übernimmt das von Wilhelm Mayer käuflich erworbene Geschäft.

Münsingen.
Geschäfts-Uebernahme und Empfehlung.
Einer geehrten hiesigen und auswärtigen Einwohnerschaft zur Nachricht, daß ich das
Fleisch- und Wurstwaren-Geschäft
des Wilhelm Mayer käuflich übernommen habe und auf eigene Rechnung weiter betreiben werde.
Mit mein Bestreben sein, meine werte Kundschaft in nur guter und frischer Qualität von Fleisch- und Wurstwaren reell zu bedienen.
Um geneigtes Wohlwollen höflich bittend, zeichnet hochachtungsvoll
Ernst Rauscher, Metzgermeister.

ALB BOTE 30. 9. 1901

Seinem Schaffen im eigenen Geschäft ist nur eine kurze Zeit bemessen. Schon ein Jahr später setzt der Tod ein Ende.

Oberamtsstadt Münsingen.
Wohn- und Geschäfts-Haus-Verkauf.
Die Erben des verst. Metzgermeisters Ernst Rauscher hier bringen am
Montag den 20. ds. Mts.,
nachmittags 1 Uhr,
auf dem hiesigen Rathaus in öffentlichen Aufstreich an den Meistbietenden zum Verkauf:
Gebde. No. 172 1 ar 21 qm Ein Stock. Wohn- und Geschäftshaus mit Metzgerei-Einrichtung und Laden nebst einem Anteil an einem Wohn- und Magazin-Anbau auf dem Marktplatz.
Gebde. No. 275 2 ar 70 qm Eiskellergebäude und Hofraum an der Buttenhauserstraße.
Das Anwesen befindet sich in günstiger Geschäftslage mitten in der Stadt, dasselbe ist für einen Metzgereibetrieb vollständig neu eingerichtet und wurde als solches auch bisher als Metzgerei mit gutem Erfolg betrieben.
Kaufslustige sind eingeladen.
Den 8. Februar 1911.
K. Grundbuchamt. Hörner.

ALB BOTE 8. 2. 1911

Carl Glockers Metzgerei

Vom Krieg zurückgekehrt, eröffnet Metzgermeister Carl Glocker am 1. September 1919 die früher Ernst Rauschersche Metzgerei am Marktplatz.

Glocker hat eine für die damalige Zeit leistungsfähige Metzgerei aufgebaut mit modernem, geräumigem Verkaufsraum und Kühlanlage. Das sonst übliche pferdebespannte Fuhrwerk zum Abholen des Schlachtviehs bei den Bauern wird von ihm durch einen Mercedes-Lieferwagen ersetzt, der unkompliziert zu einer Personen-Limousine umgebaut werden kann.

Carl Glocker

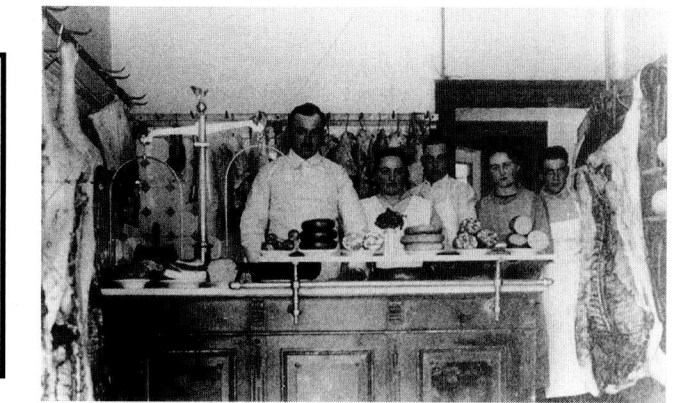

Carl Glocker (12. 7. 1893 – 30. 6. 1945) und Emma Glocker geb. Ohnsmann (11. 3. 1890 – 21. 1. 1964) mit Personal

einst: Marktplatz 172 — **Die „Alte Apotheke Am Markt"** — heute: Marktplatz 10

Metzgerei Carl Glocker

Nach dem Tod von Carl Glocker übernimmt Ernst Krehl, Metzgermeister (16. 3. 1901 – 4. 3. 1987), die verwaiste Metzgerei.

Ernst Krehl hat zuvor eine Metzgerei in Ulm/Donau betrieben. Haus und Geschäft dort fielen einem Bombenangriff zum Opfer.

Das Haus nach der 1960 erfolgten großzügigen Erweiterung des Verkaufsraumes und der Gesamtrenovierung

Maria Betscher (geb. 30. 6. 1931), Georg Betscher (geb. 26. 12. 1927)

Mit Georg Betscher, Metzgermeister, und Maria Betscher hält die junge Generation am 1. 7. 1954 Einzug in der Metzgerei am Marktplatz.

Ein Erfolgserlebnis: Drei Mitarbeiter hatten zur gleichen Zeit ihre Prüfung mit Auszeichnung abgelegt, zwei sogar als Kammersieger

Das Ehepaar Betscher muß die Berufsarbeit aus gesundheitlichen Gründen aufgeben.

Der Metzgermeister Jürgen Hoffmann kauft das Anwesen und übernimmt das Geschäft zusammen mit seiner Ehefrau Roswitha am 21. März 1988.

Am 28. 2. 1994 geben Hoffmanns das Geschäft auf.

Herbert Rapp, Metzgermeister aus St. Johann-Lonsingen, mit Filialen in Gomadingen und Dottingen, eröffnet eine weitere Filiale am 6. Oktober 1994 in Münsingen. In dem Fleischerfachgeschäft werden Hausmacherspezialitäten aus eigener Schlachtung angeboten.

ALB BOTE 1. 10. 1994

| einst: Marktplatz 168 | heute: Marktplatz 11 |

Wilhelm Friedrich Daur (29. 10. 1818 – 29. 11. 1872), Conditor, ist der Sohn von Carl Ludwig Daur, Conditor, Salzfactor und Handelsmann, der sein Geschäft in der Oberen Gasse Nr. 115 betreibt (siehe Seite 143).

W. F. Dauer macht sich im Oktober 1843 selbständig und erwirbt das „zweistokigte Hauß und Scheuer unter einem Dach Auf dem Markt Nr. 168", das vor ihm im Besitz des Bauern Johannes Hail (1823) und dann des Gottlieb Fried. Schöll war.

Carl Julius Hettich (13. 4. 1844 – 16. 11. 1878) übernimmt am 5. 2. 1870 das gemischte Warengeschäft mit Conditorei von W. F. Daur.

Eintrag im Handelsregister

ALB BOTE 12. 4. 1873

Pauline Elisabeth Hettich geborene Fauser (24. 6. 1850 – 1907 verzogen), eine Tochter des Gutsbesitzers Fauser von der Fauserhöhe, führt das Geschäft des verstorbenen Ehemannes weiter, bis sie am 23. 9. 1880 den Kaufmann W. Fr. Oßwald aus Pfullingen heiratet.

Wilhelm Friedrich Oßwald (10. 12. 1855 – 20. 1. 1907), Kaufmann und Gemeinderat, tritt nach der Hochzeit mit der Witwe Pauline Elisabeth Hettich in das Hettichsche Geschäft ein, das er 1881 übernimmt.

Oßwald folgt einem Ruf aus bürgerlichen Kreisen, sich für die anstehende Stadtschultheißenwahl als Kandidat zur Verfügung zu stellen. Er sagt zu mit der Maßgabe, sich im Falle seiner Wahl von seinem Geschäft unter allen Umständen durch Verpachtung oder Verkauf zu trennen. Mit 109 Stimmen von 240 abgegebenen Stimmen wird Kaufmann W. Fr. Oßwald am 6. April 1893 zum neuen Stadtschultheiß gewählt.

Nach der Stadtschultheißenwahl vom 6. 4. 1893 führt der Sohn des zum Stadtschultheiß gewählten W. Fr. Oßwald das Geschäft unter dem Firmennamen W. Fr. Oßwald Sohn weiter bis sich ein Pächter oder Käufer findet.

Im Februar 1895 übernimmt Conditor Emil Schill (12. 7. 1869 – 1918 nach Auingen gezogen) das Oßwaldsche Geschäft pachtweise und erwirbt es durch Kauf im Juli 1897. Zu einem Geschäft gehört aber auch eine tüchtige Geschäftsfrau. Dieser Wunsch wird mit der Hochzeit am 5. März 1895 Wirklichkeit.

Einladung zur Hochzeits-Feier

Um 1900 das Geschäft von Emil Schill

Emil Schill gliedert seiner Conditorei mit Colonialwarengeschäft noch eine Drogerie an. Das ovale Schild mit Kreuz auf weißem Grund über dem Namen „Emil Schill" auf dem Bild unten „Um 1900 das Geschäft von Emil Schill" gut sichtbar, gibt diesem weiteren Geschäftszweig sichtbaren Ausdruck.

Emil Schill vereinigt am 1. Mai 1919 sein Geschäft in Münsingen mit der bisher schon von ihm betriebenen Filiale Truppenübungsplatz (Altes Lager) gegenüber dem Lagereingang.

Die Nachfolge in Münsingen tritt der Kaufmann Ludwig Starzmann an.

ALB BOTE 19. 2. 1901

Geschäftsempfehlung im ALB BOTE 19. 5. 1919

einst: Marktplatz 168 **heute: Marktplatz 11**

Im Mai 1919 übernimmt der Kaufmann Ludwig Starzmann das von Emil Schill käuflich erworbene Lebensmittelgeschäft und baut dieses im Lauf der Jahre zu einem namhaften Großhandels-Unternehmen seiner Branche aus.

Rosa Starzmann geb. Schwenk (12. 5. 1891 – 15. 3. 1977)

Ludwig Starzmann, Kaufmann (8. 7. 1890 – 3. 1. 1969)

Ludwig Starzmann, Groß- und Einzelhandel

Irene Schmid, Apothekerin (geb. 24. 4. 1938)

Günter Joachim Starzmann, Kaufmann (17. 8. 1921 – 12. 6. 1973)

Rosemarie Starzmann geb. Werner (geb. 15. 10. 1925)

Am Ladeneingang: Günter, Rosa und Rosemarie Starzmann

Nach umfangreichen Umbauarbeiten etabliert sich die Stadtapotheke von Irene Schmid am 24. 11. 1978 im ehemaligen Hause Starzmann, Marktplatz 11.

Nach fast 80 Jahren ist am Marktplatz wieder eine Apotheke, wenn auch im Hause nebenan.

Günter Starzmann tritt in das elterliche Geschäft ein, das er im Sinne seines Vaters weiterführt. Der Tod setzt seinem Wirken ein frühes Ende. Diese Lücke zu schließen, bedeutet für Rosemarie Starzmann eine zusätzliche Belastung. Der Einzelhandel wird 1978 aufgegeben und das Haus einer anderweitigen Nutzung zugeführt. Der Großhandel in der Reichenaustraße 11 besteht weiterhin.

Die Firma Ludwig Starzmann erlischt am 13. 2. 1989.

Die Stadtapotheke

einst: Marktplatz 166 | heute: Marktplatz 13

Gottlieb Bihler (20. 9. 1818 – 31. 12. 1885), Seifensieder, übernimmt im Dezember 1842 das Geschäft seines Schwiegervaters, des Seifensieders und Stadtpflegers Ferdinand Friedrich Scholl in der Oberen Gasse 118, heute Hauptstraße 24.

Im Juli 1852 erwirbt er das Haus des Bierbrauers und Bäckers Johann Friedrich Glocker am Marktplatz und verlegt sein Geschäft hierher (siehe auch im Buch „Alt-Münsinger Gastwirtschaften" Seite 31).

ALB BOTE 29. 6. 1886

Bäckermeister Christian Heideker (27. 2. 1861 – 21. 5. 1941) heiratet am 15. 6. 1886 Mathilde Bihler (25. 11. 1861 – 2. 4. 1945), Tochter des Seifensieders Gottlieb Bihler, und eröffnet am 29. 6. 1886 in dessen Haus am Marktplatz eine Brot- und Feinbäckerei.

Nicht nur Backwaren sind bei Christian Heideker im Angebot. Auch Seifensieder-Erzeugnisse und Weine sind zu haben.

Christian Heideker, rechts seine Tochter Mathilde

1. Mai 1930: In einer wirtschaftlich schwierigen Zeit kommt Dagobert Hoffmann (13. 3. 1886 – 23. 11. 1961), Bäckermeister aus Eningen u. A., auf die Schwäbische Alb nach Münsingen und führt die Heidekersche Bäckerei weiter, die er durch Kauf erworben hat.

Münsingen – Marktplatz

ALB BOTE 1. 5. 1930

Dagobert Hoffmann (13. 3. 1886 – 23. 11. 1961)

Johanna Hoffmann geb. Schwille (7. 11. 1898 – 8. 9. 1987)

einst: Marktplatz 166　　　　　　　　　　　　　　　　　　　　　　　　　　　　heute: Marktplatz 13

Das Gruppenbild zeigt nicht nur Bäcker Christian Heideker mit seinem schlohweißen Vollbart, sondern noch weitere am Marktplatz etablierte Geschäftsleute –

vorne, v. l.: Eugen Veil, Konditor; Friedrich Pflüger, Buchbinder; Christian Friedrich Krehl, Kaufmann; ein Auinger; Anton Hochdorfer, Eisenbahner –

hinten: Hausenbauer Hermann aus Auingen; Christian Heideker, Bäcker; Georg Länge, Kutscher; Friedrich Grotz, Flaschner; Johannes Freitag, Hafner

Bäckerei Hoffmann

Auf dem Bild: links Bäckerei Heideker

Albrecht Hoffmann (geb. 21. 3. 1930), Bäckermeister, tritt im April 1959 die Nachfolge im elterlichen Betrieb an. Dem modern ausgestatteten Verkaufsraum gliedert Hoffmann noch ein Tagescafé an, das sich allgemeiner Beliebtheit erfreut.

Am 1. 1. 1995 übergibt Albrecht Hoffmann das Geschäft an seinen Sohn Jürgen Hoffmann, Bäckermeister (geb. 3. 8. 1963), und seine Ehefrau Ursula Hoffmann geb. Metzger (geb. 7. 8. 1966).

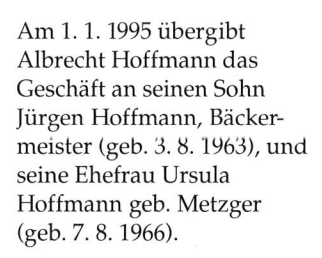

Ursula Hoffmann geb. Mangold (geb. 20. 6. 1938)

Albrecht Hoffmann (geb. 21. 3. 1930)

einst: Pfarrgasse 190 / Brunnenstraße 19   heute: Ernst-Bezler-Straße 3

Der Wagner Christian Mak (1. 7. 1880 – 4. 6. 1946) beginnt seine selbständige Berufsarbeit in Münsingen im Oktober 1905 im Hause der Karoline Werner, Malers-Witwe, Bühlstraße 141 (siehe Seite 165). Schon im Februar 1906 kann er von den Erben der verstorbenen Magdalene Baur, der Witwe des Bäckermeisters Friedrich Baur, das Haus Nr. 19 in der Brunnenstraße käuflich erwerben. 1959 erwirbt der Gasthofbesitzer Hermann Autenrieth das Haus zum Abbruch und erbaut auf dem Grundstück ein Gästehaus.

Der Gasthof Herrmann geht auf den Tierarzt Herrmann zurück. Hier ist aber Hermann Autenrieth gemeint.

ALB BOTE 7. 2. 1906

Christian Mak

Nach dem Ableben von Christian Mak übernimmt der Wagner Johannes Haible (22. 7. 1907 – 19. 6. 1986) dessen Wagnerwerkstatt und übt dort bis zum Abbruch des Hauses im Jahr 1959 sein Handwerk aus.

ALB BOTE 19. 12. 1907

Christian Mak, an der Hand vermutlich die Tochter Elise, links ein Wagnergeselle

Familie Christian Mak: Anna Mak geb. Eckle (16. 7. 1876 – 16. 12. 1955), Elise Mak (geb. 31. 3. 1907), Hans Mak (15. 12. 1909 – 23. 11. 1968), Christian Mak (1. 7. 1880 – 4. 6. 1946) (siehe auch im Buch „Altmünsinger Gastwirtschaften" Seiten 65/66 und Seite 96)

ALB BOTE 19. 10. 1905   *ALB BOTE 10. 4. 1906*

Hier steht heute das Gästehaus des Gasthofs Herrmann

einst: Pfarrgasse 16 / Brunnenstraße 16 heute: Ernst-Bezler-Straße 4

Die heutige Ernst-Bezler-Straße, die frühere Brunnenstraße wird im Jahr 1942 nach dem Oberreallehrer, Chormeister und Tondichter benannt, der am 11. 2. 1877 als Sohn von Schlossermeister Johannes Bezler geboren worden ist.

Im ALB BOTE vom 10. Februar 1927 ist über Ernst Bezler zu lesen:

> **Zum 50. Geburtstag von unserem Landsmann Ernst Bezler**
> 11. Februar 1927
>
> schreibt der „Schwäb. Merkur":
>
> Der Albvereins-Männerchor der Ortsgruppe Stuttgart und andere Männergesangvereine wissen zu schätzen, welche Kraft sie an ihrem Chormeister Ernst Bezler besitzen. Seiner geschmackvollen Auswahl des Gesangstoffes wie seiner zielbewußten Einstudierung der Lieder und Chöre verdanken die von ihm geleiteten Gesangskörper ihr gutes Können, ihre Förderung, ihr Vorwärtsschreiten. Unter seinem Dirigentenstab ist jeder Aufführung das gute Gelingen im voraus gesichert; mit dieser Zuversicht scharen sich die Sänger um ihren Meister. Ernst Bezler ist aber nicht nur ein ausgezeichneter Chorleiter, sondern auch ein feinsinniger Tondichter, dem kleine wie große, ernste wie heitere Schöpfungen vortrefflich gelungen sind und das beste Anerkenntnis dieser Tondichtkunst liegt darin, daß die Lieder und Chöre des Komponisten auch gerne und immer wieder gesungen werden. Einem tiefernsten, weihevollen Chorwerk für Männer- und Frauenstimmen, Orchester und Orgel steht die lustige Operette gegenüber. Eine hohe Anerkennung seines Könnens durfte Ernst Bezler erst neuerdings erfahren. Seine Männerchorkomposition des Gedichtes „Nachtwandler" von Gustav Falke ist von dem Prüfungsausschuß des Deutschen Sängerausschusses, der für die Nürnberger Sängerwoche ein Ausschreiben erlassen hatte, aus fast zweitausend Einsendungen in die engste Wahl gestellt worden. Ein Orchesterdirigent bezeichnete das Andante religioso Ernst Bezlers für großes Harmonie-Orchester und Orgel, das kürzlich in der Liederhalle mit großem Beifall gehört wurde, als eine der besten Kompositionen für Blasmusik, die ihm in die Hände gekommen sei. Auch literarisch hat sich Bezler auf musikalischem Gebiet vielfach betätigt. Ihm wurde daher mit Recht die Schriftleitung der „Schwäbischen Sänger-Zeitung" anvertraut, in deren Spalten er für künstlerische Hebung des Chorgesanges, besonders des Männerchors, mit sachkundigem Wort kräftig eintritt. Ein Mann wie Bezler bildet eine Zier des Ausschusses des Schwäbischen Sängerbundes. Oberreallehrer Ernst Bezler in Stuttgart, als gebürtiger Münsinger ein Sohn der Schwäbischen Alb, hat sich mit der Ausbildung zum Lehrberuf an höheren Schulen nicht genügen lassen, sondern suchte noch gründliche theoretische und praktische Musikschulung bei berühmten Meistern. Seine hohe musikalische Begabung befähigte ihn durch fortgesetztes, vertieftes Selbststudium auf allen Gebieten der Musik, zu den schönen Erfolgen, deren sich der bescheidene Mann heute erfreuen darf, zu gelangen. Und über diese Erfolge des Meisters freuen sich alle seine Freunde aufrichtigen Herzens. Sie vereinigen sich in dem Wunsche, der Jubilar möge in bester Gesundheit noch viele Jahre dem edlen Dienste der holden Muse obliegen und die Mitwelt durch seine musikalischen Schöpfungen wie Aufführungen erfreuen dürfen.
>
> Gustav Ströhmfeld.

Ernst Bezler (11. 2. 1877 – 6. 7. 1941), Bild von 1920: Stadtarchiv Münsingen

Um 1940 – Bild: Stadtarchiv Münsingen

Abbruch der Häuser von Wagner Christian Mak (links), Brunnenstraße 19, und Metzger Christian Schweizer (rechts), Brunnenstraße 20, später Ernst-Bezler-Straße 3.

Auf den beiden Grundstücken steht heute das Gästehaus mit Parkplatz des Gasthofs Hotel „Herrmann".

einst: Pfarrgasse 16 / Brunnenstraße 16   heute: Ernst-Bezler-Straße 4

Die Ernst-Bezler-Straße um 1900

Der Schlossermeister Johannes Bezler (24. 6. 1847 – 1. 7. 1927) kauft im Jahr 1879 das Haus Nr. 16 in der Pfarrgasse (heute Ernst-Bezler-Straße 4) von Metzger Jakob Friedrich Ruoß. Weil Bezler keinen Geschäftsnachfolger aus seiner Familie hat, verkauft er im hohen Alter im April 1927 das Haus an den Sattlermeister Christian Burger. Johannes Bezler verstirbt kurz darauf am 1. 7. 1927.

Johannes Bezler
Bild: Stadtarchiv

Die Bezler-Vorfahren in Münsingen:

Johann Christoph Bezler, Schlosser (8. 9. 1745 – 18. 10. 1794),

Matthäus Bezler, Schlosser (16. 3. 1779 – 30. 11. 1825),

Johann Friedrich Bezler, Schlosser und Gemeinderat (19. 7. 1810 – 13. 12. 1889).

ALB BOTE 21. 5. 1892

Der Sattlermeister Christian Burger (17. 8. 1890 – 3. 6. 1973) beginnt sein Sattler- und Polstergeschäft im Juni 1919 im Haus des Schmiedmeisters Johann Georg Bückle, heute Helmut Mutschler, Beim unteren Tor 1.

ALB BOTE 7. 6. 1919

ALB BOTE 2. 5. 1927

ALB BOTE 30. 3. 1927

Im April 1927 kauft Christian Burger das Haus von Schlossermeister Johannes Bezler in der Brunnenstraße 16, heute Ernst-Bezler-Straße 4. Hier kann er sich eine geräumige Werkstatt mit Ausstellungsraum einrichten.

Das Haus ist noch im Besitz der Familie Burger.

Johannes Bezler mit Ehefrau Wilhelmine Bezler

Christian Burger mit Ehefrau Anna Barbara Burger geb. Heimberger (2. 6. 1889 – 25. 6. 1964)

einst: Pfarrgasse 16 / Brunnenstraße 16   heute: Ernst-Bezler-Straße 4

Familie Christian Burger – Die Rückseite des Hauses einst . . .

Das Haus nach der Renovierung durch Christian Burger

. . . und heute

einst: Pfarrgasse 30 / Brunnenstraße 30   heute: Ernst-Bezler-Straße 6

Im April 1885 übernimmt der Frachtfuhrmann und Ökonom Johannes Guilliard (geb. 31. 3. 1847) von seinem Schwager Matthäus Kräutter, Bote, das Frachtfuhrwerk nach Urach und Buttenhausen.

Das Haus der einstigen Brunnenstraße 30

Dann übernimmt der Bauer und Postbote Johannes Guilliard (29. 3. 1884 – 23. 10. 1948) die elterliche Landwirtschaft und auch das Frachtgutgeschäft. Zuletzt ist er 27 Jahre lang, bis 1. Juli 1947, im Dienste der Post für den Bereich Münsingen – Magolsheim zuständig.

Frau Guilliard (rechts) und ihre Nachbarin Rosa Glocker (links)

Der Postbote Johannes Guilliard

Emilie Trysbinin gesch. Wittich, geb. Guilliard (18. 6. 1910 – 9. 5. 1961)

Johannes Guilliard (29. 3. 1884 – 23. 10. 1948)

Maria Guilliard geb. Götz (8. 3. 1889 – 14. 6. 1972)

Das Haus Guilliard ist zusammen mit dem Haus des Christian Griesinger, Pfarrgasse 1, mit Abbruchgenehmigung vom 13. 8. 1987 abgerissen worden. Auf den beiden Grundstücken wurde dieses Wohn- und Geschäftshaus erstellt

Der Maschinenbaumeister Dieter Wittich (geb. 20. 12. 1938) ist im Hause seiner Großeltern Guilliard aufgewachsen

einst: Hintere Gasse 23 / Brunnenstraße 23 heute: Ernst-Bezler-Straße 7

Das Haus von Alt-Kreuzwirt Ludwig Friedrich Löffler (13. 11. 1809 – 29. 12. 1882) geht nach dessen Tod auf seine ledige Tochter Maria Margaretha Löffler (13. 4. 1853 – 21. 2. 1944) über.

ALB BOTE Dezem

ALB BOTE 18. 5. 1895

Karl Stelzle (22. 2. 1885 – 9. 3. 1967), Conditor, übernimmt das Geschäft von Maria Löffler. Er kann dieses 1922 käuflich erwerben, wobei Fräulein Löffler das lebenslange Wohnrecht eingeräumt wird.

Karl Stelzle, der bekannt ist für seine guten „Schäumle" (Merinken) und die selbst hergestellten Osterhasen, hat im Erdgeschoß rechts von der Haustüre seine Backstube, während Anna Maria Stelzle geb. Ott (25. 5. 1884 – 3. 5. 1967), im Laden links die Conditorei-Erzeugnisse und Colonialwaren zum Verkauf anbietet.

Nach dem Tod des Ehepaares Stelzle kauft der Gastwirt Hermann Autenrieth das Haus zum Abbruch. Dort ist heute der Parkplatz des Gasthofs und Hotels „Herrmann".

Das Haus von Karl Stelzle in der früheren Brunnenstraße 23

einst: Hintere Gasse 33 / Brunnenstraße 33 / Ernst-Bezler-Straße 12　　　　　　in den 50er Jahren abgebrochen

Der Metzger Johannes Ruoß (26. 11. 1867 – 7. 5. 1942) eröffnet im September 1894 in seinem Haus eine Metzgerei und Wursterei.

ALB BOTE 21. 9. 1894

ALB BOTE 16. 10. 1897

Im Dezember 1904 übernimmt der Metzger Christian Schweizer (17. 1. 1879 – 19. 3. 1945), das Fleisch- und Wurstwarengeschäft von Johannes Ruoß.

Beide Metzger, sowohl Johannes Ruoß, als auch Christian Schweizer sind auch Hausmetzger.

ALB BOTE 25. 9. 1909

Den Hausanteil von Maurermeister Johann Georg Decker (15. 9. 1847 – 24. 2. 1931) erbt seine Tochter Luise Decker (15. 8. 1895 – 27. 7. 1982). Sie ist Hausangestellte bei Dekan Seitz und geht mit diesem nach seiner Pensionierung nach Tübingen. Dort stirbt sie auch. Das Haus wird in den 50er Jahren abgebrochen.

Links, unmittelbar anschließend, befand sich das Haus von Ludwig Schneider, Schuhmacher und Totengräber (in den 50er Jahren abgebrochen).

Das Haus rechts, Brunnenstraße 32, heute Ernst-Bezler-Straße 10, wird 1990 im Rahmen der Altstadtsanierung renoviert.

Das renovierte Haus Ernst-Bezler-Straße 10

Das Haus in der früheren Brunnenstraße 33

einst: Hintere Gasse 34 / Brunnenstraße 34 / Ernst-Bezler-Straße   in den 50er Jahren abgebrochen

Der am 15. 10. 1810 in Marbach/Neckar geborene und am 29. 3. 1865 gestorbene Nagelschmied Christian Schneider geht am 10. 7. 1843 die Ehe mit Louise geb. Mohn (11. 4. 1820 – 22. 3. 1900), Tochter des Ludwig Friedrich Mohn, Chirurg, ein. 1848 erwirbt er ³/₁₂ Anteile am Haus Nr. 34.

Nach dem frühen Tod von Christian Schneider, der Sohn Ludwig ist erst ein Jahr alt, geht das Haus je zur Hälfte auf die Witwe Louise Schneider und den kleinen Sohn über.

Nach dem Ableben der Mutter übernimmt 1901 der Schuhmacher Ludwig Schneider (14. 9. 1864 – 10. 4. 1949) das ganze Haus. Hier übt er das Schuhmacherhandwerk aus. Er ist aber außerdem noch Feldschütz und Totengräber.

Seine Ehefrau in zweiter Ehe, Elisabeth Katharine Schneider geb. Hummel (7. 8. 1873 – 5. 10. 1940), hat im gegenüberliegenden Backhaus als Backmeisterin das Sagen und verlost die Backzeiten. Das Haus wird in den 50er Jahren abgebrochen.

Links: Der zum Gasthaus „Faß" gehörende Garten; rechts: Das Haus von Joh. Georg Decker/Johannes Ruoß

Ehepaar Ludwig und Elisabeth Katharine Schneider

einst: Hintere Gasse 27 | Brunnenstraße 27 / Ernst-Bezler-Straße 17   1976 abgerissen

Der Metzger Wilhelm Baur (21. 11. 1871 – 23. 9. 1904) kauft das Anwesen des verstorbenen Küfermeisters Johann Jakob Ruoß (15. 12. 1828 – 5. 3. 1890) und eröffnet am 27. 8. 1896 eine Metzgerei und Wursterei.

ALB BOTE 25. 8. 1896

Südseite Haus Karl Schmid

Rechts am Haus, wo der Garten ist, war vorher ein Anbau, die Metzgerei. Bis in die 30er Jahre hinein war dort noch die Firmenaufschrift „Metzgerei Baur" angebracht.
Die Wilhelm Baur-Erben verkaufen das Haus 1912 an den Maurermeister Georg Decker (15. 9. 1847 – 24. 2. 1931).
Der Maschinist Karl Schmid (9. 2. 1896 – 23. 12. 1969), zuvor in der Salzgasse wohnhaft gewesen, kauft das Haus 1932.
Dr. med. Ulrich Wolf erwirbt das Haus zum Abbruch und läßt es im April 1976 abreißen. Heute sind dort Parkplätze.
Rechts auf dem Foto: das Haus von Feldschütz Karl Eberhardt, Brunnenstraße 28 – Ernst-Bezler-Straße 19, das später der Schuhmachermeister Ernst Hirning kauft und 1978 abreißen läßt.

Frau Elisabeth Schmid mit Tochter Elsa (geb. 15. 10. 1921) und Tochter Hildegard (geb. 3. 12. 1926)

Nordseite Haus Karl Schmid

Ehepaar Karl und Elisabeth Schmid geb. Späth (27. 9. 1898 – 23. 8. 1965), ganz links Tochter Elsa Schmid

einst: Hintere Gasse 29 / Brunnenstraße 29   heute: Ernst-Bezler-Straße 21

Wohnhaus Wilhelm Kast

„Ein Wohnhäußlen und Scheuerlen in der Hinteren Gaß an der Stadtmauer. 1825 meistens neu erbaut." Erster Besitzer: Christoph Werner, Schuster. Links im Bild ist noch das Haus von Karl Eberhardt (7. 11. 1869 – 24. 8. 1954), Schuhmacher, stellv. Schutzmann und Feldschütz zu sehen. Der Schuhmachermeister Ernst Hirning kauft dieses zum Abbruch und nutzt den Platz als Garten.

Das Haus von Postschaffner Wilhelm Kast erwirbt 1929 die Firma Möbelhaus Mutschler Ulm, baut es um und eröffnet im Oktober 1929 eine Filiale.

ALB BOTE 25. 10. 1929

ALB BOTE 25. 10. 1929

Otto Ruder, von 1. 12. 1931 bis Juli 1932 Pächter des Gasthauses zur „Linde" in Münsingen, beginnt in dem vom Möbelhaus Mutschler aufgegebenen Anwesen ein Kolonialwarengeschäft. Dieses sollte aber, wie sein vorangegangenes Pachtverhältnis, nur von kurzer Dauer sein. Am 4. Januar 1933 wird die Zwangsversteigerung angeordnet.

Schuhmachermeister und Orthopädie-Schuhmacher Ernst Hirning erwirbt das Haus und beginnt am 21. Januar 1933 eine Schuh-Maß- und Reparaturwerkstatt, während seine Ehefrau Luise Hirning das Kolonialwarengeschäft weiterführt.

Ernst Hirning, gebürtig aus Magolsheim, war vor seiner Niederlassung in Münsingen in Bad Teinach berufstätig und heiratete dort am 15. 1. 1933 ein Schwarzwaldmädchen, das mit ihm nach Münsingen kommt.

Ernst Hirning, Schuhmachermeister (23. 3. 1906 – 2. 11. 1994)

Luise Hirning geb. Brenner (16. 3. 1907 – 11. 6. 1993)

Familie Wilhelm Kast – vorne: Wilhelm Kast, Postschaffner (17. 7. 1898 – 16. 7. 1955), Katharina Kast geb. Holder (24. 8. 1898 – 3. 6. 1984), dazwischen Helmut (geb. 12. 8. 1934) – hinten links: Karl (16. 12. 1920 – 5./6. 9. 1941, beim Übersetzen über den Dnjepr bei Dnjepropetrowsk gefallen), rechts: Wilhelm (14. 7. 1917 – 30. 3. 1974)

Das 1929 von der Firma Möbelhaus Mutschler umgebaute Haus hat Ernst Hirning im August 1946 aufgestockt

einst: Großes Haus / ehemals Kirchstraße 67

Das „Große Haus" gehörte zu den markantesten Gebäuden im alten Münsingen. Hier fanden zuletzt acht Wohnpartien Platz, zumeist kleine Handwerkerfamilien. Diese Aufteilung des Hauses und seine Ausmaße verhinderten eine rechtzeitige Sanierung, so daß es nach der Anfang Juli 1959 erteilten Abbruchgenehmigung abgerissen wurde. Heute erinnert nur noch der Straßenname „Beim Großen Haus" an dieses historisch wichtige Gebäude.

Alt-Münsingen mit Martinskirche und „Großem Haus", Aquarell von Erwin Schmid

Foto oben: Das „Große Haus" Nordseite, unten Westseite

einst: Kirchstraße 65 | heute: Beim großen Haus 3

„Ein zweistockiges Haus mit Scheuer unter einem Dach mit eingerichteter Messerschmiedwerkstatt in der Kirchgasse."

> Eigentümer dieses Hauses sind ab:
> 1845: Wilhelm Wolfer, Messerschmied, 1/2,
> Johannes Haag, Glaser, 1/2, dann Witwe Haag,
> 1848: Friedrich Ruoß, Bildweber Witwe, 1/2,
> 1884: Johannes Ruoß, Bäcker, 1/2,
> 1890: Christof Ruoß, Bäcker, 1/2,
> 1903: Christof Ruoß, Bäckermeister, ganz, dann Erben.
>
> Johannes Ruoß, Bäcker und Bauverwalter (28. 9. 1825 – 22. 7. 1902); er ist von 1884 bis 1894 Stiftungspfleger.

Diese Aufnahme ist aus der Zeit, als noch das Große Haus stand, siehe linker Bildrand

Familie Christof Ruoß: Christof Ruoß, Bäckermeister und Stadtrat (24. 4. 1866 – 12. 10. 1933); Christine Friederike Ruoß geb. Waidelich (14. 8. 1863 – 1. 7. 1950)

hinten v. l.:

Magdalene Lang geb. Ruoß (26. 4. 1892 – 17. 9. 1949),

Karl Lang, Kanzleisekretär, Stadtrat und 1. Beigeordneter (6. 8. 1891 – 19. 11. 1978),

Albert Ruoß, Landwirt (11. 2. 1905 – 24. 9. 1980),

Johanna Ruoß (1. 2. 1895 – 29. 1. 1991),

Maria Martha Ruoß (23. 8. 1902 – 31. 5. 1991).

Mitte: Ehepaar Christof und Christine Friederike Ruoß.

Die Buben links: Karl Lang (21. 4. 1921 – 3. 1. 1944), gefallen durch Flugzeugabsturz bei Paderborn als Bordfunker-U.-Offz. in einer Nachtjagdstaffel;

Gerhard Lang (11. 6. 1924 – 2. 4. 1945), in Gefangenschaft gestorben in Müglitz – Hohenstadt / CSSR

Der bekannte Bäcker und Stadtrat Christof Ruoß („dr Ruoßa-Stoffel") läßt sich gerne sein Bier bei Adam Wandel im „Paradies" holen. Es ist ein heißer Sommertag und Johanna, seine Tochter, macht sich auf den Weg, dem Vater das Bier zum Vesper zu holen. Johanna, selbst durstig, kann es sich nicht verkneifen, draußen auf der Straße einen kräftigen Schluck aus dem Krug zu nehmen. Das Eich stimmt da natürlich nicht mehr, so geht sie zurück in die Wirtschaft. „Herr Wandel, ıh ben nagfalla ond nach isch's Bier nausgloffa; däded Se mir nachfülla?" „Ha ja Johanna, aber wenn de z'nägscht mal wieder nafellschd, nach butzeschd dir au's Maul a!" versetzt darauf der Paradieswirt.

Justus Bronner von der Münsinger Firma A.I.P. Immobilien hat in einem sehr aufwendigen zweijährigen Um- und Ausbau vier Eigentumswohnungen in dem ehemals Ruoßschen Haus geschaffen. Diese werden im Oktober 1994 bezogen. Die Münsinger Altstadt hat damit ein weiteres Schmuckstück an historischem Platz erhalten.

einst: Kirchstraße 63   heute: Pfarrgasse 3

Familie Freitag: v. l. Wilhelm, Luise und Sohn Christian

Das Haus Freitag, mit Blick von der Salzgasse, wurde im Mai 1992 abgerissen – links Haus Christoph Ruoß, rechts „Das große Haus", Mitte: Haus Wilhelm/Friedrich Freitag

Besitzer: Friedrich Wilhelm Freitag,

Johann Friedrich Freitag, Hafner, Briefträger, Landwirt (22. 11. 1868 – 19. 1. 1945),

Ehefrau Karoline Albertine Freitag geb. Schall (27. 12. 1868 – 5. 1. 1927),

Albert Wilhelm Freitag, Schlosser (17. 2. 1904 – 1. 1. 1980),

Ehefrau Luise Katharine Freitag geb. Pfleiderer (9. 4. 1907 – 12. 3. 1990),

Friedrich Christian Freitag (2. 8. 1929 – 11. 4. 1951).

Das Haus des Wilhelm Freitag wird mit Abbruchgenehmigung vom 8. 5. 1992 abgerissen, auf dem Grundstück entsteht dann dieses Wohnhaus

einst: Hintere Gasse 55 / ehemaliges „Diaconatshaus" heute: Pfarrgasse 4

1993 wird im ehemaligen Diaconhaus eine Weinstube eröffnet.

Ausführlich und reich bebildert berichtet der ALB BOTE am 16. Juni 1993 über die Neu-Eröffnung der Weinstube im alten Fachwerkhaus „Im Tirol".

Das von Steinmetzmeister Hermann Mayer renovierte Gebäude Nordseite und . . .

Das Diaconatshaus, das später als Landjägerwohnung Verwendung findet und von 1909 bis 1915 die Wanderarbeitsstätte beherbergt, wird vom Fiskus verkauft. Hausbesitzer werden: Karl Koch, Lehrer, Hugo Koch, Buchbindermeister, und 1938 Hermann Mayer, Steinmetzmeister.

Hausmeister der Wanderarbeitsstätte wird Josef Kuhn, Landjäger a. D.

Die neu erbaute Wanderarbeitsstätte Ecke Gruorner Weg – Trailfinger Straße wird am 1. Oktober 1911 bezogen.

Am 24. August 1915 stirbt der Hausmeister Josef Kuhn. Die Wanderarbeitsstätte bleibt den ganzen 1. Weltkrieg über bis 1921 geschlossen (siehe Seite 44).

. . . der Westgiebel

Flair einer Besenwirtschaft mitten „Im Tirol" – gestaltet mit viel Liebe zum Detail

Plötzlich mitten in „Tirol"
Über die Hauptstraße, vorbei am „Krönchen", einem Unikat in der Stadt im klassizistischen Stil des 18. Jahrhunderts, kommt man ins „Tirol". Woher der Name stammt? Nur Mutmaßungen sind möglich, erklärt Stadtarchivar Roland Deigendesch. Die eine: Nach dem Dreißigjährigen Krieg siedelten in dieser Ecke Schweizer und Österreicher. Die andere Erklärung: Alles ist klein, bucklig und verwinkelt. Wie alemannische Funde belegen, wurde diese felsig erhöhte und deshalb hochwassersichere Stelle schon in der Frühzeit geschätzt.

Aus: „So schön ist unsere Heimat"

einst: Kirchstraße 65 a | heute: Pfarrgasse 11

Das Haus von Maler Karl Abele

Elise Katharine Späth geb. Abele (28. 1. 1899 – 6. 6. 1966)

Georg Späth (25. 5. 1899 – 28. 10. 1980)

Karl Abele, Maler und Lackierer (geb. 27. 1. 1881, 1939 nach Schorndorf verzogen).

Karl Abele erwirbt 1905 von der Alt Johs. Haag, Briefträgers-Wwe., das Haus Kirchstraße 65 a und eröffnet hier im März 1905 ein Maler- und Lackiergeschäft.

1920 wechselt er in das Abele-Haus Rosenstraße 100.

ALB BOTE 30. 3. 1905

Das Haus Abele, das später einseitig aufgestockt wird

einst: Salzgasse 69   heute: Salzgasse 11

Das Haus gehört ab 1824 Jacob Löhlin, Buchbinder (6. 9. 1793 – 29. 2. 1840), ab 1840 Georg Friedrich Knorr, Stadtrat, ab 1857 Friedrich Götz, Bauer, und ab 1902 Friedrich Glocker, Bäcker und Landwirt.

1902 kauft der Landwirt Friedrich Glocker (11. 3. 1858 – 17. 9. 1943) von den Erben des verstorbenen Friedrich Götz, Bauer, das Haus in der Salzstraße 69, jetzt Salzgasse 11, nachdem er seine Bäckerei am Marktplatz aus gesundheitlichen Gründen an Jakob Jäger, Bäckermeister, übergeben hat (siehe Seite 70).

ALB BOTE 24. 4. 1902

Idylle der damaligen Zeit:

Das Huhn auf der Miste, die Hühnerleiter neben der Stalltüre, im Scheunentor rechts oben das Flugloch für die in der Scheune etablierten Schwalben und der Glockenzug links neben der Haustüre mit der Glocke unter dem mittleren Fenster. Unter den Fenstern die Träger zum Auflegen der Stangen, auf denen die Wäsche zum Trocknen aufgelegt wird. Was natürlich nicht fehlen darf: die beiden Starenkasten im Giebeldreieck.

Johannes Glocker, Sattler und Amtsbote (15. 1. 1897 – 23. 5. 1966), und seine Frau Christine Glocker geb. Hirning (21. 2. 1898 – 23. 7. 1962)

1930 verlegt Hans Glocker sein Sattler- und Polstergeschäft von der Fabrikstraße 195 ins elterliche Haus, Salzstraße 69, heute Salzgasse 11. Er baut in den ursprünglichen Stall eine Werkstatt ein und legt das Giebelfachwerk frei. Der Sohn Helmut Glocker, Bäcker (25. 5. 1936 – 17. 2. 1987), erbt das elterliche Haus. Nach dessen Tod tritt sein Sohn Uwe Glocker die Erbfolge an, er verkauft das Haus der Stadt Münsingen zum Abbruch, der im September 1994 erfolgte (siehe Seite 33).

Friedrich Glocker sen. auf der Treppe, oben im Fenster seine Ehefrau Katharine Glocker geb. Dizinger (17. 7. 1863 – 17. 9. 1943)

Das Glocker-Haus im Jahre 1932

Friedrich und Katharine Glocker pflügen im Badstuhl

Im Rahmen der Stadtsanierung fallen in der Salzgasse drei Häuser der Spitzhacke zum Opfer

einst: Salzgasse 75 — heute: Salzgasse 12

Eigentümer des Hauses waren: Joh. Jakob Schnitzer, Färber, Eisen-Chaland und Stadtrat (8. 7. 1759 – 28. 3. 1839); ab 1815 Andreas Thimoteus Schnitzer, Kaufmann (10. 5. 1786 – 22. 3. 1859); und ab 1840 Carl Wilhelm Schnitzer, Färbermeister (13. 11. 1811 – 5. 1. 1863).

Der Färbermeister Carl Wilhelm Schnitzer (13. 11. 1811 – 5. 1. 1863) erwirbt das Haus seines Onkels Andreas Thimotheus Schnitzer, Kaufmann, und eröffnet im Juli 1840 eine Schwarz- und Schönfärberei.

Der Vater von Carl Schnitzer, ein Bruder von Andreas Thimotheus Schnitzer, war ebenfalls Färber.

Der Name Färbergässle geht wohl auf diese drei Färbergenerationen Schnitzer zurück.

Aber auch Jakob Scheck, Glasermeister, mietet sich im Januar 1854 im Haus des Färbermeisters Carl Schnitzer ein.

Der Conditor und Kaufmann Christian Friedrich Bosler (1. 11. 1829 – 1864 nach Amerika ausgewandert), Sohn des Stadtschultheißen Matth. Bosler, erwirbt das Färber Schnitzersche Haus und beginnt hier am 18. 12. 1858 ein „kaufmännisches Geschäft".

Nach erfolgter Scheidung wird das Haus am 9. November 1863 zum Verkauf ausgeschrieben, bleibt aber im Besitz von Marie Heinrike Bosler geb. Kaufmann (geb. 16. 3. 1840), bis dies 1882 von dem Conditor und Kaufmann Christian Friedrich Krehl erworben wird. Marie Heinrike Bosler ist 1910 nach Heilbronn verzogen.

Christian Friedrich Krehl (25. 2. 1856 – 26. 6. 1938), Conditor und Kaufmann, erwirbt das Conditorei- und Spezereiwarengeschäft von C. F. Boslers Witwe durch Kauf und eröffnet sein Geschäft am 5. August 1882.

Westseite, zum Färbergässle hin

ALB BOTE 5. 8. 1882

Christian Friedrich Krehl  . . .   . . . im Jahre 1937

einst: Salzgasse 75   heute: Salzgasse 12

Die Firma C. F. Krehl, Gemischtes Warengeschäft (früher C. F: Bosler) wird am 21. August 1884 ins Handelsregister eingetragen.

Christian Friedrich Krehl jun., Conditor (28. 4. 1883 – 9. 8. 1918), übernimmt 1914 das elterliche Geschäft.

Am 9. 8. 1918 fällt er als Ersatzreservist im 1. Weltkrieg bei Molacourt in Nordfrankreich. Sein Vater ist deshalb gezwungen, das Geschäft weiterhin zu führen, bis er es im Oktober 1932 an den Conditormeister Otto Wörner abgibt.

Krehls Frau Pauline geb. Hauser ist am 21. 4. 1923 im 68. Lebensjahr gestorben.

ALB BOTE 5. 10. 1932

Bekanntmachung im ALB BOTE vom 23. August 1884

Otto Wörner (1. 6. 1892 – 22. 2. 1984), Konditormeister, zuvor in Auingen in diesem Beruf tätig, übernimmt am 1. Oktober 1932 das Geschäft von C. F. Krehl.

Nach dem Tod des Vaters führt der Sohn Willi Wörner (geb. 5. 10. 1939) das elterliche Geschäft weiter.

Otto Wörner (1. 6. 1892 – 22. 2. 1984)

Die ehemalige Konditorei von Otto Wörner

einst: Salzgasse 74   heute: Salzgasse 14

Bleistiftzeichnung, handsigniert „HB 02"

Das Haus gehört ab 1825 Jacob Friedrich Schwenk, Schmied (5. 8. 1776 – 31. 1. 1826), dann Johannes Schwenk, Schmied (10. 11. 1809 – 15. 7. 1877), und später Johannes Schwenk, Schmiedmeister und Schlachthausverwalter (1. 7. 1836 – 1. 6. 1908).

Johannes Schwenk (1. 7. 1836 – 1. 6. 1908) verpachtet seine Schmiede um die Jahrhundertwende an den Huf- und Wagenschmied Karl Göz. Nach dem Tod der Witwe Christiane Catharine Schwenk geb. Künkele (23. 11. 1838 – 15. 3. 1917) erwirbt Karl Göz das Anwesen.

1919 ist der Schmiedmeister Wilhelm Lang kurze Zeit Hausbesitzer, bis dann 1919 der Huf- und Wagenschmied Georg Mak (13. 3. 1895 – 1922 nach Stuttgart verzogen) das Haus durch Kauf erwirbt.

ALB BOTE 2. 1. 1902

Karl Göz, Huf- und Wagenschmied, gleichzeitig Faßwirt (21. 2. 1868 – 14. 5. 1935)

Im Jahr 1920 erwirbt Simon Späth das Haus. Er verkauft die Schmiede nach kurzer Tätigkeit an seinen Bruder Christian Späth, Schmiedmeister.

ALB BOTE 8. 5. 1919

Christian Späth, Schmiedmeister (5. 12. 1895 – 21. 1. 1961)

Nach der am 21. Mai 1921 gefeierten Hochzeit mit Rosine (Rösle) geb. Reutter (9. 8. 1896 – 24. 11. 1982) zieht das junge Paar in der Salzgasse ein.

ALB BOTE 19. 5. 1921

Simon und Christian Späth sind die Söhne des Andreas Späth, Angerschmied in Mehrstetten.

Karl Späth, Schmiedmeister (27. 11. 1920 – 25. 8. 1981)

Nach dem Tod von Christian Späth übernimmt sein Sohn Karl Späth, Schmiedmeister, die elterliche Schmiede. Die Hufbeschlag-

Irmgard Späth geb. Blankenhorn (geb. 16. 11. 1924)

prüfung legte er als Soldat in der Lehrschmiede der Wehrmacht in München ab.

Das Haus ist im Familienbesitz geblieben. Neue Hauseigentümerin ist Irmgard Späth.

Der letzte Salzgassen-Schmied Karl Späth (1920-1981)

einst: Salzgasse 71 heute: Hintere Gasse 1

Westeingang (OG)

Osteingang (EG)

Der Hauseingang an der Westseite von der Salzgasse aus führte zum Obergeschoß, der Osteingang von der Hinteren Gasse aus zum Erdgeschoß.

Anteile aus dem zweistockigen Wohnhaus mit Scheuer ohne Angabe des Gebäudeteils hatten: 1824 Jakob Schöll, Stricker, 1/2 Anteil, und 1826 Heinrich Auer, Maurermeister, 1/2, 1832 Anton Blank 1/2 Anteil, 1842 Johann Georg Schmied, Sattler, Christof Münz, Maurermeister, Friedrich Stotz, Bürstenbinder.

Besitzer des Westeingangs (OG):

Johannes Haag, Glaser, Kutscher,
Rosina Haag (Ehefrau), Hebamme,
1931 Albert Munderich, Straßenwart,
1960 Herbert Dieterle, Werkzeugmacher,
1970 Wilhelm Kirchmann, Bäckermeister.

Johannes Haag, Glaser, bis 1882 Briefträger, dann Kutscher (27. 5. 1849 – 14. 8. 1926), heiratet am 2. 6. 1894 in zweiter Ehe Rosine Haag geb. Reiner aus Gomadingen, Hebamme (4. 8. 1870 – 14. 12. 1930).

Frau Haag ist in der ganzen Stadt ständig unterwegs bei ihren Wöchnerinnen. Zuverlässig im Beruf und gütig in ihrer Art, erfreut sie sich allgemeiner Beliebtheit.

Albert Munderich kauft am 13. 4. 1931 den Hausanteil der verstorbenen Hebamme Rosine Haag.

Albert Munderich, Straßenwart (4. 9. 1898 – 22. 3. 1951)
Anna Munderich geb. Kurz (11. 5. 1892 – 15. 11. 1972)

Söhne: Albert Munderich, Maschinenschlosser (6. 2. 1924 – 19. 3. 1943)

Karl Munderich, Verw.-Oberrat (geb. 15. 5. 1925)

Albert Munderich, Maschinen-Gefreiter bei der Kriegsmarine, ist mit dem Unterseeboot U 284 im mittleren Nordatlantik eingesetzt. Am 19. 3. 1943 wird das Boot mit 48 Mann Besatzung versenkt.

Am 1. 12. 1960 übernimmt der Werkzeugmacher Herbert Dieterle (geb. 24. 3. 1925) diesen Hausanteil zur Vermietung, bis der Bäckermeister Wilhelm Kirchmann diesen am 1. 7. 1970 als Alterssitz erwirbt.

einst: Salzgasse 71   heute: Hintere Gasse 1

Besitzer des Osteingangs (EG):
1872 Johs. Schmid, Bürstenbinder,
1892 Friedrich Baur, Sattler,
1892 Johann Georg Mohr, Nagelschmied und Schutzmann, mit Ehefrau Maria Mohr,
1934 Georg Manz, Vorarbeiter,
Emma Manz, Ehefrau.

Johann Georg Mohr, Nagelschmied und Schutzmann (19. 6. 1861 – 20. 9. 1920)

Maria Mohr geb. Fromm (28. 12. 1858 – 6. 12. 1937)

Johann Georg Mohr arbeitet bei der Firma Adolf Schreiber Beschlägfabrik als Schmied und wird dann städtischer Schutzmann.

Die Tochter Anna Mohr heiratet 1922 in die elterliche Wohnung ein.

Max Tetzlaff, Mechaniker (21. 6. 1893 – 29. 9. 1967)
Anna Tetzlaff geb. Mohr (13. 11. 1891 – 21. 4. 1970)

Der Mechaniker Max Tetzlaff war zeitlebens Maschinist, Walzenführer und Werkstattleiter bei der Firma Eugen Münz & Söhne, Straßenbau. Bei Kriegsbeginn wird er mit seiner Straßenwalze zur Organisation Todt eingezogen und in den östlichen Kriegsgebieten eingesetzt.

Kinder:
Otto Tetzlaff (geb. 18. 2. 1916), Hildegard Tetzlaff verh. Müller (geb. 16. 2. 1924).

Hildegard Tetzlaff

Georg Manz, Vorarbeiter – Angestellter (10. 7. 1901 – 15. 11. 1945)

Emma Manz, geb. Krehl (10. 2. 1901 – 27. 2. 1995)

Ehepaar Manz mit Töchtern Ruth verh. Oberdorfer (2. 1. 1931 – 8. 8. 1953) und Emma verh. Freudenreich (geb. 7. 12. 1929), nicht auf dem Foto der Sohn Karl Manz

Georg Manz ist ursprünglich im Kalkwerk Auingen beschäftigt und bewohnt dort eine Werkswohnung. 1934 erwirbt er die Erdgeschoßwohnung im Haus Hintere Gasse 1 von Frau Marie Mohr, zieht mit seiner Familie hierher und arbeitet von nun an bei der Kommandantur des Truppenübungsplatzes in Münsingen als Angestellter.

Georg Manz wird zum Kriegsdienst eingezogen. Am 15. 11. 1945 verstirbt er im russischen Kriegsgefangenlager Mostock am Terek im Kaukasus.

Im Rahmen der Altstadtsanierung wird das Haus im September 1994 abgebrochen.

Karl Manz, Schmied (geb. 11. 4. 1926)

einst: Hintere Gasse 49   heute: Hintere Gasse 3

Hintere Gasse 49: Ostseite

Ost-Nordostseite: rechts angebaut die frühere Stadtscheuer mit Stallung beim Helferhaus, früher Hintere Gasse 50, zuletzt Im Winkel 1 – im September 1994 abgebrochen

Als Hauseigentümer werden genannt:

Jakob Schmidt, Ziegler,

1830 Matthäus Götz, Schuhmacher,

Matthäus Leyhr, Schuhmacher,

1901 Jakob Länge, Schuhmacher-Eheleute,

1901 Matthäus Leyhr, Schuhmacher,

1903 Gebhard Scholl, Maurermeister (17. 12. 1871 – 24. 7. 1942),

Ursula Scholl geb. Heiß (15. 11. 1884 – 19. 6. 1969).

Eigentümer der Stadtscheuer sind:

Johannes Schwenk, alt,

Johannes Schwenk, jung,

Martin Böhm, alt,

Martin Böhm, jung,

Christian Späth, Schmiedmeister,

Karl Späth, Schmiedemeister

Familie Scholl: v. l.: Julie (geb. 3. 9. 1919), Ursula (15. 11. 1884 – 19. 6. 1969), Hedwig (geb. 13. 7. 1927), Albert (3. 5. 1917 – 30. 11. 1985), Hilde (geb. 12. 3. 1922), Gebhard (17. 12. 1871 – 24. 7. 1942), Josef (19. 3. 1922 – 22. 11. 1941), Anton (geb. 30. 1. 1921)

Gebhard Scholl ist im Alten Lager und auf dem Truppenübungsplatz für die Baumaßnahmen verantwortlich. Er fertigt auch Baupläne für private Bauherren.

Am 27. 4. 1960 kauft Karl Böhm das Schollsche Haus, vermietet dieses und verkauft es 1989 an die Stadt Münsingen zum Abbruch, der im September 1994 erfolgt.

Auf den Grundstücken Salzgasse 11 und 13, Hintere Gasse 1 und 3, Im Winkel 1 baut die Firma Lorbach & Metzel GmbH Münsingen bei Drucklegung dieses Buches eine Wohnanlage mit 23 Eigentumswohnungen.

Karl Böhm, Schlosser (geb. 5. 3. 1913)

einst: Hintere Gasse 45   heute: Hintere Gasse 4

Die Hintere Gasse 45

Eigentümer mit Hausanteilen sind:

Jakob Scholl, Siebmacher 3/8 Anteil,

Friedrich Ruoß 10/16 Anteil,

1844 Friedrich Lenz, Hutmacher 10/16 Anteil,

1860 Jg. Johannes Fromm,

1877 Alt Johannes Fromm, Wagner und Johs. Leyhr,

1892 Friedrich Fromm, Wagner, und Ludwig Fromm, Schneider,

1899 Friedrich Fromm, Wagner, 5/8 Anteil,

1910 ganz.

Das Haus der Katharina Fromm, von Süden her. Dahinter das Gefängnis

Johann Friedrich Fromm, Wagnermeister (2. 1. 1866 – 4. 2. 1937)
Elisabeth Fromm geb. Benz (25. 4. 1862 – 25. 8. 1944)
Elise Barbara Fromm verh. Götz (28. 1. 1893 – 2. 5. 1973)

Katharina Fromm (2. 7. 1902 – 8. 3. 1981)

Katharina Fromm, die Tochter von Friedrich Fromm, Münsingen, ist die letzte Hausherrin. Sie verkauft das Haus an die Stadt Münsingen zum Abbruch, der im August 1987 erfolgt.

Auf dem Grundstück baut die Firma Kirchhoff-Heine-HTS GmbH & Co KG eine Wohnanlage mit 5 Eigentumswohnungen

einst: Bey der Zehentscheuer 101 / Suppengasse 101 / Rosenstraße 100   heute: Zehntscheuerweg 8

Eigentümer waren:

Karl Abele, Maler (27. 1. 1881 – 1939 nach Schorndorf verzogen).

Karl Abele beginnt sein Malergeschäft im März 1905 in seinem Haus Kirchstraße 65 a.

1920 wechselt er in das elterliche Haus Rosenstraße 100, das dann auch in seinen Besitz übergeht. Er verzieht 1939 nach Schorndorf. Neuer Besitzer wird 1942 der Bäckermeister Karl Mayer.

In den 50er Jahren ist das Haus abgebrannt, wird aber nicht wieder aufgebaut.

Das Foto entstand um die Jahrhundertwende

Im Bild vorne: Karl Abele und seine Ehefrau Maria Sofie geb. Haueisen (geb. 6. 3. 1881) – hinten links: Tochter Liesel verh. Krauß – rechts: Tochter Hedwig verh. Riexinger als Braut

einst: Bey der Zehentscheuer 101 / Suppengasse 101 / Rosenstraße 101 heute: Zehntscheuerweg 10

Haus Johannes Länge: rechts das Haus von Maler Abele

Eigentümer: Johannes Länge, Schuhmachermeister, Katharina Länge geb. Mader (25. 2. 1895 – 6. 2. 1951)

Johannes Länge, Schuhmachermeister (13. 7. 1897 – 14. 4. 1972), führt die Schuhmacherei seines Großvaters Johannes Länge, Schuhmachermeister (30. 3. 1849 – 26. 3. 1928), fort und gliedert noch ein Schuhgeschäft an.

Am 5. 12. 1925 eröffnet Frau Katharina Länge ein Wasch- und Bügelgeschäft.

Am 20. 12. 1927 schreibt Hans Länge einen „billigen Schuhwarenverkauf" aus. Es ist ein Ausverkauf, weil ab 1928 die Wäscherei einziger Geschäftsbereich ist.

Bei einfachen technischen Möglichkeiten und hohem körperlichem Einsatz entwickelt sich das junge Unternehmen rasch.

Die Zeit ist günstig, die Verwaltung des Truppen-Übungsplatzes ist ein guter Kunde.

Mit der Einführung der allgemeinen Wehrpflicht 1935 beginnt eine intensivere Belegung des Truppen-Übungsplatzes, was auch einen erhöhten Anfall an Soldatenwäsche mit sich bringt. Dies führt aber auch zu einer räumlichen Enge, die sich auf den Arbeitsablauf hemmend auswirkt. Eine Kapazitätsausweitung ist deshalb unumgänglich.

An einem neuen Platz mit Erweiterungsmöglichkeiten wird von 1936 bis 1938 an der Schillerstraße ein neues Wohn- und Geschäftshaus erstellt. Damit wird der Grundstein für die heutige Firma Länge Textilpflege, Schillerstraße 39, gelegt.

Günter Länge, Wäsche- und Plättermeister (geb. 14. 7. 1925), verheiratet mit Erna Länge geb. Hardt (geb. 8. 1. 1922), übernimmt 1963 das elterliche Geschäft und baut es zu einem namhaften Fachgeschäft weiter aus. 1965 feiert er das 40jährige Bestehen des Betriebs.

Münsingen
Billiger Schuhwarenverkauf
Auf meine sämtlichen **Schuhwaren** gewähre ich ab heute
15—20 Prozent Rabatt
Besonders preiswert gebe ich
Winterschuhwaren u. Kinderstiefel
ab. – Aeusserst billige Preise. – Versäumen Sie diese günstige Gelegenheit nicht.
Johs. Länge, Schuhmachermeister
hinter dem Gasthof z. „Post".

ALB BOTE 20. 12. 1927

Das Bild mit Hans Länge zeigt, wie primitiv damals noch gearbeitet wurde.

Günter und Erna Länge: Ehrung zum 40. Betriebsjubiläum und Gütezeichenverleihung 1965

einst: Bey der Zehentscheuer 101 / Suppengasse 101 / Rosenstraße 101　　　　　　　　　　heute: Zehntscheuerweg 10

Der Straßenwart Josef Kröll kauft im Februar 1939 das Haus von Schuhmachermeister Johannes Länge.

Josef Kröll, Straßenwart
(11. 3. 1909 – 25. 12. 1977)
Klara Kröll, geb. Beck
(6. 4. 1909 – 8. 8. 1972)

Familie Hans Länge: hinten v. l. n. r.: Hans Länge (6. 3. 1921 – 25. 5. 1944), als Unteroffizier bei Orscha/Rußland gefallen; Erwin Länge (5. 10. 1922 – 7. 11. 1944), bei einem Übungsflug bei Osnabrück verunglückt; Günter Länge (geb. 14. 7. 1925), Wäscher- und Plättermeister, der das elterliche Unternehmen übernommen hat

Ehepaar Kröll mit den Kindern Erwin (geb. 5. 10. 1941), Karl (geb. 31. 5. 1938), Elisabeth verh. Hrazidil (geb. 30. 1. 1945), Rudolf (geb. 27. 12. 1950)

Das Haus vor dem Abriß 1986/87

Das Haus wird mit Abbruchgenehmigung vom 30. 12. 1986 abgerissen, auf dem Grundstück von Josef Kröll und dem Nachbargrundstück von Bäckermeister Karl Mayer entsteht die obige Wohnanlage

einst: Promenadestraße 313　　　heute: Kegelgraben 6

Georg Schmid, Photograph (19. 9. 1842 – 25. 11. 1906)

Eleonore Schmid geb. Pfleiderer (5. 2. 1848 – 10. 7. 1905)

Der aus Laichingen stammende Photograph Georg Schmid beginnt um 1867 ein Photographisches Atelier in Urach, nachdem er schon 1866/67 im Hause der Schwiegermutter Gerber Pfleiderers Witwe photographische Aufnahmen gemacht hatte.

ALB BOTE 31. 12. 1866

1896 baute Georg Schmid ein 1stöckiges „Glas-Haus" mit „Actellier" und Laboratorium in Münsingen, An der Promenade 313 – heute Kegelgraben 6. Beide Geschäfte, in Urach und in Münsingen, betreibt er zusammen mit seinen Söhnen, die den Beruf des Vaters erlernt haben.

Eugen Schmid übernimmt 1908 das Münsinger Geschäft, verstirbt aber schon fünf Jahre später am 1. 4. 1913.

Eugen Schmid, Photograph (geb. 12. 7. 1870 – 1. 4. 1913)

August Schmid, Photograph (11. 6. 1883 – 13. 8. 1944), übernimmt am 1. 5. 1913 das verwaiste Geschäft seines verstorbenen Bruders Eugen Schmid.

1914 kann August Schmid das Anwesen Bahnhofstraße 310 – heute Bahnhofstraße 1 – käuflich erwerben, wohin er dann sein Atelier verlegt (siehe Seite 203).

Das Häuschen im Kegelgraben verkauft er 1919 an den Kaufmann Eugen Daur, der 1927 eine Autogarage einbaut.

Anzumerken ist, daß sein Bruder Karl Schmid, Photograph (21. 5. 1869 – 20. 3. 1926), ein Photographisches Geschäft in Münsingen – Truppenübungsplatz – gründet.

In guter Erinnerung sind Karl Schmid und sein Vater Georg im Zusammenhang mit der Bauentwicklung des „Alten Lagers" und der

ALB BOTE 1. 5. 1913

Ludwigshöhe, die sie in einer Menge von Aufnahmen im Bild festgehalten haben.

Bei den Feierlichkeiten zum 100jährigen Bestehen des Truppenübungsplatzes 1995 werden diese Aufnahmen einem breiten Publikum zugänglich gemacht.

ALB BOTE 21. 5. 1896

einst: Gartenstraße 353 / Gartenstraße 3   **heute: Bachwiesenstraße 3**

Einsam und verlassen: Gartenstraße 353, heute Bachwiesenstraße 3, linke Haltestelle (Ost)

Das von dem Bauunternehmer Ernst Münz 1905 erbaute Haus kauft 1912 der Schlosser Johannes Blochinger (11. 4. 1883 – 9. 7. 1950) und baut eine Schlosserwerkstatt ein.

Zuvor hatte er seit 1909 sein Bau-, Herdschlosserei- und Wasserleitungsgeschäft nebenan im Hause des verstorbenen Schlossers Carl Bezler, zuletzt Christian/Manfred Kuhn, Schmiedmeister, Adlerstraße 207, später Uracher Straße 1 (siehe Seite 22).

1914 geht Johannes Blochinger als Maschinenwärter ans Städtische Pumpwerk Seeburg, wo schon sein Vater Ulrich Blochinger tätig war.

ALB BOTE 11. 7. 1913

Jakob Blochinger

Der Elektrotechniker Jakob Blochinger (25. 6. 1886 – 11. 10. 1919) zieht 1912 von Stuttgart hierher und arbeitet beim Städtischen Elektrizitätswerk als Monteur. Als Folge seiner Kriegsverletzung muß er diese Tätigkeit aufgeben und beginnt am 1. 1. 1918 eine mech. Reparaturwerkstätte und ein elektrisches Installationsgeschäft in der Werkstätte seines Bruders Johannes Blochinger, die er käuflich erwirbt.

Am 11. 10. 1919 verstirbt Jakob Blochinger in der Heilanstalt in Zwiefalten.

ALB BOTE 24. 11. 1917

Das Wohn- und Geschäftshaus des Jakob Blochinger wird am 6. Februar 1919 zum Verkauf ausgeschrieben.

Malermeister Albert Lorch kauft das Anwesen.

ALB BOTE 6. 2. 1919

Im Frühjahr 1919 verlegt Malermeister Albert Lorch (10. 4. 1875 – 4. 1. 1924) sein Malergeschäft von der Bühlstraße 129, heute Bühl 33 in das von Jakob Blochinger gekaufte Haus Gartenstraße 353, heute Bachwiesenstraße 3 (siehe Seite 166).

Im Bild: Albert Lorch mit Sohn Hans Lorch

Nach dem Ableben von Albert Lorch führt der erst 19 Jahre alte Sohn Hans Lorch (19. 6. 1905 – 12. 6. 1960) das elterliche Geschäft weiter und legt 1926 die Meisterprüfung ab.

Familie Albert Lorch: von l. n. r.: Hermine Lorch verh. Pöplau, Hans Lorch, Malermeister, Albert Lorch, Gipsermeister, Marianne Lorch verh. Fischer, vorne die Mutter Auguste Lorch geb. Leyhr

Am 1. 4. 1929 bezieht Hans Lorch das von ihm gekaufte Haus des Uhrmachers und Elektrotechnikers August Münz, Grafenecker Straße 366, heute Hauptstraße 1 und baut dort ein neues Geschäft auf (siehe Seite 109).

Der Dachdeckermeister Ernst Ruopp gründet im Juni 1928 im Hause Lorch ein Dachdecker- und Asphaltgeschäft.

Im Oktober 1929 wechselt er mit seinem Betrieb in das von ihm gekaufte Haus Bühlstraße 129 – heute Bühl 33, wo schon der Malermeister Albert Lorch von 1905 bis 1919 ansässig war (siehe Seite 168).

Das Lorchsche Haus in der Bachwiesenstraße wird 1976 von den Erben der Auguste Lorch verkauft.

einst: Gartenstraße 394 / Gartenstraße 5   heute: Bachwiesenstraße 5

Rechte Haushälfte Gebäude Bachwiesenstraße 5

300 Jahre Scheck-Fenster, 10 Glaser Scheck-Generationen in Münsingen:

Johann Schek, Glaser (vor 1699 gestorben), Christof Schek, Glaser (1699 geheiratet), Jacob Lorenz Schek, Herrschaftlicher Glaser, Hochzeit am 8. 2. 1732 mit Christina Sophie,

Johann Christoph Schek, Glaser (6. 12. 1732 – 22. 8. 1799), Johannes Schek, Glaser (20. 4. 1764 – 18. 1. 1817), Johann Konrad Schek, Glaser (7. 10. 1794 – 17. 4. 1870), David Scheck, Glaser (12. 8. 1840 – 7. 9. 1915), Albert Scheck, Glasermeister (25. 6. 1877 – 6. 1. 1948), Willi Scheck, Glasermeister (30. 9. 1911 – 30. 12. 1991), Rolf Scheck, Glasermeister (geb. 19. 12. 1939).

Der Glasermeister Albert Scheck, Davidsohn (25. 6. 1877 – 6. 1. 1948), gründet am 19. 7. 1902 ein Glaserei-, Spiegel- und Bildeinrahmungsgeschäft im Hause seines Schwiegervaters Gottlieb Eppinger in der Adlerstraße 201, heute Uracher Straße 9, bis er 1904 das Haus in der Gartenstraße 394, heute Bachwiesenstraße 5 erbaut (siehe Seite 20).

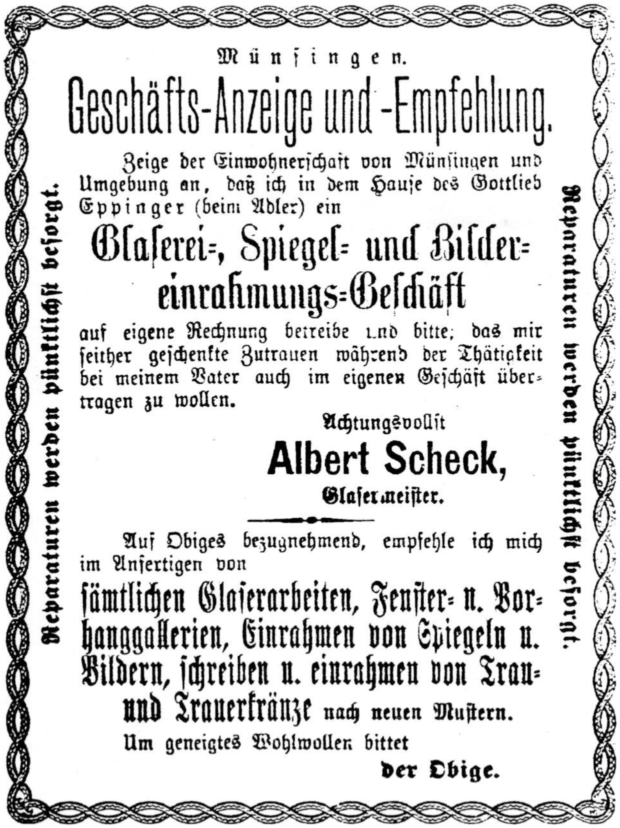

Albert Scheck ist Dirigent der Stadtkapelle Münsingen und unterhält eine Tanzkapelle, mit der er bei Hochzeiten und sonstigen Festlichkeiten aufspielt. Außerdem gibt er Unterricht in verschiedenen Instrumenten, auch Zitherunterricht.

ALB BOTE 19. 7. 1902

Albert Scheck, Davidsohn, Glasermeister, Musikus, Dirigent der Stadtkapelle Münsingen (25. 6. 1877 – 6. 1. 1948), verheiratet mit Marie Margarete Scheck geb. Eppinger (7. 9. 1875 – 27. 11. 1951)

Auf der Tafel steht: *O Herr, behüte Korn und Wein und schlage öfters Scheiben ein.*

Dazu erzählt Willi Scheck: „Im Herbst jeden Jahres, kurz vor dem Wintereinbruch, gingen die Glaser auf die Stöhr. Das heißt, sie marschierten von Ortschaft zu Ortschaft, um noch zerbrochene Scheiben zu ersetzen. Auf dem Rücken trugen sie eine Krätz, bepackt mit Glas."

Er sei noch mit seinem Vater mit dem Handkarren am Nachmittag nach dem Vesper gegen 4 Uhr (16 Uhr) nach Zainingen gegangen, um ein Stallfenster einzusetzen. Wegstrecke 11 km, Rückkehr gegen 11 Uhr (23 Uhr). Andertags begann dann die Arbeit in der Werkstatt um 6 Uhr.

Tag des Handwerks am 15. 10. 1933

Albert Scheck mit der Krätz auf dem Rücken 1933. Tafelträger der Glaser-Zunft ist Heinrich Breuning

einst: Gartenstraße 394 / Gartenstraße 5   heute: Bachwiesenstraße 5

1928: Die Stadtkapelle Münsingen, in der Bildmitte Dirigent Albert Scheck

Willi Scheck, Glasermeister (30. 9. 1911 – 30. 12. 1991), Ehe am 3. 4. 1937 mit Berta Scheck geb. Schrade (23. 11. 1910 – 26. 7. 1988)

Rolf Scheck (geb. 19. 12. 1939)

ALB BOTE 31. 7. 1909

Steigende Umsatzzahlen erfordern größere Arbeitsräume. Willi Scheck (30. 9. 1911 – 30. 12. 1991) weitet die Werkstätten im Erdgeschoß nach Süden aus und stockt 1960 das Gebäude auf. Nachdem der Betrieb seit 1973 in die Wiesentalstraße 1 verlagert ist, erfolgt 1984 im Erdgeschoß der Einbau einer Arztpraxis, die dann von der Ärztin Inge Wüst bezogen wird.

Rolf Scheck, Glasermeister, (geb. 19. 12. 1939) übernimmt am 1. 7. 1973 das elterliche Geschäft und baut gleichzeitig das Wohn- und Fabrikgebäude in der Wiesentalstraße 1. Am 28. 4. 1992 erwirbt die Stadt Münsingen das Gebäude Bachwiesenstraße 5.

Ehepaar Willi und Berta Scheck mit den Kindern Helmut und Rolf

Wohn- und Fabrikgebäude Fensterbau Scheck, Wiesentalstraße 1

Alte Ansichten von Münsingen

Das Bild dürfte vor der Jahrhundertwende, aber nach dem Kirchturmneubau 1887 entstanden sein. Der Kirchturm ist etwas schlank geraten.

Die wiederholten Straßen-Umbenennungen am Beispiel der Hauptstraße

Straßenabschnitt vom Bahnübergang bis zur Straßeneinmündung Marktplatz – Bühl.
Bahnhofstraße
Grafenecker Straße
Hermann-Göring-Straße (1942-1945)
Hauptstraße

Straßenabschnitt von der Straßeneinmündung Marktplatz – Bühl bis zur Straßeneinmündung Kegelgraben – Beim oberen Tor
Obere Gasse
Hauptstraße
Hermann-Göring-Straße (1942-1945)
Hauptstraße

Straßenabschnitt von der von der Straßeneinmündung Kegelgraben – Beim oberen Tor bis zur Straßengabel Auingen – Bremelau
Hohler Weg
Ehinger Straße
Hermann-Göring-Straße (1942-1945)
Hauptstraße

War damals das Stadtbild mit den Vorgärten und dem reichen Kastanienbaumbestand nicht auch schön? Im Bild links: das Haus von Hans Lorch, Malermeister, mit dem Vorgarten und der Aral-Tankstelle. Vorne rechts der Pavillon des Handwerks. Dahinter das Haus von Buchdruckmeister August Bauer. Grafenecker Straße Mitte der 30er Jahre, die heutige Hauptstraße, von der am 28. Februar 1942 zu lesen ist: „Der ganze Straßenzug vom Bahnübergang, vorbei an der Apotheke bis hinauf zum Neuen Lager, führt künftig die einheitliche Bezeichnung Hermann-Göring-Straße." Ab 1945 hieß sie wieder die „Hauptstraße"

einst: Bahnhofstraße 366 / Grafenecker Straße 366 / Hermann-Göring-Straße 1   heute: Hauptstraße 1

Das Haus von August Münz

August Münz (13. 11. 1871 – 27. 10. 1960) hat sein Geschäft ursprünglich am Marktplatz 175, heute Marktplatz 3, Otto Stiegler, Lebensmittel (siehe Seite 58), und baut 1908 das Haus an der Grafenecker Straße 366, heute Hauptstraße 1, gegenüber der Oberamtssparkasse, heute Polizeirevier. Am 4. 4. 1908 hält er Einzug im neuen Haus.

ALB BOTE 4. 4. 1908

Der Uhrmacher und Elektrotechniker August Münz hat ein sehr breit gefächertes Warensortiment, wobei das Fahrradgeschäft und die Nähmaschinen eine Sonderstellung einnehmen.

So ist in einer Anzeige vom 9. 1. 1909 zu lesen: „Näh- und Zuschneidekurs. Größtes Nähmaschinengeschäft des Bezirks".

August Münz im Jahre 1897

August Münz im hohen Alter

Die Tochter Emma Luise Münz, am 22. 7. 1903 geboren, heiratet am 17. 11. 1923 den Kaufmann Franz Schechtl, der im Hause seines Schwiegervaters eine Bergschuhfabrik gründet. Die „Schwäbische Bergschuhfabrik GmbH – Franz Schechtl" ist im Steuerregister der Stadt Münsingen von 1923 bis 1926 aufgeführt. Offensichtlich ist es Franz Schechtl nicht gelungen, ein bodenständiges Unternehmen zu etablieren.

August Münz verkauft sein Haus an den Malermeister Hans Lorch, der am 1. 4. 1929 einzieht und ein namhaftes Fachgeschäft aufbaut.

Gleichzeitig verkauft August Münz sein Geschäft an den Mechanikermeister Albert Bader, der sich dann im Laden und in der Werkstatt bei Hans Lorch einmietet (siehe Seite 110).

ALB BOTE 26. 11. 1923

Die Schwäbische Bergschuhfabrikation Trailfingen des Schuhmachers Chr. Bleher hat nur in den Jahren 1922/1923 bestanden.

Das prächtige Haus von Hans Lorch

Hans Lorch, der nach dem Ableben seines Vaters Albert Lorch dessen Geschäft in der Gartenstraße weiterführt (siehe Seite 105), kauft 1929 das Haus des Uhrmachers und Elektrotechnikers August Münz und zieht am 1. 4. 1929 ein.

Hans Lorch, Malermeister (19. 6. 1905 – 12. 6. 1960)

Rosa Lorch geb. Heß (geb. 20. 6. 1905)

Dem Maler- und Tapeziergeschäft wird 1933 das Farbenhaus angegliedert.

1938 erfolgt ein weiterer Geschäftszweig, die Autolackierwerkstätte.

Nach dem Ableben von Hans Lorch übernimmt der Neffe Hans Dieter Heß, Malermeister, das Geschäft seines Onkels.

Der Sohn Hans Lorch jun. der einmal das elterliche Geschäft übernehmen soll, fällt am 5. April 1945 am Semering/Niederösterreich.

einst: Bahnhofstraße 366 / Grafenecker Straße 366 / Hermann-Göring-Straße 1   heute: Hauptstraße 1

Am 23. 3. 1929 übernimmt der Mechanikermeister Albert Bader das Geschäft von August Münz in der Bahnhofstraße 366 mit den Geschäftszweigen Spezialgeschäft für Nähmaschinen, Fahr- und Motorräder und Musikapparate.

Am 6. Juni 1933 verlegt er sein Geschäft in die Karlstraße 240, wo er in größeren Geschäftsräumen das Autohaus Bader aufbauen kann.

ALB BOTE 23. 3. 1929

Das Geschäft an der Karlstraße – Gesamtansicht

Albert Bader, Mechanikermeister (25. 2. 1902 – 5. 6. 1950)

Käthe Bader geb. Länge (geb. 31. 10. 1904)

ALB BOTE 2. 6. 1933

ALB BOTE 1937

Albert Bader kauft 1938 das landwirtschaftliche Anwesen von Louis Eppinger in der Uracher Straße.

1954 läßt er die Baulichkeiten abtragen und erstellt auf dem Areal ein Geschäftshaus mit Ausstellungsraum, Büro, Wohnung und einer Autoreparaturwerkstatt mit Tankstelle (siehe Seite 12).

ALB BOTE 15. 10. 1929

ALB BOTE 19. 8. 1929

6. Juni 1933: Umzug in größere Geschäftsräume in der Karlstraße 240 – Karlstraße 17

einst: Bahnhofstraße 366 / Grafenecker Straße 366 / Hermann-Göring-Straße 1 heute: Hauptstraße 1

Geschäftsempfehlung

Einer geehrten Kundschaft bringe ich zur Kenntnis, daß ich ab heute neben meinem Maler-Geschäft einen Laden eingerichtet habe, in welchem ich alle

Maler-Bedarfsartikel

sowie **Tapeten, Linoleum-** und **Stragula-teppiche** und **-Läufer**, sowie **Bodenpflegemittel** führe. Ferner halte ich ein vergrößertes Lager in **Auto-Ölen** und **-Fetten** in den gangbarsten Marken.

Fernsprecher SA. Nr. 338

Hans Lorch, Malermeister
Münsingen, Bahnhofstraße.

ALB BOTE 4. 4. 1908

Das Farbenhaus Lorch im Wandel der Zeit

Hans Lorch
(24. 8. 1928 – 5. 4. 1945)

Die Belegschaft im Jahre 1934

Hans Dieter Heß
(geb. 2. 8. 1934)

DANKE

Zum 1. August 1995 übergeben wir das Farbenhaus Lorch den Malerbetrieben Anton Geiselhart.

Bei unseren treuen Kunden und Freunden des Hauses möchten wir uns von ganzem Herzen für die vertrauensvolle und gute Zusammenarbeit bedanken.

Wir freuen uns, daß wir in der Firma Anton Geiselhart einen tatkräftigen Nachfolger gefunden haben, der die Tradition des Hauses Lorch bewahren und das Waren- und Dienstleistungssortiment beibehalten und erweitern wird.

Farbenhaus Lorch Münsingen

BITTE

halten Sie dem Farbenhaus Lorch weiterhin die Treue.
Wir werden Namen, Standort und Sortiment bewahren und sinnvoll ausbauen.
In einigen Wochen erhalten Sie eine umfassende Information über das gesamte Leistungsangebot unseres Hauses.

FARBENHAUS LORCH

72525 Münsingen, Hauptstraße 1
Telefon 07381/93990
Telefax 07381/939999

Ein Unternehmen der AG Gruppe

einst: Bahnhofstraße 339 / Grafenecker Straße 339 / Hermann-Göring-Straße 7   heute: Hauptstraße 7

Die Flaschnerei von Wilhelm Ruoß

Wilhelm Ruoß, Flaschner (6. 7. 1873 – 29. 9. 1914)

Pauline Ruoß geb. Freitag (24. 11. 1880 – 27. 10. 1960)

Maria Junger geb. Ruoß (geb. 4. 11. 1909)

Gustav Ruoß (geb. 30. 9. 1908)

Ursula Geiger geb. Junger (geb. 13. 4. 1943)

Das heutige Unternehmen

Der Flaschner Wilhelm Ruoß eröffnet in seinem neu erbauten Haus an der Bahnhofstraße am 20. 12. 1902 ein Flaschnerei- und Wasserleitungsgeschäft, verbunden mit einem Laden für Haushaltwaren.

Wilhelm Ruoß stirbt am 29. 9. 1914, der Handwerksbetrieb verwaist, Frau Pauline Ruoß führt das Ladengeschäft weiter.

ALB BOTE 20. 12. 1902

Gustav Ruoß (geb. 30. 9. 1908) hat das Flaschnerhandwerk erlernt, arbeitet noch als Flaschnergeselle und wechselt 1928 zum Zentralheizungsbau über.

Er legt 1932 die Meisterprüfung im Zentralheizungsgewerbe vor der Handwerkskammer in Stuttgart ab und eröffnet gleichzeitig wieder den seit dem Tod des Vaters (1914) verwaisten Handwerksbetrieb.

1978 wird der Heizungsbau altershalber aufgegeben.

Was die Mutter in Jahrzehnten aufbaute, bauen der Sohn Gustav Ruoß, die Tochter Maria Junger und die Enkelin Ursula Geiger zu einem namhaften Fachgeschäft aus.

einst: Bahnhofstraße 262 / Grafenecker Straße 262 / Hermann-Göring-Straße 10   heute: Hauptstraße 10

Metzgerei Schnizer (Federzeichnung)

Ehepaar Jakob und Emilie Niethammer, stehend: Käthe Meyer geb. Scherb

Paul Schnizer, Metzgermeister (geb. 30. 8. 1905)

Anna Schnizer geb. Bez (23. 5. 1904 – 15. 5. 1984)

Der Metzgermeister und Viehhändler Jakob Niethammer (15. 9. 1878 – 29. 9. 1956), verheiratet mit Emilie Niethammer geb. Kober (13. 4. 1880 – 25. 9. 1953), kauft 1910 von dem Bauern Josef Dangel das Anwesen Bahnhofstraße 262 und beginnt ein Fleisch- und Wurstwarengeschäft.

Später widmet sich Jakob Niethammer nur noch dem Viehhandel und der Landwirtschaft in der Osthälfte des Hauses.

Am 1. 12. 1936 kauft der Metzgermeister Paul Schnizer das Anwesen von Jakob Niethammer, Metzgermeister und Viehhändler.

Er baut dann 1960 die Osthälfte des Hauses zur neuen Metzgerei um.

Als Gerhard Schnizer die elterliche Metzgerei übernimmt, arbeitet der Vater weiterhin im Geschäft mit.

Bei der Baumaßnahme von 1970 wird der Westteil des Hauses abgerissen und ein mit dem Ostteil zusammenhängender Baukörper geschaffen.

ALB BOTE Oktober 1910

Anneliese Schnizer geb. Ruopp (geb. 29. 10. 1935)

Gerhard Schnizer, Metzgermeister (4. 7. 1934 – 24. 10. 1994)

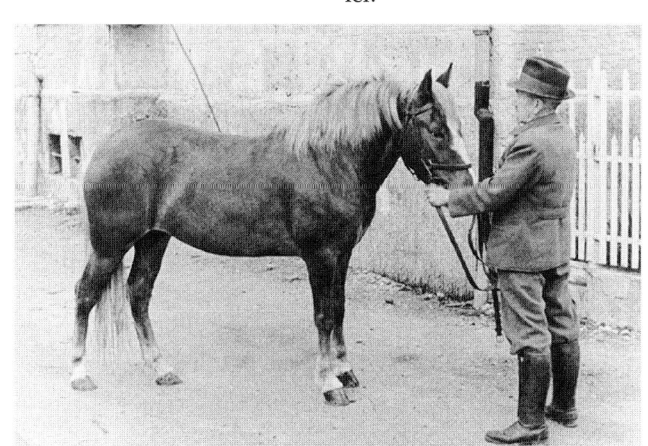

Der Pferdeliebhaber Jakob Niethammer

Die Metzgerei Schnizer heute

113

einst: Bahnhofstraße 351 / Grafenecker Straße 351 / Hermann-Göring-Straße 11 — heute: Hauptstraße 11

Am 1. Mai 1861 übernimmt der Buchdrucker und Buchhändler Christian Ludwig Baader aus Pleidelsheim die Zeitung und Buchdruckerei von Hohlochs Erben. Hohloch hatte am 1. Januar 1838 das „Intelligenzblatt für den Oberamtsbezirk Münsingen" gegründet.

Christian Ludwig Baader, nach dessen Initialen „C. L." noch die heutige Firmenbezeichnung lautet, Buchdrucker und Buchhändler, Buchdruckereibesitzer (18. Januar 1831 in Pleidelsheim geboren – 13. Juni 1877)

Christiane Friederike Baader geb. Bosler (5. Mai 1839 – 18. Dezember 1905)

Alfred Baader, Buchdruckereibesitzer (24. Februar 1866 – 21. Mai 1928)

Eleonore Baader (24. März 1866 – 16. September 1938)

Mit dem neuen Buchdruckereibesitzer zieht ein neuer Geist in den Verlag ein. Der nicht mehr zeitgemäße Titel „Intelligenzblatt" wird aufgegeben. An seine Stelle tritt mit dem 1. Januar 1863 der „ALB BOTE".

Auch in technischer Hinsicht verbessert C. L. Baader Zeitungsbetrieb und Druckerei. War das Blatt bisher mit der Handpresse gedruckt worden, so wird diese 1868 mit der Schnellpresse vertauscht. Gleichzeitig werden die bisherigen Geschäftslokale erweitert. Am 13. Juni 1877 stirbt Christian Ludwig Baader erst 46 Jahre alt.

Die Witwe Christiane Friederike (genannt: Nane) Baader, Tochter des Stadtschultheißen Bosler, leitet in der Folgezeit 20 Jahre lang die Zeitung. Auf ihre Initiative hin erscheint der ALB BOTE ab 1. Juli 1880 dreimal wöchentlich.

Am 15. Juni 1897 geht die Zeitung auf den Sohn Alfred Baader über.

Alfred Baader erwirbt 1907 das Anwesen in der Bahnhofstraße 351 (heute Hauptstraße 11) und verlegt den Betrieb dorthin (siehe Seite 176).

Am 1. Mai 1913 wird zur viermaligen Ausgabe der Zeitung übergegangen und am 1. Juli 1913 zur täglichen Ausgabe. Als Alfred Baader am 21. Mai 1928 stirbt, hinterläßt er seinen Erben eine gut fundierte Zeitung.

C. L. Baader, Buchdruckerei und Verlag, heute Hauptstraße 11

Nach dem Tod ihres Mannes führt Eleonore Baader mit Unterstützung ihrer Kinder das Geschäft weiter. Im Jahr 1932 erfährt der ALB BOTE durch den Zukauf der „Rundschau von der Alb" eine Erweiterung seines Betätigungsfeldes. Kurze Zeit später übergibt Eleonore Baader das Geschäft ihrem Sohn Viktor Baader.

einst: Bahnhofstraße 351 / Grafenecker Straße 351 / Hermann-Göring-Straße 11   heute: Hauptstraße 11

*Gertrud Baader
(1905-1983)*

*Viktor Baader, Buchdruckerei-
besitzer und Verleger
(4. 7. 1904 – 16. 5. 1969)*

1967 errichtet Viktor Baader ein neues Verlagsgebäude im Stadtzentrum von Münsingen. Am 16. Mai 1969 stirbt Viktor Baader nach 37 Jahren Verlagstätigkeit. Gertrud Baader und ihre Tochter Gerda übernehmen den Verlag. Aufgrund der Kreisreform ab 1. Januar 1973 wird der Altkreis Münsingen, das Verbreitungsgebiet des ALB BOTE, aufgelöst. So ergibt sich eine Partnerschaft mit der SÜDWEST PRESSE Ulm. Es entstehen der Verlag Baader GmbH und die C. L. Baader Buch- und Offsetdruckerei.

1988: 125 Jahre ALB BOTE und 150 Jahre Druckhaus Baader: Die Mitarbeiter des technischen Betriebs (v. r.) Paul Hermann, Thomas Reichhart, Wilfried Lott, Thomas Seruset, Klaus Kenzelmann, Wolfram Krehl, Anneliese Krehl, Katharina Hummel, Wolfgang Wiedemann, Stefanie Mögle, Kurt Franz, Hans Oettinger, Josef Uhl, Dieter Menden, Rolf Geiger, Michael Benz, Heinrich Kühleißen, Hans-Dieter Maurer, Herbert Wiegert.

Das im Jahr 1966 in der Gutenbergstraße 1 neu erbaute Verlagsgebäude mit der Geschäftsstelle des ALB BOTE

einst: Bahnhofstraße / Grafenecker Straße / Hermann-Göring-Straße   heute: Hauptstraße

Die heutige Hauptstraße in den 30er Jahren

Eine interessante Aufnahme aus den frühen 30er Jahren. Hier hat sich das Stadtbild wesentlich verändert.
Links: Die Realschule, 1890 als neues Volksschulgebäude erbaut. Das Haus wird am 22. 8. 1987 abgerissen. Dort steht heute das Altenwohnhaus Samariterstift.
Dann das Haus von Buchbinder Eugen Koch, das im August 1972 einem modernen Geschäftshaus weichen muß.
Rechts: Die Hausecke der 1899 von Apotheker Emil Häberle erbauten Kronen-Apotheke.
Schließlich ist noch das stattliche Bauernhaus von Ehrenreich Bez (8. 3. 1875 – 22. 9. 1949) „Schattenbauer" genannt, im Bild erhalten. Die Familie Bez siedelt 1931 an den Baumtalweg aus. Oskar Scheck hat das alte Gebäude 1931 gekauft, aber nicht mehr genutzt. Nach dem Feuerwehrfest von 1933 wird das als „Brandobjekt" genutzte Haus abgetragen. Heute steht dort der Pavillon der Firma Textilhaus Schwenk.

In der Bildmitte das „Salzhäusle" der Firma Eugen Veil, Lebensmittelgeschäft. Es wird in den 30er Jahren abgetragen. Ursprünglich war das Thorhaus „ein Thor Häußlein an dem neuen Thor". Dahinter das Textilgeschäft Johs. Schwenk.
Der Querbau zwischen Schwenk und Bez, hinter dem „Salzhäusle", ist die Scheuer des Gasthaus Krone.
Sie brennt am 20. 11. 1994 ab durch Brandstiftung.

116

einst: Bahnhofstraße 213 / Grafenecker Straße 213 / Hermann-Göring-Straße 12　　　heute: Hauptstraße 12

Die von Apotheker Emil Häberle 1899 erbaute Kronen-Apotheke

Verkaufsraum um 1900

Das einstige Labor

ALB BOTE 2. 9. 1899

Hermann Klümper

Tiny Klümper

Gisela Klümper

Die Apotheker der Kronenapotheke:
1899: Emil Häberle,
um 1913: G. Rappel,
20er Jahre: Otto Baumer,
1. 12. 1928 – 16. 5. 1944: Hermann Klümper,
15. 12. 1944 – 31. 12. 1951: Hanns und Elsbeth Neugebauer,
1. 1. 1952 – 31. 12. 1959: Friedrich Krentel,
1. 1. 1960 – 31. 3. 1960: Annelie Pfitzner und Tiny Klümper,
1. 4. 1960 – 31. 5. 1963: Helmut und Friederun Aé,
seit 1. 6. 1963: Gisela Klümper.

einst: Bahnhofstraße 335 / Grafenecker Straße 335 / Hermann-Göring-Straße 13   heute: Hauptstraße 13

Das Textilfachgeschäft von Eugen Schweizerhof

Eugen Schweizerhof, Kaufmann (1. 7. 1867 – 1. 1. 1946)

Am neuen Standort hat das Haus Schweizerhof nur noch Textil-, Wollwaren und Bekleidung im Sortiment. Dazu gehört auch die Bleyle-Kleidung.

Geschäfts-Verlegung u. Empfehlung.

Münsingen, den 28. September 1906.

Einer verehrten Einwohnerschaft von Stadt und Land zeige hiermit ergebenst an, daß ich mein bisher im Hause des Herrn Theodor Rietmüller betriebene

Manufaktur-, Kurz-, Weiß- u. Wollwarengeschäft

von heute ab in meinem von Herrn Maurermeister Griesinger erworbenen Haus, Bahnhofstraße, (neben dem Schulhaus) verlegt habe. Für das mir bisher geschenkte Vertrauen bestens dankend, bitte ich mir dasselbe auch fernerhin bewahren zu wollen.

Ich werde auch für die Folge stets bemüht bleiben, meiner werten Kundschaft bezüglich Auswahl und Preise in jeder Beziehung weitgehendst entgegen zu kommen; halte mich bei Bedarf in meinen Artikeln stets bestens empfohlen und zeichne

hochachtungsvollst

Eugen Schweizerhof.

NB. Geschäft ist Sonntags geschlossen.

ALB BOTE 28. 9. 1906

1906 kann Eugen Schweizerhof das 1899 von Maurermeister Johann Georg Griesinger erbaute Haus in der Bahnhofstraße – Grafenecker Straße 335 – heute Hauptstraße 13, käuflich erwerben.

Der Umzug von der Fabrikstraße 200 in das neue Geschäftshaus erfolgt am 29. 9. 1906 (siehe Seite 29).

Nach dem Ableben von Eugen Schweizerhof führt die Tochter Anna Schweizerhof (30. 3. 1906 – 16. 6. 1985) das Geschäft in kleinerem Rahmen noch einige Zeit weiter.

Die Firma ist erloschen.

Eile zu Bleyle!

Zu haben in der Niederlage bei

Eugen Schweizerhof
Münsingen.

ALB BOTE 23. 3. 1929

Das Haus in den 30er Jahren

Die Bepflanzung des Hungerbergs

Münsingen, 3. Mai. Wer die kahlen Berge in der unmittelbaren Umgebung unserer Stadt besteigt, ist wohl freudig überrascht, wenn er sieht, in welch rühriger Weise dieselben durch die städtische Verwaltung dank der Initiative unseres tätigen Stadtvorstands nach und nach aufgeforstet werden. Auf dem Hungerberg, dem Spanagel und anderen Höhen stehen Tausende junger Fichten, Forchen und Lärchen wie Soldaten in Reih und Glied und versprechen bereinst kräftige Verteidiger unserer Stadt gegen anstürmende rauhe Winde zu werden, sowie das ganze Landschaftsbild zu verschönern und zu beleben. Möge in dieser Weise fortgefahren und namentlich auch in Bälde dem lieblichsten unserer Berghügel, dem „Beutenlai" eine Fichten- oder Forchenkrone aufs Haupt gesetzt werden! Hand in Hand mit der städtischen Verwaltung haben auch die beiden Brudervereine, Verschönerungsverein und Albverein in Hinsicht auf Verschönerung und Wegbarmachung der Höhen und Berganstiege sich bemerklich gemacht. Ein bequem zu gehender Verschönerungsweg mit herrlichem Ausblick auf die Stadt führt den Hungerberg hinan und ein Albvereinsweg vom Ziegelwäldchen bis vor die Fauserhöhe quer durch den Wald hindurch und auf den Spanagelkopf mit seiner überraschenden Aussicht auf die Festung Hohen-Neuffen, den Römerstein, den Lichtenstein und das Meer von Waldungen auf der Hochebene unserer lieben Alb. An den Wegen ladet eine größere Anzahl Ruhebänke zum Sitzen ein. Die hiesigen Familien und wohl auch manches „glücklich liebend Paar" haben nun eine hübsche Gelegenheit, Waldspaziergänge zu machen und die gesunde Waldluft in der bequemsten Weise zu genießen. Als ein weiteres Zeichen der Tätigkeit der hiesigen Ortsgruppe des Schwäb. Albvereins erblicken wir seit einigen Tagen in dem Rundell vor dem Oberamtspflegegebäude eine hübsch ausgeführte Wegtafel mit den Wahrzeichen der Schwäb. Alb, dem Lichtenstein und Hohen-Neuffen nebst demjenigen von Münsingen, dem alten Schloß mit Motto: „Hie gut Württemberg all Weg". Die Tafel hat die Bestimmung, den Wanderern schwarz auf weiß zu zeigen, welch hübsche Albvereinswege von hier aus zu machen sind und wie weit (in Kilometer) es von dem einen Punkt zum andern ist. Die Vereine lassen an das Publikum die Bitte ergehen, die Anlagen nebst ihren Ausstattungen gegen mutwillige Beschädigungen in seinen Schutz zu nehmen. Davon, daß auch die Geselligkeit in den beiden Vereinen gepflegt wird, legte der am 1. Mai, dem prächtigen Maisonntagmorgen unternommene Ausflug nach Wiesensteig, an welchem sich mehr als 20 Teilnehmer und Teilnehmerinnen teils zu Wagen, teils zu Fuß beteiligten, ein beredtes Zeugnis ab. Der Weg führte über Böhringen zum Römerstein, von da über Schopfloch zum Reußenstein und von diesem hinab nach Wiesensteig, um von da über Westerheim und Feldstetten heimzukehren. Herrlich war die Tour, die Stimmung, welcher sich der Ausflügler schon am Morgen auf dem Aussichtsturm des Römersteins beim Singen des Lieds „Der Mai ist gekommen" bemächtigt hatte und während des ganzen Tags in ungetrübter Weise anhielt, dürfte bei dem Einzelnen noch lange Zeit in beglückender Weise anhalten. Oe.

Der Münsinger Hausberg, das Naherholungsgebiet seit der Jahrhundertwende. Im Bild: der neu bepflanzte Hungerberg, auf der Höhe noch freistehend das Wasser-Reservoir, rechts die Gaststätte „Rose" und das landwirtschaftliche Anwesen von Ehrenreich Bez, dahinter das Haus von Buchbinder Koch

einst: Bahnhofstraße 317 / Grafenecker Straße 317 / Hermann-Göring-Straße 17　　　heute: Hauptstraße 17

Eugen Koch, Buchbinder, eröffnet im November 1894 ein Buchbinderei- & Papetteriegeschäft im Hause des Schmiedes Hopf, vis-à-vis der „Krone".

ALB BOTE 16. 11. 1894

Drei Generationen Eugen Koch:

Eugen Friedrich Koch, Buchbinder (27. 4. 1867 – 20. 2. 1931),

Eugen Gottlob Koch, Buchbindermeister (13. 10. 1897 – 3. 12. 1980),

Eugen Robert Koch, Kaufmann (geb. 28. 1. 1932).

Im November 1896 zeigt Eugen Koch, Buchbinder, an, daß er sein seither im Hause gegenüber der „Krone" betriebenes Geschäft in sein neues Haus neben dem neuen Schulhaus verlegt und zugleich sein Lager bedeutend vergrößert hat.

Haus Koch mit Blick auf die Uracher Straße

ALB BOTE 7. 11. 1896

ALB BOTE 6. 5. 1897

Familie Eugen Koch. vorne: Ehepaar Karoline und Eugen Koch; hinten v.l.n.r.: Karl Koch, Konrektor, damals Student; Hugo Koch, Buchbinder; Eugen Koch, Buchbindermeister, der künftige Geschäftsinhaber, damals Matrose in der kaiserlichen Kriegsmarine

Das neue Haus von 1896, eine Aufnahme aus dem Jahr 1936

einst: Bahnhofstraße 317 / Grafenecker Straße 317 / Hermann-Göring-Straße 17   heute: Hauptstraße 17

Am 17. November 1930 geht Eugen Koch die Ehe mit Hilde geb. Maier aus Buttenhausen ein.

Zu unserer am Montag, den 17. November, mittags ½1 Uhr in Münsingen stattfindenden
kirchlichen Trauung
laden wir hiermit freundlichst ein
Eugen Koch — Hilde Maier
Münsingen — Buttenhausen

ALB BOTE 15. 11. 1930

Alle, die im Hause Koch tätig sind, finden sich zum Gruppenbild ein. Auch der getreue Vierbeiner darf nicht fehlen.
Im Bild v.l.n.r.: eine Hausangestellte aus Auingen, Hilde Koch (geb. 29. 9. 1905), Ehefrau von Eugen Koch jun., Frau Karoline Koch geb. Knoll aus Dapfen (4. 3. 1877 – 27. 2. 1937), Ehefrau von Eugen Koch sen., Buchbindermeister, Eugen Koch jun., Buchbindermeister, Erwin Freitag, Buchbinderlehrling, 1943 in Rußland gefallen

Das 1952 umgebaute Haus (Postkartenausschnitt)

Das 1896 von Eugen Friedrich Koch erbaute Wohn- und Geschäftshaus wird 1952 von seinem Sohn Eugen Gottlob Koch umgebaut. Im wesentlichen wird der Eingang von der Ecke verlegt und die frühere Werkstatt zum Laden genommen.

Das Koch-Haus vor dem Umbau

Eugen Koch (geb. 18. 1. 1932)

Eugen Koch, Kaufmann, läßt das von seinem Großvater Eugen Friedrich Koch erbaute Haus 1972 abreißen und erstellt ein modernes Geschäftshaus. Nach vierzehnmonatiger Bauzeit ist am 30. November 1973 Eröffnung.

Die Firma Eugen Koch ist am 30. 7. 1985 erloschen.

Das Ehepaar Renate und Heinz Schmauder übernimmt 1980 das elterliche Geschäft, 1985 können sie das Haus Koch Hauptstraße 17 erwerben.

Eisenwaren, Werkzeuge und Maschinen sowie Garten- und Freizeitmöbel werden hierher verlegt, während Hausrat, Glas und Porzellan im Stammhaus verbleiben.

Fa. Koch nach 1973

Das Flach- zum Giebeldach umgebaut und die Außenfassade neu gestaltet, so präsentiert sich der Schoellbau Ecke Hauptstraße – Uracher Straße seit 1992.

Der Umzug an den neuen Hauptsitz des Unternehmens in der Uracher Straße 19, ehemals Firma Adolf Schreiber Metallwaren, wo am 16. Juni 1993 Eröffnung ist, bringt eine erneute Umorganisation.

Hausrat, Glas, Porzellan, Geschenke und verwandte Warengruppen kommen vom Stammhaus hierher in die frei gewordenen Räume (siehe Seite 16).

Das von der Fa. Schoell neu gestaltete ehemalige Koch-Gebäude

einst: Bahnhofstraße 318 / Grafenecker Straße 318 / Hermann-Göring-Straße 16 heute: Hauptstraße 16

Gottlieb Heinrich Schwenk, Weber, Gründer des Textilhauses Schwenk, beginnt 1843 im elterlichen Haus Bühl 151 – Bühl 12 und baut 1845 das Haus Nr. 235 – Spitalstraße 8 (siehe Seite 186).

Johs. Schwenk, sein Sohn und Nachfolger, verkauft 1897 das elterliche Haus in der Spitalstraße und errichtet in der Stadtmitte, Grafenecker Straße 318 – heute Hauptstraße 16 – einen Neubau.

ALB BOTE 15. 6. 1897

Mit dem Neubau in der Stadtmitte, Grafenecker Straße 318 – heute Hauptstraße 16 – beginnt ein neuer, zukunftsweisender Abschnitt in der Firmengeschichte. Die Eröffnung des neuen Geschäftshauses in der Stadtmitte neben Uhrmacher Stein ist am 15. 6. 1897.

Uhrmacher Stein hat einen Hausanteil im Nebengebäude Grafenecker Straße 162 – heute Hauptstraße 18 – wo er sein Uhrengeschäft betreibt. Das ganze Haus ist im Eigentum der Firma Schwenk. Die Erdgeschoßräume sind in das Hauptgeschäft integriert.

Das Geschäftshaus von Johannes Schwenk um 1900

Der Tuchmacher Johannes Schmid (7. 11. 1825 – 11. 8. 1904) übergibt im April 1902 das von ihm seit 48 Jahren betriebene Tuchgeschäft an seinen Schwiegersohn Johannes Schwenk.

Dies bedeutet für das Haus Schwenk eine wesentliche Möglichkeit zur Erweiterung des Warensortiments.

ALB BOTE 8. 4. 1902

Johannes Schmid, Tuchmacher

Der Tuchmacher Johannes Schmid beginnt sein Geschäft am 1. 4. 1854 im Hause des Damastfabrikanten Alt Johann Jacob Ruoß.

Das Wohnhaus Eschmannsgasse 188 – Fabrikstraße 196 – heute Lichtensteinstraße 5 – erwerben in der Folgezeit Johannes Schmid, Tuchmacher, und Jacob Münz, Wagner, je zur Hälfte, wobei Schmid das Obergeschoß bewohnt.

Nach dem Ableben von Johannes Schmid geht dessen Hausanteil an Jacob Münz über. Das Haus ist heute im Besitz von Liselotte Kuhn, geb. Münz.

Das Wohnhaus Eschmannsgasse

Der Um- und Erweiterungsbau 1934

Das Textilhaus Schwenk um 1950

122

einst: Bahnhofstraße 318 / Grafenecker Straße 318 / Hermann-Göring-Straße 16 heute: Hauptstraße 16

Gustav Schwenk, Kaufmann (20. 1. 1899 – 8. 7. 1992), Pauline Schwenk geb. Ruoß (19. 2. 1900 – 1. 7. 1991)

Gustav Schwenk ist erst 25 Jahre alt, als er das väterliche Erbe antritt und begünstigt durch die positive wirtschaftliche Entwicklung der 30er Jahre dieses zu einem namhaften Textil-Fachgeschäft ausbaut.

Mit dem modernen Um- und Erweiterungsbau des Stammhauses an der Hauptstraße 16 im Jahr 1934 setzt Gustav Schwenk neue Maßstäbe.

Peter Schwenk, Kaufmann (geb. 29. 7. 1930), im elterlichen Geschäft tätig gewesen, übernimmt dieses 1964 und rundet das Geschäftsareal 1967 mit dem Bau des Aussteuer-Pavillons, Hauptstraße 14, ab.

Von der Straße Am Bühl bis zum Rosenberg ist das Haus Schwenk mit dem weit gefächerten Angebot von Textilien und Bekleidung aller Art präsent.

Johannes Schwenk, Kaufmann

Gottlieb Heinrich Schwenk, Leinenweber

Gustav Schwenk, Kaufmann

Peter Schwenk, Kaufmann

Aus amtlichen Eintragungen ist ersichtlich:

1843: Laut Steuerkataster vom Jahre 1843 treibt Leinenweber und Gemeinderat Gottlieb Heinrich Schwenk Handel mit Baumwollzeug und Bettbarchet.

1887: Der Sohn Johannes Schwenk übernimmt die Handlung.

1899: Im Handelsregister Abt. Einzelfirmen eingetragene Firma Johannes Schwenk, Kfm.

1924: Gustav Schwenk übernimmt das Geschäft.

1950: Firma Johs. Schwenk Kommanditgesellschaft.

„Mit Baumwollzeug und Bettbarchent trieb
der Weber Schwenk Heinrich Gottlieb
in der Spitalgasse einen Handel,
nebst einem rechten Lebenswandel.
Vor hunderfünfunddreißig Jahren
verkaufte er solide Waren.
Dann gab er nach dem siebziger Krieg
mit ausnahmsweise einem Sieg
die Handlung Johann seinem Sohne,
der baute unten bei der Krone.
Der Nachlaß Schwiegervater Schmids
Wolltuch verkauft er neben Zitz.
Bis dato hüllte man sich nur
in Fasern aus reinster Natur.
Manchester, Finette, Crepe, Satin
tauschte man gegen Goldmark ein.
Statt Marktgeschrei (heut heißt's Reklame)
bürgte allein der gute Name.
Auch Gustav Schwenk macht diesem Ehr,
die Zeiten wurden wirr und schwer,
trotzdem erwarb's um zu besitzen
was er ererbt von Schwenk und Schmidsen.
Jetzt ist Inhaber der Sohn Peter,
ich nehme an den kennt ein jeder.
Das Mode- und Textilhaus Schwenk
ist der Verpflichtung eingedenk,
daß jeder für sein gutes Geld
den echten Gegenwert erhält."

Geschäftshaus der Firma Joh. Schwenk

einst: Bahnhofstraße 318 / Grafenecker Straße 318 / Hermann-Göring-Straße 16   heute: Hauptstraße 16

„Schwenks Aussteuer-Pavillon" – Wo einst das landwirtschaftliche Anwesen von Ehrenreich Bez, „Schattenbauer", gestanden hat, wird am Samstag, 18. November 1967, der neue Pavillon eröffnet

Schwenk's Aussteuer-Pavillon wird heute eröffnet

Neben dem bisherigen Geschäftshaus in Münsingen entstand ein zweckmäßiger und einladender Verkaufs- und Ausstellungsraum

Münsingen (AB) An der Ecke Hauptstraße und Am Rosenberg in Münsingen ist in den letzten Monaten ein neues Bauwerk entstanden, das sich dem Stadtbild gefällig einfügt. Das Textilhaus Schwenk hat hier in unmittelbarer Nähe des Hauptgeschäftes einen Aussteuer-Pavillon errichtet, der heute eröffnet wird.

Der neue Verkaufs- und Ausstellungspavillon, der ausschließlich die Abteilung Aussteuerwaren aufnimmt, bedeutet eine notwendige und willkommene Ergänzung. Im alten Haus konnte dadurch Platz gewonnen werden, die Schaufensterfront wurde beträchtlich vergrößert - sie beträgt nunmehr insgesamt etwa 40 Meter -, und in dem neuzeitlich eingerichteten Raum ist eine breite und übersichtliche Warendarstellung in allen Sortimentsgruppen mit Vorwahl und intensivem Kontakt zur Ware ermöglicht worden.

Redaktioneller Text im ALB BOTE

Der Pavillon

Am 1. 3. 1985 vergrößert sich die Firma Schwenk mit der Übernahme der Firma Herrenmode Pflaumer durch den ältesten Sohn von Peter Schwenk (siehe Seite 177).

1989 übernimmt Dieter Schwenk die Geschäftsführung des Stammhauses.

Im Jahre 1990 werden die Geschäfte total umgebaut und in drei Bereiche gegliedert.

Im Stammhaus in der Hauptstraße 16 und 18 mit einer Verkaufsfläche von 400 Quadratmetern auf zwei Geschossen wird seither Damenmode, Junge Mode und Kinderbekleidung präsentiert. Im Obergeschoß befinden sich Damenwäscheabteilung, Frottierwaren, Tisch- und Bettwäsche.

Der Pavillon wird zu einem jungen Herren-Sportsweargeschäft mit Herrenwäscheabteilung umgebaut.

In den Geschäftsräumen der ehemaligen Firma Pflaumer führt Uli Schwenk die klassische Herrenmode bis 1995.

Im Zuge dieses Umbaus werden die Sortimentsbereiche zwischen den beiden Brüdern aufgeteilt.

Uli Schwenk führt „Alles für den Herrn" und Dieter Schwenk die Damenmode und Heimtextilien.

Im Jahre 1993 feiert das Textilhaus Schwenk das 150jährige Bestehen.

Uli Schwenk übernimmt das Herren-Bekleidungsgeschäft in der Karlstraße 22 des Schneidermeisters Hermann Pflaumer am 1. 3. 1985 pachtweise. 1995 wird das angemietete Geschäft aufgegeben, da das Textilhaus Schwenk weiter expandiert und im Lichtensteinpark Fläche anmietet. Der Bereich Herrenmode wird in die Hauptstraße verlagert.

Die neue Schwenk-Generation:

Dieter Schwenk (geb. 27. 9. 1962), verheiratet am 17. 2. 1989 mit Dorothee geb. Schänzlin

Hans Ulrich Schwenk, Kaufmann (geb. 28. 2. 1960), verheiratet am 7. 9. 1984 mit Elke Sofie geb. Mackeldey

Hans Ulrich Schwenk bekommt den Namen seines Onkels Hans Ulrich, dem ältesten Sohn von Gustav Schwenk, geboren am 25. 3. 1926, vermißt im Raum Radon (Polen). Seine letzte Nachricht datiert vom 15. 1. 1945.

Luftbild des Schwenk-Areals

einst: Bahnhofstraße 162 / Grafenecker Straße 162 / Hermann-Göring-Straße 18   heute: Hauptstraße 18

In der Mitte das Haus Hauptstraße 18 . . .

. . . im heutigen Zustand

„Ein dreistokigtes Hauß mit einer eingerichteten Kupferschmiedswerkstatt am Bühl. Dazu gehörend, ebenfalls Grafenecker Straße 162, eine Scheuer."

Die Scheuer erwirbt 1896 Johannes Schwenk, Kaufmann, läßt diese 1897 abreißen und baut darauf das neue Geschäftshaus mit der neuen Nummer Grafenecker Straße 318 – heute Hauptstraße 16.

Das Haus Grafenecker Straße 162 war in zwei Hälften aufgeteilt:

West-Eigentümer waren:

Matthäus Herrmann, Weißgerber,

1879 Gottlieb Rothweiler, Buchbinder (1. 9. 1849 – 2. 10. 1882), und Katharine Bleher, Bäckers Witwe,

1882 Ernst Stein, Uhrmacher (3. 4. 1854 – 23. 12. 1924),

1898 August Schmid, Uhrmacher (19. 4. 1872 – 24. 10. 1939),

1940 Gustav Schwenk, Kaufmann (20. 1. 1899 – 8. 7. 1992).

Ost-Eigentümer waren:

Gustav Hopf, Schmied (26. 7. 1843 – 26. 4. 1920),

1920 Gustav Hopf, Schmied-Witwe,

1928 Sophie Hopf, Modistin (21. 2. 1877 – 1. 9. 1948), dann deren Erben,

2. 11. 1973 Gustav Schwenk, Kaufmann (20. 1. 1899 – 8. 7. 1992).

Gustav Hopf hat in der ursprünglichen Kupferschmiedewerkstatt seine Schmiede, mit einem großen Eingangstor. Diese wird wohl in den frühen 30er Jahren zu einem Verkaufsraum umgebaut, so daß sich dann im Erdgeschoß zwei Ladengeschäfte befinden.

Hinter der Schmiede, nach Süden, mit Zugang von der Bühlstraße aus, hat Sophie Hopf, Modistin, ihr Atelier. Vorher schon begann hier der Buchbinder Eugen Koch (27. 4. 1867 – 20. 2. 1931) am 16. 11. 1894 sein Geschäft, bis er im November 1896 sein an der Ecke Uracher-/Hauptstraße erbautes Haus beziehen kann (heute J. F. Schoell).

Unter anderem hat sich auch der Schneidermeister Paul Zylka nach dem 2. Weltkrieg hier eingemietet.

Mietverhältnisse im Laden Osthälfte:

Um 1933: Karl Knorr Strickwaren Reutlingen, Filiale Münsingen.

1945-1955: Textilhaus Schwenk.

Die französische Besatzungsmacht beschlagnahmt des Haus Schwenk, Hauptstraße 16, und richtet dort das Economat ein, das Kaufhaus für die französischen Familien. Der Not gehorchend zieht Gustav Schwenk mit seinem Geschäft ins Nebenhaus, Hauptstraße 18, Ostteil, der Modistin Sophie Hopf gehörend.

1955-1973: Wilhelm Hermann, Uhrmachermeister und Optiker,

2. 11. 1973: Gustav Schwenk erwirbt die Osthälfte des Hauses und gestaltet dann eine zusammenhängende Ladenfläche mit dem Stammhaus.

Ladengeschäft West

Gottlieb Rothweiler (1. 9. 1849 – 2. 10. 1882), Buchbinder, heiratet 1878 nach Münsingen und übt das Buchbinderhandwerk bis zu seinem Tod im Haus Grafenecker Straße 162 – heute Hauptstraße 18 – aus.

Wie dem Kaufvertrag vom 30. Oktober 1882 zu entnehmen ist, hat der Uhrmacher Ernst Stein die Hausanteile des Buchbinders Gottlieb Rothweiler und der Katharine Bleher, Bäckers Witwe, erworben.

ALB BOTE 19. 10. 1882

einst: Bahnhofstraße 162 / Grafenecker Straße 162 / Hermann-Göring-Straße 18   heute: Hauptstraße 18

Von Buttenhausen kommend beginnt der Uhrmacher Ernst Johann Stein im März 1879 sein Uhrmachergeschäft im Hause des Secklers Ludwig Hommel unterhalb der Post, Obere Gasse 113, heute Hugo Schaude, Hauptstraße 39.

Ludwig Hommel ist der Großvater der Dipl.-Musiklehrerin Lena Hommel (1. 6. 1904 – 30. 5. 1992).

ALB BOTE 5. 3. 1879

Im Oktober 1882 kann Ernst Stein einen Hausanteil am Gebäude 162, Ecke Hauptstraße – Bühl, neben der „Krone" erwerben, heute Textilhaus Schwenk, Hauptstraße 18. In der Geschäftseröffnung von Johs. Schwenk am 15. 6. 1897 ist auch vermerkt: „neben Uhrmacher Stein". Dieser Hausanteil gehörte zuvor dem verstorbenen Buchbinder Gottlieb Rothweiler (1. 9. 1849 – 2. 10. 1882).

ALB BOTE 25. 11. 1882

ALB BOTE 30. 7. 1898

Im Juli 1898 verzieht Ernst Johann Stein nach Markgröningen, wo er am 23. 12. 1924 verstirbt. Das Uhrmachergeschäft geht auf den Uhrmachermeister August Schmid über (siehe Seite 133, 51).

ALB BOTE 28. 7. 1898

Am 1. 8. 1898 übernimmt Uhrmachermeister August Schmid (19. 4. 1872 – 24. 10. 1939) das Geschäft von Ernst Stein.

ALB BOTE Juli 1938

Wilhelm Hermann übernimmt am 1. August 1938 das Geschäft des Uhrmachermeisters August Schmid.

1939 wird Wilhelm Hermann zum Wehrdienst einberufen und eröffnet sein Geschäft wieder 1946 nach der Rückkehr aus der Kriegsgefangenschaft. Aus zwingenden Gründen muß er in der Folgezeit die gemieteten Geschäftsräume, wiederholt wechseln.

1950-1955: Heinrich Blank, Hauptstraße 90 - Hauptstraße 33 (siehe Seite 142),

1955-1973: Textilhaus Schwenk (Ostteil), Grafenecker Straße 162 – Hauptstraße 18,

1973-1981: Eugen Koch, Grafenecker Straße 163a – Hauptstraße 21,

1981 zieht sich das Ehepaar Hermann aus dem Geschäftsleben zurück.

Wilhelm Hermann, Uhrmachermeister und Optiker (geb. 4. 9. 1912)

Erna Hermann geb. Brändle (25. 2. 1915 – 1. 11. 1992)

einst: Bahnhofstraße 163 / Grafenecker Straße 163 / Hermann-Göring-Straße 19   heute: Hauptstraße 19

Das Haus von David Scheck

David Scheck, Glaser (12. 8. 1840 – 7. 9. 1915)

ALB BOTE 23. 3. 1867

August Scheck übernimmt das elterliche Geschäft und kann 1920 auch das Haus von seiner Mutter erwerben. Die Ehefrau Emilie Scheck führt das Ladengeschäft bis ins hohe Alter.

Der Geschäftsteil im Erdgeschoß wird in der Folgezeit verschieden genutzt, unter anderem durch die Fahrschule Österle und seit 1983 durch die Fahrschule Karlheinz Ruopp in Miete.

Das Haus ist heute im Besitz von Heinz Schmauder (siehe Seite 20, 106).

ALB BOTE 14. 2. 1901

„Ein Zweistokigtes Hauß und Scheuer unter einem Dach bei dem Neuen Thor. 1823 einen Anbau daran geschifftet mit eingerichteter Wohnung auf der Stadtmauer."

Dann werden mehr als 10 Hausbesitzer aufgeführt.

David Scheck, Glaser (12. 8. 1840 – 7. 9. 1915), heiratet am 12. 2. 1867 Luise Dorothee Scheck geb. Weber (18. 12. 1850 – 11. 7. 1926).

Unmittelbar nach seiner Eheschließung beginnt David Scheck am 23. 3. 1867 ein Glasergeschäft. Damals wohnt er „unter der Post".

Auf den Fotos zu sehen sind: August Scheck, Glasermeister (26. 8. 1885 – 23. 7. 1963) – er heiratete am 18. 3. 1912 Emilie Scheck geb. Goller (18. 8. 1886 – 2. 4. 1963) – mit Sohn Walter

einst: Obere Gasse 116 / Hauptstraße 116 / Hermann-Göring-Straße 20   heute: Hauptstraße 20

Nach dem Tod des Kaufmannes Carl Schoell alt (15. 6. 1832 – 1. 1. 1899) unterhält dessen Witwe Marie Catharine Schoell geb. Bosch (13. 6. 1838 – 3. 10. 1922) ein Verkaufsgeschäft für Wollwaren, Weißwaren und Trikotagen, das dann von der Tochter Wilhelmine Schoell (Mina) weitergeführt wird. 1912 mietet sich die Firma Zwissler im Hause Schoell ein. Geschäftsführer ist der Schuhmachermeister August Dieterle (19. 2. 1884 – 15. 6. 1960). Zuvor war die Firma Zwissler in der Hauptstraße 119, heute Hauptstraße 26 (Stein/Café Burk). Wegen Geschäftsaufgabe ist 1928 Totalausverkauf. Fräulein Mina Schoell vermietet dann den Laden übergangslos an den Gärtner und Kaufmann Richard Bader.

Am 29. 6. 1928 eröffnet der Gärtner und Kaufmann Richard Bader im Hause von Frl. Mina Schoell ein

ALB BOTE 30. 1 1928

ALB BOTE 30. 5. 1928

ALB BOTE 29. 6. 1928

Richard Bader, Gärtner und Kaufmann (11. 9. 1897 – 16. 10. 1955) mit Ehefrau Emma Bader geb. Kirsammer (12. 4. 1907 – 28. 1. 1960)

Obst-, Gemüse- und Blumengeschäft. 1935 kann er das Wohn- und Geschäftshaus käuflich erwerben.

Das Haus von Richard Bader

Nach dem Ableben von Emma Bader vermietet der Sohn Eugen Bader das Geschäft an den Obst- und Gemüsegroßhändler Friedrich Pfefferle, Metzingen, der das Gebäude am 1. 4. 1962 auch kauft. Es wird dann von dem Gebäudenachbarn Hauptstraße 22, der Familie Wellhäuser, im Jahre 1965 erworben.

In dieser Zeit wechselt die Nutzung des Gebäudes mehrfach. Zuerst ist es noch ein Gemüse- und Obstladen, dann wird es von der Firma Textilpflege Länge als Stadtfiliale und Annahmestelle genutzt. Im Laufe des Jahres 1984 wird das Erdgeschoß für Bankzwecke als Stadt-Zweigstelle der Volksbank Münsingen umgebaut.

Die Volksbank Münsingen nimmt am 17. Dezember 1984 ihre neue Stadtzweigstelle im Gebäude 20 der Hauptstraße in Münsingen in Betrieb. Mit ein

Eugen Bader (geb. 9. 7. 1930)

Grund ist es, der die Volksbank dazu bewegt, nur wenige hundert Meter von der Hauptstelle entfernt eine Zweigstelle zu errichten ist, daß die Sanierung der Altstadt Münsingen überraschend gut angelaufen ist. Dadurch wird der Altstadt in Zukunft eine wesentlich stärkere Bedeutung als Geschäftsgebiet für Handel und Gewerbe zukommen, und so wird sie ihre ursprüngliche Aufgabe als Geschäftszentrum und Wohngebiet wahrnehmen können (siehe Seite 173).

Die Volksbank in der Hauptstraße 20

einst: Obere Gasse 117 / Hauptstraße 117 / Hermann-Göring-Straße 22   heute: Hauptstraße 22

Die Hutmacherfamilie Lenz in Münsingen:

Johannes Lenz, Hutmacher und Hirschwirt,

Johannes Lenz, Hutmacher (9. 4. 1752 – 19. 2. 1823),

Johannes Lenz, Hutmacher (2. 1. 1785 – 15. 12. 1836),

Christoph Friedrich Lenz, Hutmacher (19. 5. 1819 – 6. 8. 1874).

ALB BOTE 19. 1. 1876

Wilhelm Schwarzkopf, Hutmacher (6. 11. 1848 – 6. 12. 1916),

Wilhelmine Caroline Schwarzkopf (11. 2. 1862 – 16. 11. 1939).

Im Januar 1876 kauft der Hutmacher Wilhelm Schwarzkopf aus Bönnigheim das von dem verstorbenen Hutmacher Friedrich Lenz betriebene Geschäft in der oberen Gasse 117.

Nach dem Ableben von Wilhelm Schwarzkopf führt seine Ehefrau Caroline Schwarzkopf das Geschäft weiter, das sie dann im November 1930 ihrem Enkel Max Schweizer überträgt.

ALB BOTE 29. 11. 1930

Max Schweizer, Kaufmann (19. 12. 1901 – 1. 12. 1948)

Käthe Schweizer geb. Oßwald (2. 12. 1901 – 19. 10. 1979)

Im November 1930 übernimmt Max Schweizer das Hutgeschäft seiner Großmutter Caroline Schwarzkopf, das nach seinem Ableben die Ehefrau Käthe Schweizer inne hat. 1954 verkauft sie das Haus an den Elektromeister Emil Wellhäuser.

Das Ehepaar Schweizer in den 20er Jahren

einst: Obere Gasse 117 / Hauptstraße 117 / Hermann-Göring-Straße 22   heute: Hauptstraße 22

Die Firma Wellhäuser um 1960

Max Schweizer hat nach seiner Geschäftsübernahme einen Verkaufsraum mit neuzeitlicher Inneneinrichtung und ansprechender Schaufensterfront geschaffen. So übernimmt Emil Wellhäuser die Westhälfte des Hauses. Die Osthälfte ist im Eigentum von Wilhelm Eppinger, Hausmeister und früherer Stadtpolizist.

Elektromeister Emil Wellhäuser (geb. 7. 6. 1919) gründet 1949 ein Elektrogeschäft in Buttenhausen. Verheiratet ist er mit Maria Wellhäuser geb. Manz (geb. 23. 1. 1920). Am 19. 7. 1954 erwirbt er die Westhälfte des Hauses Hauptstraße 22 von Käthe Schweizer, verlegt sein Geschäft hierher und beginnt ein Elektro-, Radio- und Fernseh-Haus. Mit dem Kauf der Osthälfte des Hauses von den Wilhelm-Eppinger-Erben am 12. 10. 1967 wird die Ausweitung der Geschäftsräume im Erdgeschoß auf die gesamte Hausbreite möglich. Inhaber des Familienbetriebs ist nun der Schwiegersohn Walter Markus, der zusammen mit seiner Ehefrau Ingrid geb. Wellhäuser das Geschäft führt. Der Sohn Reiner, gelernter Radio- und Fernsehmechaniker, studiert an der Fachhochschule Konstanz elektrische Energie- und Automatisierungstechnik, während seine Schwester Kerstin, Betriebswirtin des Handwerks, für die Verwaltung zuständig ist. Die Baumaßnahme im April 1994 bringt eine Modernisierung und Neugestaltung des Hauses Wellhäuser mit einer klaren Gliederung der erweiterten Produktpalette.

Die Firma Wellhäuser nach der Modernisierung 1994

einst: Obere Gasse 165 / Hauptstraße 165 / Hermann-Göring-Straße 23   heute: Hauptstraße 23

Federzeichnung von 1879 – von links nach rechts: Haus David/ August Scheck, Glasermeister; Haus J. F. Schöll mit dem Wegzeiger an der Hausecke und der noch lesbaren Firmenaufschrift; Haus Bäckerei Heideker/Hoffmann; Haus Carl Bopp/Eugen Veil. Damals schon stand der Stein an der Hausecke, wo sich die Jugend immer trifft, an Veils Eck

Der Posthalter und Kaufmann Johann Friedrich Schöll (5. 1. 1794 – 4. 8. 1853), Sohn des Hirschwirt und Posthalters Johannes Schöll (16. 10. 1768 – 8. 5. 1819), gründet 1824 das Unternehmen als „Specerei-, Ellenwaren- und Eisenhandel". 1825 heiratet er Magdalena Barbara geb. Ruoß (11. 2. 1804 – 22. 7. 1865), Tochter des Joh. Jak. Ruoß, Bildleinwandfabrikant und Königlicher Hoflieferant. Er gründet 1820 Württembergs erste Damast- und Bildweberei. 1837 erweitert J. F. Schöll das Warenangebot auf Gußwaren.

Carl Friedrich Schöll, Kaufmann (15. 6. 1832 – 1. 1. 1899), ist verheiratet mit Marie Catharine Schöll geb. Bosch (13. 6. 1838 – 3. 10. 1922); sie war die Tochter des Ochsenwirts Johannes Bosch.

Am 5. Februar 1866 wird die Firma J. F. Schöll, Gemischtes Waren- und Agenturgeschäft, ins Handelsregister eingetragen und gleichzeitig alle damaligen namhaften Münsinger Firmen. Um 1885 kommt dann die geänderte Schreibweise des Firmennamens Schoell statt Schöll.

Mit dem Umbau des Geschäftshauses im Jahr 1904 erreicht Carl Schoell eine wesentliche Geschäftsausweitung. Diese Entwicklung wird durch den Ausbau der 1916 von Friedrich Krehl, Ökonom, erworbenen Scheuer zum Lagerhaus in der Hauptstraße 89a – Hauptstraße 31, fortgesetzt (siehe Seite 139). Carl Schoell ist Mitbegründer des Heimatmuseums im Jahr 1912. Er hatte sich bereit erklärt, diese „Altertumssammlung" einzurichten.

Carl Friedrich Schöll, Kaufmann (14. 11. 1864 – 16. 5. 1934), Ehe mit Marie Münz, Tochter des Bauunternehmers August Münz (12. 5. 1885 – 30. 9. 1909), 2. Ehe mit Emilie Mathilde Traub (27. 11. 1876 – 11. 8. 1950)

Theodor Schoell, Malermeister, Kaufmann (23. 11. 1869 – 6. 8. 1931)

Am 1. November 1927 übergibt Carl Schoell das Geschäft an seinen Vetter Theodor Schoell, Malermeister, das dann von dessen Sohn Theodor Schoell und dem Schwiegersohn Friedrich Proß weitergeführt wird.

Mathilde Schoell verw. Hörner, geb. Huß (geb. 13. 5. 1914)

Theodor Schoell, Kaufmann (geb. 19. 1. 1909)

Friedrich Proß, Kaufmann (15. 2. 1893 – 13. 7. 1980)

Olga Proß geb. Schoell (20. 5. 1900 – 7. 9. 1970)

ALB BOTE 1. 11. 1927

Erika Proß (geb. 10. 11. 1925)

einst: Obere Gasse 165 / Hauptstraße 165 / Hermann-Göring-Straße 23 heute: Hauptstraße 23

Das 1959 erbaute Geschäftshaus

Heinz Schmauder, Kaufmann (geb. 23. 5. 1950)

Renate Schmauder geb. Schoell (geb. 16. 2. 1951)

Das 1904 umgebaute Haus ist nicht nur überaltert, auch die Raumnot macht sich an allen Ecken und Enden bemerkbar. Friedrich Proß und Theodor Schoell entschließen sich deshalb, das alte Haus abzureißen. Am 7. November 1959 wird dann das neu erbaute Geschäftshaus seiner Bestimmung übergeben. Nun kann auf drei Stockwerken das breit gefächerte Warensortiment angeboten werden. Der Großhandel in Grobeisen, Trägern, Röhren, Blechen und Baustahlgeweben bringt wesentliche Umsatzsteigerungen. 1976 werden mit dem Bau der Eisenwarenhalle im Industriegebiet-West, Bei der Rayse, die erforderlichen Lagerkapazitäten für diesen Betriebszweig geschaffen. Schon nach sechs Jahren wird die Erweiterung der Halle um fast das Doppelte notwendig.
„Unternehmerischer Weitblick - Mut zum Risiko" - so lassen sich die vielseitigen Aktivitäten des Ehepaares Renate und Heinz Schmauder zusammenfassen. Unter Leitung von Heinz Schmauder erfolgt eine grundlegende Neugestaltung des Unternehmens.

1980: Theodor Schoell zieht sich aus dem Geschäftsleben zurück und übergibt das Unternehmen an die 5. Generation.

1982: Erweiterung der Eisenwarenhalle im Industriegebiet West um fast das Doppelte.

1985: Kauf des Hauses Koch, Hauptstraße 17 (siehe Seite 121).

1985: Erwerb und Ausbau der früheren „Waldhornscheune", Uracher Straße 2, die teilweise in die historische Stadtmauer mit Wehrgang integriert wird.

1986: Das ehemals Glasermeister Scheck'sche Haus, Hauptstraße 19, wird übernommen.

1991: Vom Flach- zum Giebeldach umgebaut und die Außenfassade neu gestaltet, so präsentiert sich jetzt der Schoellbau, Hauptstraße 17.

1991: Die Filiale J. F. Schoell, Bahnhofstraße 16, in Ehingen wird eröffnet.

1992: Kauf des Fabrikareals der Firma Adolf Schreiber Metallwarenfabrik. Am 16. Juni 1993 lädt die Firma J. F. Schoell zur Eröffnung ihres Eisenwaren-Fachgeschäfts an der Uracher Straße 19 ein. Gleichzeitig mit der Eröffnung wird auch der Verwaltungssitz des Unternehmens hierher verlegt (siehe Seite 16).

Das Stammhaus J. F. Schoell, Hauptstraße 23, wird einer neuen Nutzung zugeführt.

Am 7. September 1994 eröffnen im ehemaligen Schoellbau gleich zwei Herrenbekleidungsgeschäfte vereint unter einem Dach, verteilt auf zwei Ebenen, mit gemeinsamem Eingang. Im Erdgeschoß bieten Martin Schneiderhan „3 S & Sportswear" und im Obergeschoß die Familien Ibounig und Weber „Olli Webers Herrenmoden" an

einst: Obere Gasse 118 / Hauptstraße 118 / Hermann-Göring-Straße 24　　　　　　　　　　　heute: Hauptstraße 24

Uhrmacher August Hering (14. 8. 1872 – 26. 3. 1905) gründet 1892 sein Uhrmachergeschäft, muß aber im Oktober 1893 zum Militär einrücken. Nach zwei Jahren Militärdienst eröffnet er am 12. 10. 1895 wieder das Geschäft und verlegt dieses am 9. 11. 1895 in das früher Buchbinder Wernersche Haus bei der „Krone".

ALB BOTE 12. 10. 1895

ALB BOTE 9. 11. 1895

1898 geht das Haus von Seifensieder Ferdinand Scholl, Obere Gasse 118, heute Uhren - Optik Stein, Hauptstraße 24, in das Eigentum von August Hering, Uhrmacher, über.

ALB BOTE 27. 10. 1898

August Herings Schaffenszeit ist kurz bemessen. Eine Krankheit setzt der geschäftlichen Entwicklung Grenzen.

ALB BOTE 7. 3. 1905

Das Heringsche Haus wird am 7. März 1905 zur Versteigerung ausgeschrieben und am 22. März 1905 von Uhrmachermeister Ernst Stein käuflich erworben.

Am 26. März 1905, erst 32 Jahre alt, verstirbt August Hering nach langem schwerem Leiden.

Ernst Stein, Uhrmachermeister und staatlich geprüfter Optiker, eröffnet am 4. 4. 1905 das von dem verstorbenen Uhrmacher August Hering erworbene Uhren- und Schmuckwarengeschäft, verbunden mit Optik (siehe Seite 126, 51).

ALB BOTE 4. 4. 1905

Vor dem Haus Ernst Stein der Hofbauer Wilhelm Rauscher vom Hofgut Haldenegg mit seinem Bernerwägele

133

einst: Obere Gasse 118 / Hauptstraße 118 / Hermann-Göring-Straße 24　　　　　heute: Hauptstraße 24

Ernst Stein ist nicht nur Uhrmachermeister, er besucht auch in den Jahren 1928/29 die Deutsche Schule für Optik und Phototechnik in Berlin und ist der erste Württemberger, der die Prüfung als staatlich geprüfter Optiker ablegt.

ALB BOTE Mai 1905

Anzeigenwerbung hat bei Ernst Stein einen hohen Stellenwert und er versteht es, durch originelle Anzeigengestaltung einen großen Werbeeffekt zu erzielen.

„Die Optik stimmt, die Uhren gehen richtig!"

Unter diesem Slogan feiert das Uhrenhaus Stein am 9. Oktober 1979 das hundertjährige Firmenbestehen.

Kurt Stein, der das Geschäft zusammen mit seiner Ehefrau betreibt, übernimmt 1952 den elterlichen Betrieb. Im Zuge der stetigen Weiterentwicklung baut Kurt Stein das Geschäftshaus im Jahr 1962 um, bringt 1974 die Inneneinrichtung auf den neuesten Stand und erneuert diese 1987 wiederum, um den gestiegenen Anforderungen an moderne Geschäftsräume zu entsprechen. Auch die Außenfront mit Eingangsbereich wird 1991 neu gestaltet.

Am 3. Oktober 1981 eröffnet Firma Optik Stein ein Optik-Spezialgeschäft im Hause Mutschler, Beim unteren Tor 3 (siehe Seite 51).

Familie Ernst Stein

Karoline Stein geb. Böhm (23. 12. 1882 – 26. 4. 1964)

Ernst Stein (31. 10. 1881 – 3. 1. 1961), Uhrmachermeister

Kurt Stein (geb. 7. 5. 1918), Uhrmachermeister-Optikermeister, und Hanna Stein geb. Manz (geb. 12. 3. 1934)

Das Geschäft in den 60er Jahren, siehe Seite 51

einst: Obere Gasse 87 / Hauptstraße 87 / Hermann-Göring-Straße 25   heute: Hauptstraße 25

Federzeichnung von 1897 – v. l. n. r. die Häuser: Friedrich Grotz – Rathaus – Gasthaus Rößle – Carl Bopp/Eugen Veil – Gasthaus Krone – Bäckerei Heideker/Hoffmann.

Carl Ferdinand Friedrich Bopp (geb. 26. 4. 1837 – 1891 nach Waiblingen verzogen) eröffnet im November 1861 ein Conditorei-Geschäft, verbunden mit Waren-Handlung.

Intelligenzblatt November 1861

Carl Bopp verzieht 1891 nach Waiblingen und übergibt das Geschäft an den Kaufmann Theodor Roth.
Der Kaufmann Theodor Roth (geb. 23. 3. 1860 – 1900, in Weinsberg gestorben) erwirbt 1891 das gemischte Warengeschäft von Carl Bopp. Er gibt aber nur eine kurze Gastrolle als Geschäftsmann in Münsingen. Im Mai 1892 verkauft er Haus, Magazin und Garten an den Kaufmann Wilhelm Baader von hier.
Der Kaufmann Wilhelm Friedrich Baader (2. 1. 1865 – 3. 1. 1894), Sohn des Buchdruckereibesitzers Christian Ludwig Baader eröffnet am 4. Juli 1892 das von Theodor Roth gekaufte Colonialwaren-Geschäft.

ALB BOTE 2. 7. 1892

Dem neuen Geschäftsinhaber Wilhelm Baader ist nur eine kurze Zeit des Wirkens beschieden. Er stirbt überraschend am 3. 1. 1894. Eugen Veil, Kaufmann und Conditor aus Schorndorf, erwirbt im August 1894 das Baadersche Geschäft.

ALB BOTE 6. 11. 1894

Eugen Gottlob Veil, Conditor (10. 12. 1867 – 14. 12. 1943)
Friederike Veil geb. Krehl (2. 11. 1862 – 13. 6. 1927)

Der Conditor Eugen Veil aus Schorndorf eröffnet am 1. Oktober 1894 das von Wilhelm Baader erworbene Geschäft. Nach Carl Bopp beginnt nun wieder eine über zwei Generationen Veil hinweg andauernde kontinuierliche Weiterentwicklung des seit 1861 bestehenden Colonialwaren-Geschäfts mit Conditorei.

Das von Eugen Veil im Jahre 1894 erworbene Geschäftshaus

Eugen Veil, Kaufmann (19. 11. 1898 – 5. 9. 1961), verheiratet mit Maria Lina Veil geb. Freitag (22. 5. 1907 – 3. 8. 1995)

Eugen Veil baut das elterliche Geschäft weiter aus, insbesondere durch den Wiederverkauf von Lebensmitteln und Rauchwaren an Kleingeschäfte.

Nach seinem Tod führt die Ehefrau Lina Veil das Geschäft weiter. Sie verkauft es 1977 an das Ehepaar Robert und Brigitte Neumann. Die Firma Eugen Veil wird am 8. 8. 1978 im Handelsregister gelöscht.

Robert und Brigitte Neumann erwerben 1977 das Eugen Veilsche Haus. Im Verkaufsprogramm stehen Büromaschinen, Bürobedarf und Schreibwaren. Im Jahre 1995 wird das Haus wieder verkauft (siehe Seite 60).

einst: Obere Gasse 89 / Hauptstraße 89 / Hermann-Göring-Straße 29 heute: Hauptstraße 29

Die frühere Obere Gasse 89

Anton Schultes (24. 8. 1878 – 10. 6. 1963)

Marie Schultes geb. Eppinger (22. 2. 1878 – 9. 12. 1956)

Einer Anzeige vom 27. 10. 1906 ist zu entnehmen, daß Gustav Füss in dem von ihm renovierten ehemals Metzger Schnitzerschen Gebäude, Hauptstraße 89, Herrenkonfektion anbietet

Am 17. 6. 1902 eröffnet der Friseurmeister Anton Schultes (24. 8. 1878 – 10. 6. 1963) im Hause vis-à-vis von Kaufmann Daur in der Hauptstraße 119, heute J. u. B. Stein, Hauptstraße 26 (Café Burk), ein Friseurgeschäft.

Im Oktober 1908 erwirbt Anton Schultes das Haus Hauptstraße 29 von Gustav Füss. Nun kann er im eigenen Wohn- und Geschäftshaus seinen Betrieb weiter ausbauen. Eröffnung ist am 29. Dezember 1908.

Im Februar 1908 kann G. Füss das Haus von der Metzger-Witwe Katharina Barbara Schnitzer erwerben und verkauft es im Oktober 1908 an den Friseurmeister Anton Schultes.

ALB BOTE 20. 2. 1908

ALB BOTE 17. 6. 1902

Der Uhrmachermeister Erwin Schultes beginnt 1947 im elterlichen Haus sein Uhren- und Schmuckgeschäft. Ein Firmenschild im rechten Schaufenster weist auf diesen Handwerksbetrieb hin (siehe Seite 65)

136

einst: Obere Gasse 89 / Hauptstraße 89 / Hermann-Göring-Straße 29 heute: Hauptstraße 29

Im Bild: vorn auf der Treppe Ehepaar Marie und Anton Schultes, rechts der Vater von Frau Schultes, Ferdinand Eppinger (11. 10. 1848 – 22. 3. 1940), der „Wette-Schäfer" – als damals ältester Bürger der Stadt feierte er am 11. 10. 1938 seinen 90. Geburtstag

Robert Schultes, Friseurmeister (28. 4. 1905 – 13. 8. 1988)

Anton Birkle, Friseurmeister (geb. 7. 2. 1952)

1974 kauft der Friseurmeister Anton Birkle Haus und Geschäft von Robert Schultes. Von 1984 bis 1988 wird der Erdgeschoßbereich grundlegend umgebaut.

Angela Birkle geb. Selbherr, Friseurmeisterin (geb. 21. 4. 1954)

Das heutige Friseurgeschäft

Alt Münsinger Ansichten

Hauptstraße beim Finanzamt

Obere Gasse – Hauptstraße: Am Ladeneingang ganz rechts der Käfig mit dem Papagei „Laura"

Hauptstraße nach Ost-Südost

Im Bild: links die Leuna-Tankstelle der Fa. Eugen Daur; rechts die Aral-Tankstelle der Drogerie Adam; v. l. n. r. Hedwig Pflüger, verh. Faßbender, August Pflüger, bei der Wehrmacht; Irene Pflüger verh. Menden; Kurt Pflüger, im Reichsarbeitsdienst (RAD); Jakob Menden

einst: Obere Gasse 89 a / Hauptstraße 89 a / Hermann-Göring-Straße 31   heute: Hauptstraße 31

Das Lagerhaus der Firma Schoell

Das Scheunengebäude gehörte:

ab 1826 Johannes Schnitzer, Metzger, 1/2 Anteil,

ab 1847 desgl. ganz, bis 1899,

ab 1899 Friedrich Krehl, Ökonom, und von 1916 an Carl Schoell, Kaufmann.

Carl Schoell erwirbt die Scheune von Ökonom Friedrich Krehl im Jahr 1916 und baut diese zum Lagerhaus aus (siehe Seite 131).

einst: Obere Gasse 122 / Hauptstraße 122 / Hermann-Göring-Straße 32   heute: Hauptstraße 32

Im Bild: Frau Fromm, Paula Lechner, Friedel Fromm verh. Schach

ALB BOTE 25. 10. 1927

Karl Fromm

Paul Ludwig Gaub, Elektromeister (23. 3. 1900 – 8. 5. 1971), Luise Gaub geb. Eberhardt (2. 9. 1903 – 2. 1. 1983)

Elektro Gaub in den 70er Jahren

Christoph Glocker (25. 1. 1821 – 23. 1. 1890), Kupferschmiedmeister, hat sich hier in der Oberen Gasse 122 am 6. November 1845 niedergelassen und das Kupferschmiedhandwerk ausgeübt.

Sein Sohn Christoph Glocker (5. 12. 1854 – 5. 7. 1927), Kupferschmied, ledig, „Kupferknab" genannt, führt das elterliche Geschäft nach dem Tod des Vaters weiter.

Als der „Kupferknab" das Zeitliche gesegnet hat, erwirbt Hafnermeister Karl Fromm (13. 2. 1889 – 18. 6. 1988) das Haus und beginnt im Oktober 1927 ein Hafner-, Ofen- und Herdgeschäft.

Der Schlossermeister Josef Lechner mietet sich im Hause Fromm ein und gibt die Ladeneröffnung am 2. 5. 1936 bekannt.

1937 wird Karl Fromm vom Landkreis Münsingen als Hausmeister im Kreisverwaltungsgebäude und Rathaus angestellt. Sein Haus in der Hauptstraße verkauft er 1939 an den Elektromeister Paul Gaub aus Münsingen.

Der Elektromeister Paul Gaub beginnt seine selbständige Berufsarbeit um 1932 im Hause Brekle, Grafenecker Straße 317, und wechselt dann in das Haus Gertrud Krehl, Karlstraße 319, heute Beim Oberen Tor 1. 1939 erwirbt Paul Gaub das Haus von Hafnermeister Karl Fromm, Hauptstraße 32. Nach umfangreichen Umbauarbeiten kann er 1941 einziehen.

Am 1. 1. 1964 übernimmt das Ehepaar Walter Gaub, Elektromeister (geb. 24. 6. 1930) und Marianne Gaub geb. Ruopp (geb. 15. 8. 1936) das elterliche Geschäft.

140

einst: Obere Gasse 90 / Hauptstraße 90 / Hermann-Göring-Straße 33 heute: Hauptstraße 33

Haus Stotz/Blank

ALB BOTE 8. 5. 1897

ALB BOTE 5. 12. 1896

ALB BOTE 24. 8. 1898

ALB BOTE 20. 12. 1927

Heinrich Blank, Flaschnermeister (20. 3. 1877 – 20. 11. 1937)

Katharine Blank geb. Simmendinger (17. 5. 1890 – 18. 5. 1966)

Pauline Schmid vom Ziegelhaus (geb. 5. 11. 1901) erzählt, daß sie als kleines Mädchen mit ihrer Großmutter ins Haus Stotz kommt. Schon Carl Stotz (26. 2. 1846 – 16. 11. 1908), Flaschner und Bürstenbinder, habe hier sein Handwerk ausgeübt, und seine Ehefrau Christine Barbara Stotz (3. 4. 1850 – 4. 3. 1936) geb. Ruoff aus Winterbach sei für das Ladengeschäft eine gute „Ladnerin" gewesen.

Carl Stotz (23. 2. 1875 – 26. 5. 1958), Flaschner, später auch Zählerkontrolleur, erwirbt 1904 das Haus Hauptstraße 90, wo sich bisher schon die Eltern etabliert hatten, und führt zusammen mit seiner Ehefrau Johanna Frieda Stotz (21. 7. 1880 – 19. 7. 1946) geb. Bühle die elterliche Flaschnerei mit Ladengeschäft weiter. 1919 verkauft Carl Stotz Haus und Geschäft an den Flaschnermeister Heinrich Blank, der zuvor im elterlichen Geschäft des Flaschnermeisters Ludwig Blank (15. 7. 1849 – 30. 8. 1915) in der Grafenecker Straße 163 a, heute Hauptstraße 21, tätig war. Carl Stotz wechselt als Gas-/Wasserinstallateur und Zählerkontrolleur zum Städtischen Gas- und Elektrizitätswerk Münsingen.

Heinrich Blank erwirbt 1919 das Haus des Flaschners Carl Stotz und gründet hier eine eigene Flaschnerei mit Ladengeschäft.

Haus Blank: Die Flaschnerwerkstatt befand sich ursprünglich hinter dem Laden. In der Folgezeit wird dann die Scheuer zur Werkstatt umgebaut (siehe Seite 56)

einst: Obere Gasse 90 / Hauptstraße 90 / Hermann-Göring-Straße 33   heute: Hauptstraße 33

Katharine Blank muß ihr Ladengeschäft aus gesundheitlichen Gründen aufgeben. Dem Uhrmachermeister und Optiker Wilhelm Hermann, bisher im Haus Grafenecker Straße 162 – Hauptstraße 18 ansässig, wird um 1950 von der Firma Textilhaus Schwenk wegen Eigenbedarfs gekündigt (siehe Seite 126). Er verlegt sein Geschäft ins Haus Blank, Hauptstraße 90 - Hauptstraße 33.

Christine Brändle beginnt ihre selbständige Tätigkeit um 1933 im Hause ihres Bruders, des Postwirts Karl Brändle, wechselt 1935 ins Geschäft der Modistin Sophie Hopf, Grafenecker Straße 162 – Hauptstraße 18 und mietet sich 1937 im Haus Breckle, Grafenecker Straße 163 a – Hauptstraße 21, ein.

Das Geschäft von Christine Brändle während des Krieges Grafenecker Straße 163 a – Hauptstraße 21

Seit März 1995 ist das Holzlädle mit einer Modeboutique hier ansässig

Christine Brändle, Modistin (1. 8. 1890 – 27. 3. 1976)

1952 erfolgt der Umzug ins Haus Blank, Hauptstraße 90 – Hauptstraße 33.

Georg Mutschler, Modistmeister (geb. 17. 3. 1920)

Helma Mutschler geb. Leibfried (geb. 21. 10. 1919)

Georg Mutschler tritt 1947 bei der Modistin Christine Brändle in die Lehre ein und arbeitet bei ihr, bis er 1964 deren Geschäft übernehmen kann. 1953 hat er die Meisterprüfung abgelegt.

1967 erwirbt Georg Mutschler das Haus Blank durch Kauf und erweitert die Verkaufsflächen in mehreren Bauabschnitten. Nicht nur Hüte und Mützen in reicher Auswahl, auch Textil- und Modewaren gehören zum Sortiment. Altershalber zieht sich das Ehepaar Mutschler 1986 aus dem Arbeitsleben zurück. Der Unternehmer Hans Aupperle kauft 1986 das Gebäude und vermietet die Geschäftsräume an die Firma Reich Betten, Bettfedernreinigung, Matratzenstudio, Raumausstattung. Nach einer Gesamtrenovierung hält Birgit Grübel Kinder- und Babynest im Januar 1993 Einzug. Im Jahre 1995 eröffnet Ursula Jetter ihren „mode treff".

142

einst: Obere Gasse 115 / Hauptstraße 115 / Hermann-Göring-Straße 35   heute: Hauptstraße 35

Das Haus Daur noch mit den alten Schaufenstern und der Gaslaterne an der rechten Hausecke

Theodor Wilhelm Daur (3. 11. 1749 in Gerhausen – 31. 3. 1823) herzoglich württembergischer Waldinspektor und Amtmann in Ringingen, später Amtspfleger in Calw.

Theodor Wilhelm Daur hat bereits 1799 2/3 Anteil am Haus Nr. 115 in der Oberen Gasse. 1823 geht diese ganz in das Eigentum von Kaufmann und Conditor Daur über.

Zeitgleich mit der Eheschließung von Carl Ludwig Daur am 5. 11. 1804 sind im Steuerkataster 1804/05 Conditor Daur und Kaufmann Daur als steuerpflichtig ausgewiesen, 1805/06 Gebrüder Daur. Offensichtlich hat Carl Ludwig Daur noch einen Bruder, der Mitbegründer der Firma war. Leider sind im Steuer-Empfangsbuch keine Vornamen genannt.

Auch das Kirchenbuch in Ringingen enthält hierzu keine Angaben.

Demnach wird die Firma Daur in der zweiten Hälfte des Jahres 1804 gegründet.

Carl Ludwig Daur, Conditor, seit 5. 11. 1811 Salz-Factor, Handelsmann (5. 6. 1778 in Ringingen – 15. 11. 1848), 1. Ehe am 5. 11. 1804 in Urach mit Maria Christina Rau (16. 10. 1787 – 23. 4. 1816), Tochter des Joh. Wilh. Rau, Conditor und Rathsverwandter in Urach, 2. Ehe am 21. 11. 1816 mit Luise Carline Friederike Perrenon (16. 3. 1790 – 10. 11. 1834), Tochter des Christoph Abraham Perrenon, Oberamtsarzt in Münsingen.

Carl Ludwig Daur erbaut 1823 den Salzstadel „vor dem unteren Thor, an der Uracher Straße, bei den Bronnen Stuben", den dann 1866 der Kaufmann G. A. Keller kauft (siehe Seite 15).

Carl Friedrich Wilhelm Daur, Kaufmann (29. 1. 1811 – 21. 4. 1892); Ehe am 16. 8. 1836 mit Caroline Nestel (12. 9. 1817 – 13. 1. 1868)

Carl Friedrich Wilhelm Daur ist der Sohn von Carl Ludwig Daur aus 1. Ehe. Er führt das elterliche Geschäft weiter.

Am 5. Februar 1866 erfolgt der Eintrag ins Handelsregister.

Wilhelm Friedrich Daur, Conditor (29. 19. 1818 – 29. 11. 1872) schließt die Ehe am 10. 10. 1843 mit Anna Maria Löffler (30. 11. 1819- 27. 1. 1910).

Wilhelm Friedrich Daur ist der Sohn von Carl Ludwig Daur aus 2. Ehe. Er gründet kurz nach seiner Hochzeit, am 28. 10. 1843 die Firma W. F. Daur Am Markt (heute Stadt-Apotheke von Irene Schmid). Im Volksmund ist dies „der untere Daur" (siehe Seite 74).

Paul Daur, Kaufmann (15. 4. 1845 – 29. 8. 1904), 1. Ehe am 2. 2. 1875 mit Anna Maria Holzschuh (20. 4. 1857 – 25. 2. 1876), 2. Ehe mit Marie Katharina Frosch am 5. 6. 1879 (25. 6. 1848 – 18. 9. 1926).

Nach dem Tod von Paul Daur führt seine Ehefrau Katharina Daur geb. Frosch das Geschäft weiter. Der Sohn Paul Daur verstirbt drei Monate nach seinem Vater.

Paul Daur, Conditor (14. 2. 1876 – 25. 11. 1904), Ehe am 27. 1. 1903 mit Pauline Friderike Mayer (geb. 30. 11. 1876), Tochter des Adlerwirt Carl Mayer. Wiederverheiratung am 17. 6. 1907 in Köngen.

Paul Daur (15. 4. 1845 – 29. 8. 1904)

ALB BOTE 4. 10. 1904

ALB BOTE 4. 10. 1904

einst: Obere Gasse 115 / Hauptstraße 115 heute: Hauptstraße 35

Im Bild: Katharina Daur geb. Frosch (25. 6. 1848 – 18. 9. 1926) mit den Enkeln Rosa (re.) und Ruth (li), Tochter Marie (li.), Schwiegertochter Rosa Daur geb. Schrade (hi.)

Eugen Daur, Kaufmann (16. 4. 1880 – 5. 3. 1957)

Rosa Daur geb. Schrade (8. 7. 1886 – 11. 2. 1972)

Ehepaar Eugen Daur und Rosa Daur geb. Schrade

Ehepaar Daur mit den Kindern Ruth verh. Stiegler (li.) und Rosa verh. Haug (re.)

Eugen Daur leitet nun die Geschicke der Firma Daur.

Eugen Daur, Münsingen.
Zeige hiedurch einer verehrlichen Einwohnerschaft ganz ergebenst an, daß ich mein elterliches Geschäft auf eigene Rechnung in seitheriger Weise weiterführen werde.
Mein Bestreben ist nur gute Ware zu billigsten Preisen zu konsumieren.

ALB BOTE 21. 9. 1907

Seit 1811 ist Carl Ludwig Daur Salz-Factor. Wie jedoch dem Steuer-Empfangsbuch zu entnehmen ist, gründet Carl Ludwig Daur das Geschäft zusammen mit seinem Bruder schon in der zweiten Hälfte des Jahres 1804. Im Jahre 1936 feiert die Firma das 125jährige Bestehen; so hätte also schon 1929 gefeiert werden können.

Rosa Haug geb. Daur (16. 3. 1908 – 15. 3. 1955)

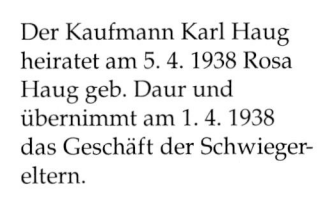

Der Kaufmann Karl Haug heiratet am 5. 4. 1938 Rosa Haug geb. Daur und übernimmt am 1. 4. 1938 das Geschäft der Schwiegereltern.

Karl Haug wird 1940 zum Wehrdienst eingezogen. Seine Frau Rosa Haug führt das Geschäft mit einem Angestellten weiter, bis auch dieser 1941 zur Wehrmacht einberufen wird.

Als Karl Haug 1945 aus der französischen Kriegsgefangenschaft zurückkehrt, ist der Laden von der französischen Besatzungsmacht beschlagnahmt.

Nach vorheriger Instandsetzung und Erneuerung der Schaufensteranlage ist am 1. 10. 1948 Wiedereröffnung bei der Firma Daur.

Karl Haug hat das Geschäft Daur wegen Erreichen der Altersgrenze zum Jahresende 1969 stillgelegt.

Am 1. 1. 1970 pachtet die Inhaberin der Kronen-

Karl Haug, Kaufmann (geb. 9. 5. 1907)

Apotheke Gisela Klümper den Laden und richtet eine Drogerie mit Kosmetikabteilung mit der Firmenbezeichnung „Krönchen" ein. Das Mietverhältnis endet am 31. 1. 1992. Der Hauseigentümer hat aber schon zu einem früheren Zeitpunkt gewechselt.

In den 30er Jahren. „Moderne" Schaufenster, an der rechten Hausecke die Leuna-Tankstelle, die Linde mit Wegweisertafel und davor die Litfaßsäule

144

einst: Obere Gasse 125 / Hauptstraße 125 / Hermann-Göring-Straße 38   heute: Hauptstraße 38

Das Haus von Karl Krehl um 1910

Friedrich Christoph Krehl, (15. 5. 1847 – 17.11. 1936) Seiler, seit 1888 Polizeidiener, Amtsdiener, Sparkassendiener und Bürodiener schließt die Ehe mit Catharina Heinrike geborene Bopp (14. 12. 1851 – 6. 3. 1935)

Ehepaar Catharina Heinrike und Friedrich Christoph Krehl

Ehepaar Krehl mit Enkeln hinten v. l. Sohn Karl Konrad Krehl, Seiler (1881-1936), Ehefrau Luise geb. Glocker (1886-1954), Tochter Mathilde (in Amerika verheiratet), Sohn Paul Rudolf Krehl (1891-1968), Eigentümer der Firma Farbenhaus Krehl am Marktplatz

Karl Krehl hat seine „Seilerbahn", auf der er Seile und Schnüre herstellt, östlich vom Städtischen Gas- und Elektrizitätswerk.

Das Ladengeschäft besorgen die Ehefrau Luise Krehl und zuletzt bis zu ihrem Lebensende die Tochter Frida Maisenhölder geb. Krehl.

Mit Frida Krehl-Maisenhölder gehen sechs Generationen Seiler Krehl zu Ende. Es ist der letzte Seilerbetrieb in Münsingen.

1815 erwirbt Andreas Thimotheus Krehl, Seiler, 1/2 Hausanteil an dem Gebäude Obere Gasse 125. Schon sein Vater Johann Georg Krehl hat das Seilerhandwerk in Münsingen ausgeübt.

Das Haus ist bis heute im Familienbesitz.

In den Laden mietet sich 1990 der Aupperle-Schilderdienst ein.

Besitzer waren:
Johann Georg Krehl, Seiler (5. 4. 1767 – 29. 2. 1832),
Andreas Thimotheus Krehl, Seiler (27. 10. 1788 – 19. 8. 1850),
Johann Konrad Krehl, Bauer und Seiler (31. 10. 1818 – 14. 11. 1875),
Ehe mit Margarethe geb. Freytag (21. 7. 1819 – 24. 7. 1903) .

Karl Konrad Krehl, Seilermeister (25. 11. 1881 – 14. 1. 1963)
Luise Krehl geb. Glocker (6. 11. 1886 – 27. 12. 1954)

Frida Klara Maisenhölder geb. Krehl (17. 2. 1908 – 18. 8. 1984)

Der Ehemann Gottlieb Albert Maisenhölder (27. 6. 1901 – 14. 1. 1962), Elektro-Ingenieur.

einst: Obere Gasse 113 / Hauptstraße 113 – Hermann-Göring-Straße 39 heute: Hauptstraße 39

Das Geschäft von Ludwig Ott

Ludwig Hommel, Seckler (22. 1. 1827 – 16. 1. 1903) verkauft 1884 sein Haus Obere Gasse 113 an Gottlieb Krehl, Sattler (28. 6. 1842 – 15. 10. 1901)

ALB BOTE 10. 3. 1869

Albert Krehl, Sattler (geb. 2. 8. 1866), verzieht 1911 nach Stuttgart und veräußert deshalb das elterliche Geschäft an Ludwig Ott, Sattlermeister und Schäfer (26. 12. 1875 – 8. 1. 1947) aus Trailfingen. Dieser kommt 1904 nach Münsingen, als er Haus und Manufakturwarengeschäft des verstorbenen Kaufmanns Jakob Lock, Bühlstraße 160, neben der „Krone" erwirbt, und dieses in der bisherigen Weise weiterführt. Wegen „gänzlicher Aufgabe dieser Branche" und Umzug in die Obere Gasse 113 setzt er sein Manufaktur-, Weiß- und Wollgarnlager einem Ausverkauf aus (siehe Seite156).

Nun widmet sich Ludwig Ott in dem neu erworbenen Haus dem Sattlerhandwerk und ist gleichzeitig Schafhalter. In der Folgezeit übernimmt sein Sohn Wilhelm Ott die Schäferei, der dann in die Pfalz übersiedelt.

Im Oktober 1936 erwirbt der Sattlermeister Jakob Schaude das Geschäft des Sattlermeisters Ludwig Ott käuflich. Es bleibt ihm nur kurze Zeit zum Aufbau einer eigenen beruflichen Existenz. Der 2. Weltkrieg bricht aus, auch Jakob Schaude wird zu den Waffen gerufen. Am 25. 7. 1941 fällt er im Raum Uman in der Ukraine.

Jakob Schaude, Sattlermeister (16. 9. 1910 – 25. 7. 1941)

Lina Schaude geb. Rothenberger (geb. 8. 6. 1913)

Ludwig Ott (26. 12. 1875 – 8. 1. 1947)

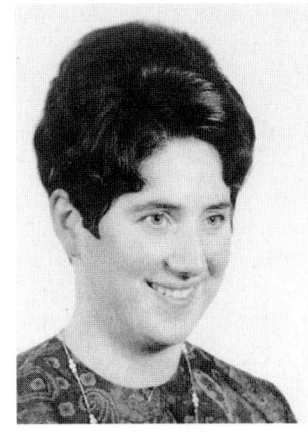

Ursula Schaude geb. Knoll (geb. 12. 8. 1948)

Hugo Schaude, Raumausstattermeister (geb. 2. 10. 1936)

Der Raumausstattermeister Hugo Schaude tritt das elterliche Erbe an und entwickelt nicht nur das handwerkliche Geschäft weiter, sondern baut auch zusammen mit seiner Ehefrau Ursula Schaude das breite Spektrum Raumausstattung auf.

Das Fachgeschäft von Hugo Schaude

einst: Obere Gasse 126 / Hauptstraße 126 / Hermann-Göring-Straße 40   heute: Hauptstraße 40

Das Haus im heutigen Zustand: Bild vom Haus siehe auch Hauptstraße 38, neben dem Haus der Familie Krehl

Louis Mohn, Groß- und Klein-Uhrenmacher, etabliert sich am 14. Januar 1841 in Münsingen. „Meine Logis ist im Waldhorn dahier", so die Mitteilung in der Geschäftsanzeige. Er erwirbt in der Folgezeit das Haus Obere Gasse 126. Im September 1888 stirbt Louis Mohn (ALB BOTE vom 11. 9. 1888).

Intelligenzblatt für den Oberamtsbezirk Münsingen vom 14. 1. 1841

Ernst Haueisen (11. 4. 1866 – im Mai 1892 nach Ehingen verzogen), Uhrmacher, Sohn des Verw. Aktuar Haueisen, beginnt sein Uhrmachergeschäft am 6. September 1888 in dem von dem verstorbenen Uhrmacher Louis Mohn erworbenen Haus. Im Mai 1892 verkauft er das Gebäude und verzieht nach Ehingen.

Wilhelm Völker (geb. 9. 6. 1864 nach Auingen verzogen) aus Königsbronn, OA Heidenheim wird neuer Hausbesitzer und übt hier den Friseurberuf aus.

Johanna Völker geb. Hagstotz (21. 1. 1863 – 1897 nach Auingen verzogen), Modistin, die Ehefrau von Wilhelm Völker, eröffnet am 9. 7. 1892 im früher Uhrmacher Haueissschen Haus ein Putz-, Blumen- und Kurzwaren-Geschäft.

ALB BOTE 9. 7. 1892

Eugen Hagstotz aus Königsbronn eröffnet am 7. 5. 1892 ein Rasier-, Frisier- und Haarschneide-Kabinett im Haus der Frau Glaser Schwenk Witwe und verlegt dieses zeitgleich mit seiner Schwester Johanna Völker, Modistin, am 23. 7. 1892 ins Haus Obere Gasse 126.

Am 16. 1. 1897 beginnt für Eugen Hagstotz ein neuer Berufsabschnitt. Neben seinem Friseurgeschäft

Eugen Hagstotz, Friseur und Zahntechniker (5. 10. 1873 – 28. 6. 1925)
Anna Hagstotz geb. Baisch (17. 7. 1876 – 27. 7. 1967)

beginnt er noch eine Praxis als Zahntechniker und empfiehlt sich im Zahnziehen, Zahnreinigen, Plombieren und Nervtöten, sowie der naturgetreuen Anfertigung künstlicher Zähne und Gebisse. 1898 kann er das Haus von seinem Schwager Wilhelm Völker käuflich erwerben.

ALB BOTE 16. 1. 1897

Helmut Vollmar, Dentist – Zahnarzt (13. 4. 1908 – 5. 1. 1893) ist verheiratet mit Anna Vollmar geb. Hagstotz (25. 8. 1902 – 7. 8. 1952).

Helmut Vollmar übernimmt die Praxis seines Schwiegervaters Eugen Hagstotz. 1955 wechselt er in das Haus Karlstraße 7.

Am 29. September 1955 verkauft die Erbengemeinschaft Hagstotz-Vollmar das Gebäude an den Schuhmachermeister Sebastian Hölz und dessen Ehefrau Amalie Hölz.

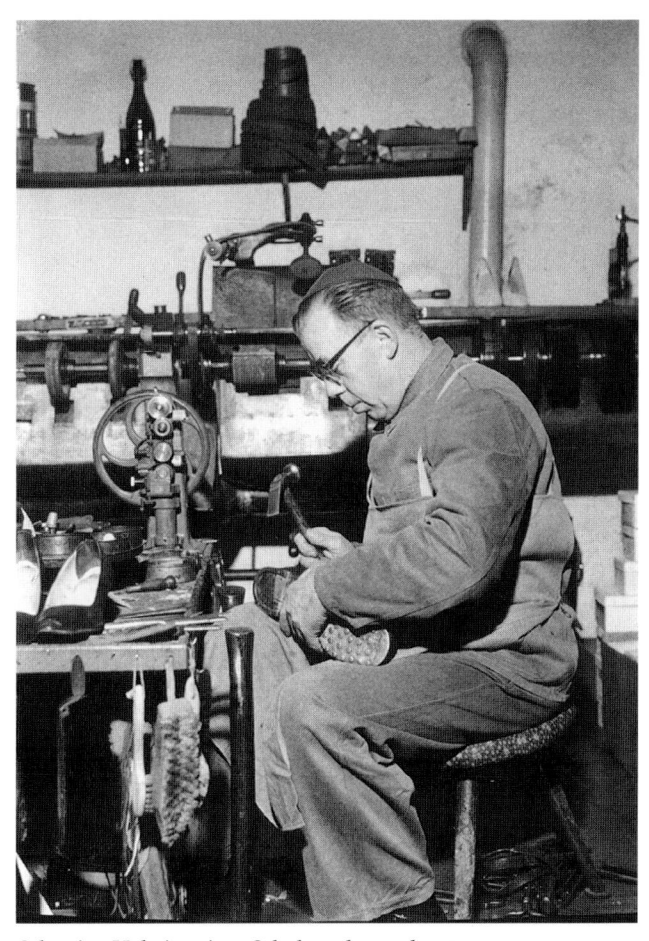

Sebastian Hölz in seiner Schuhmacherwerkstatt

Sebastian Hölz, Schuhmachermeister (14. 3. 1909 – 3. 3. 1988) ist verheiratet mit Amalie Hölz geb. Heinrich (18. 11. 1905 – 1990 nach Rottenburg verzogen)

Im September 1955 erwirbt das Ehepaar Hölz das Gebäude Hauptstraße 40 von der Erbengemeinschaft Hagstotz-Vollmar und richtet ein Schuhgeschäft mit Schuh-Reparaturwerkstatt ein.

Nach seinem Ausscheiden aus dem Erwerbsleben stellt Sebastian Hölz seine Schuhmacherwerkstatt dem Heimatmuseum Münsingen zur Verfügung.

Die Töchter Alma Sailer geb. Hölz und Christa Stumm geb. Hölz verkaufen 1993 das Haus.

Der Schreinermeister Ulrich Schmid aus Pfronstetten kauft das Haus der Erben Hölz und gestaltet es von innen neu.

Am 6. Februar 1994 eröffnet seine Ehefrau Carmen Schmid geb. Fleiner (geb. 28. 3. 1962) die „Sonneninsel" unter dem Firmennamen „Fachkosmetik Carmen Schmid".

einst: Obere Gasse 112 / Hauptstraße 112 / Hermann-Göring-Straße 41   heute: Hauptstraße 41

Marktplatz 175, heute Marktplatz 3, Walter Stiegler, das am 12. Dezember 1896 abbrennt.

Carl August Pflüger (7. 9. 1812 – 15. 1. 1866), Schneidermeister, erwirbt in der Mitte des 19. Jahrhunderts das Haus Obere Gasse 112, das 1884 von seiner Witwe auf den Sohn Johannes Pflüger, Schneidermeister, übergeht.

Johannes Pflüger (18. 10. 1849 – 12. 3. 1904), Schneidermeister, arbeitete während seinen Wanderjahren zuletzt in Dresden, von wo er seine Ehefrau Anna Pflüger geb. Siring nach Münsingen mitbrachte.

Die Schneiderei Pflüger um 1910

Johannes Pflüger mit Ehefrau Anna Pflüger geb. Siring

Das Pflügerhaus mit dem 1927 eingebauten Verkaufsraum

Der ursprüngliche Hauseingang rechts wird in den Geschäftsbereich einbezogen. Ein gefälliges Eingangstor weist auf den neuen Zugang hin.

Seit fünf Generationen gibt es Schneider Pflüger in Münsingen:

Johannes Pflüger, Schneider (13. 12. 1783 – 29. 4. 1841),

Carl August Pflüger, Schneidermeister (7. 9. 1812 – 15. 1. 1866),

Johannes Pflüger, Schneidermeister (18. 10. 1849 – 12. 3. 1904),

August Friedrich Pflüger, Schneidermeister (16. 4. 1883 – 9. 9. 1936),

August Pflüger, Schneidermeister (geb. 28. 10. 1913) und seine Ehefrau Maria Magdalene Pflüger geb. Rehm (30. 5. 1909 – 10. 11. 1987) Damen-Schneidermeisterin.

Johannes Pflüger (13. 12. 1783 – 29. 4. 1841), Schneider, erwirbt 1896 1/2 Hausanteil am Gebäude

August Pflüger (16. 4. 1883 – 9. 9. 1936), Schneidermeister, baut das von den Vorfahren begonnene Werk weiter aus. Mit dem Einbau eines Verkaufsraumes in die Scheuer im Jahr 1927 folgt er der allgemeinen wirtschaftlichen Entwicklung.

August Pflüger (1883-1936)

einst: Obere Gasse 112 / Hauptstraße 112 / Hermann-Göring-Straße 41   heute: Hauptstraße 41

Familie August Pflüger sen.: Barbara Pflüger geborene Mader (1888-1970), August Pflüger, Schneidermeister (1883-1936) mit den Kindern Hedwig und August

1954: Die Kursteilnehmerinnen mit dem Ehepaar Pflüger und Bürgermeister Schmid

Das Ehepaar August Pflüger, Schneidermeister (geb. 28. 10. 1913), Maria Magdalene Pflüger geb. Rehm, Damen-Schneidermeisterin (30. 5. 1909 – 10. 11. 1987), mit den Kindern Anneli und Bernhard bei deren Konfirmation 1968

Das im Jahr 1991 neu eröffnete Wohn- und Geschäftshaus

August Pflüger, Ehrenkommandant der Freiwilligen Feuerwehr Münsingen

August Pflüger jun., Schneidermeister, baut zusammen mit seiner Ehefrau Maria Pflüger, Damen-Schneidermeisterin, einen Handwerksbetrieb mit bis zu 15 Mitarbeiterinnen und Mitarbeitern auf. Gleichzeitig setzt sich August Pflüger für seinen Berufsstand ein. Von 1945 bis 1960 ist er Obermeister der Schneider-Innung. Im Auftrag der Schneider-Innung veranstaltet Maria Pflüger fünf Jahre hintereinander, zuletzt 1954, Nähkurse in Trailfingen. Sie werden in den Monaten Januar und Februar als Tageskurse und als Abendkurse abgehalten.

Die Lücke, die das Ableben seiner Ehefrau Maria Pflüger im Jahr 1987 hinterläßt, ist mit Anlaß, den Betrieb 1989 altershalber abzumelden. Mit Stolz blickt August Pflüger auf seinen goldenen Meisterbrief, in der Rückschau aber auch auf ein erfolgreiches Berufsleben zurück.

Das Pflügersche Haus in der Hauptstraße 41 wird im Oktober 1989 abgetragen und auf dem Areal von der Bauunternehmung Ludwig Brändle ein modernes Geschäftshaus erstellt. Im Juni 1991 kann das neue Haus bezogen werden.

Mieter der Geschäftsräume im Erdgeschoß ist die Firma Hans Hermann, Sanitätshaus, Orthopädie - Bandagen

Bei der Verabschiedung am 2. 6. 1967 würdigt Bürgermeister Volz die Verdienste des scheidenden Kommandanten und gibt seiner Freude darüber Ausdruck, daß der Gemeinderat auf Antrag der Feuerwehr Herrn Pflüger zum Ehrenkommandanten ernannte. Als äußeres Zeichen des Dankes und der Anerkennung überreicht er ihm eine Ehrenurkunde. Kreisbrandmeister Muttscheller spricht dem ausscheidenden Kommandanten für seine 32jährige Feuerwehrzugehörigkeit, von denen er 20 Jahre als Kommandant tätig war, seinen persönlichen, sowie den Dank des Kreisfeuerlöschverbandes aus.

einst: Obere Gasse 127 / Hauptstraße 127 / Hermann-Göring-Straße 42 heute: Hauptstraße 42

Die Metzgerei von Karl Götz

Besitzer waren:

Friedrich Auer, Metzger (6. 3. 1837 – 19. 11. 1928),

Karl Auer, Metzger (31. 5. 1874 – 19. 11. 1901).

Karl Auer hat erst vor kurzem die elterliche Metzgerei übernommen, da muß er im August 1901 Haus und Geschäft aus gesundheitlichen Gründen verkaufen. Schon zwei Monate später verstirbt er, erst siebenundzwanzigeinhalb Jahre alt.

Neuer Eigentümer wird Karl Götz (3. 1. 1872 – 28. 8. 1940), Metzgermeister, Wirtschaftspächter zum „Lamm".

Nach dem Tod von Karl Götz wird die Metzgerei nicht mehr weitergeführt. Sein Sohn Karl Götz, Lagerarbeiter (13. 4. 1899 – vermißt), kann die Nachfolge nicht antreten. Das Haus wird nach dem Krieg umgebaut. Dieses Wohnhaus ist heute im Eigentum von Hans Mayer, Maler.

Münsingen.

Geschäfts-Eröffnung und Empfehlung.

Mache hiemit einem geehrten hiesigen und auswärtigen Publikum die ergebene Anzeige, daß ich das von Karl Auer betriebene **Fleisch- und Wurstwaren-Geschäft** käuflich erworben habe und mit heutigem eröffnen werde.

Es wird mein Bestreben sein, meine werte Kundschaft mit **sämtlichen Sorten**

Fleisch- u. Wurstwaren,

hauptsächlich mit **prima Mastrindfleisch, Kalbfleisch, Schweinefleisch, Rauchfleisch u. Schinken**

in stets **frischer** und **guter** Ware reell u. billig zu bedienen.

Um zahlreichen Zuspruch bittet

hochachtungsvoll

Karl Götz,
Metzgermeister.

ALB BOTE 5. 10. 1901

Oberamt Münsingen

Die Außenstelle des Landratsamts Reutlingen zur Hauptstraße hin

einst: Obere Gasse 110 / Hauptstraße 110 / Hermann-Göring-Straße 45   heute: Hauptstraße 45

Karl Kegels Ladengeschäft und Wohnhaus

Seit vier Generationen sind die Tuchmacher Kegel in Münsingen ansässig:

Kegel Johann Christoph, Tuchmacher und Richter,

Kegel Jacob Friedrich, Tuchmacher (8. 6. 1750 – 28. 3. 1819),

Kegel Johann Michael, Tuchmacher (18. 6. 1792 – 26. 4. 1861),

Kegel Johann Christoph, Tuchmacher (3. 1. 1826 – 2. 6. 1867).

Christoph Kegel (3. 1. 1826 – 2. 6. 1867), Tuchmacher, etabliert sich in seiner Vaterstadt Münsingen im November 1850, nachdem vor ihm schon drei Generationen in Münsingen als Tuchmacher tätig waren. Er erwirbt das Haus Nr. 110 in der Oberen Gasse, heute Hauptstraße 45.

Im Mai 1884 übernimmt der Kaufmann Karl August Kegel (5. 7. 1853 – 28. 1. 1913) das elterliche Geschäft und baut im gleichen Jahr den Laden ein.

ALB BOTE 24. 5. 1884

ALB BOTE 27. 5. 1884

Nach dem Ableben von Karl Kegel führt die Witwe Hermine Ottilie Kegel geb. Müller (19. 2. 1862 – 18. 10. 1926) das Geschäft in unveränderter Weise fort, auch über die schwierige Zeit des 1. Weltkriegs hinaus.

ALB BOTE 4. 2. 1913

Unmittelbar nach Ende des 1. Weltkriegs erwirbt Wilhelm Georg Semle (2. 2. 1879 – 21. 3. 1943), Kaufmann aus Langenau, das Karl Kegelsche Geschäft durch Kauf von seiner Schwiegermutter Hermine Kegel. Wie den Zeitungsanzeigen zu entnehmen ist, hat Karl Kegel das ursprünglich als gemischtes Warengeschäft geführte Haus schon vor der Jahrhundertwende überwiegend auf Textilien aller Art umgestellt. Wilhelm Semle führt es dann ausschließlich als Fachgeschäft für Textilien.

Wilhelm Semle

Am 21. 3. 1943, während des 2. Weltkriegs, stirbt Wilhelm Semle. Die Witwe Julie Semle legt dann das Geschäft still. Nach Kriegsende requiriert die französische Militärbehörde die Ladenräume und verwendet sie als Lagerräume.

Im Oktober 1949 kauft der Kaufmann Heinrich Schneider (22. 1. 1911 – 31. 8. 1984) auf Rentenbasis die Erdgeschoßräume von Julie Semle und eröffnet im November einen Textil- und Stoffladen. Das Vorkaufsrecht für das Haus wird ihm im April 1950 eingeräumt, worauf dann am 2. Oktober 1951 der Hauskauf durch Heinrich Schneider und seine Ehefrau Maria Schneider erfolgt mit der Maßgabe, daß für Julie Semle das Wohnrecht auf Lebenszeit festgeschrieben wird. 1955 beginnt Heinrich Schneider neben dem Ladengeschäft eine Lohnstrickerei. Damit verbunden ist die schrittweise Vergrößerung des Maschinenparks und der bedarfsgemäße Umbau des Hauses. Mechanische Strickerei, Näherei und Laden gehen 1958 pachtweise auf die Firma Angelique, Stoffgroßhandlung Groß, Urach, über. 1964/65 folgt der Verkauf des Maschinenparks an die Firma Mader, Metzingen, und damit die Auflösung dieses Betriebsteils. Heinrich Schneider wird als Geschäftsführer der Firma Angelique mit dem Aufbau neuer Außenstellen im süddeutschen Raum betraut. Diese Tätigkeit übt er bis 1971 aus, verkauft das Haus Hauptstraße 45 aber schon 1970. Neuer Wohnsitz wird Bad Krozingen.

Anschließend an Angelique betreibt das Ehepaar Rudolf und Irmgard Bauer 1977 bis 1987 in den Geschäftsräumen ein Stoff-Fachgeschäft, bis sie 1987 in die Hauptstraße 6 ziehen. Seither hat sich ein Spiel-Center eingemietet.

Heinrich Schneider

einst: Hohler Weg 248 / Ehinger Straße 248 / Hermann-Göring-Straße 69   heute: Hauptstraße 69

Das 1915 von Wilhelm Mayer erbaute Wohn- und Geschäftshaus

Familienbild: Ehepaar Mayer mit Sohn Karl v. l.: Luise verh. Walter, Klara verh. Genkinger, Emma verh. Haug, Karoline verh. Schwinghammer, Hans, Wilhelm, er war Karlsgartenwirt, nach Gefangennahme in Stalingrad zwischen 26./28. 3. 1943 im Auffanglager Begowat/Usbekistan gestorben

„Ein 2 stokigtes Haus, und Scheuer unter einem Dach, außerhalb der Stadt, im Hohlen Weg, an der Straße nach Auingen und Bremelau, 1830 erbaut."

Besitzer:
Leonhardt Lenz, Bek (4. 9. 1769 in Blaubeuren – 16. 12. 1841),

Carl Godelmann, Schreiner,

Johannes Jacob Scheck, Glaser ins Godelmanns Haus, der „Hohle Weg-Glaser" (4. 2. 1824 – 18. 2. 1890), verh. mit Magdalene geb. Kegel (8. 12. 1828 – 19. 12. 1897),

Johannes Jakob Scheck jun., Glasermeister, „dr' Hohle Weg-Glaser" (28. 9. 1854 – 15. 12. 1921).

In einer Anzeige vom 2. 8. 1856 empfiehlt Johannes Scheck Spiegel, Trinkgläser, steinerne Krüge in schöner Auswahl, gläserne Dachplatten, auch gute Diamanten.

Am 4. 1. 1915 verkauft Jakob Scheck, Glasermeister, sein elterliches Haus im Hohlen Weg samt 18 Ar Wiese an der Auinger Straße an Metzgermeister und Adlerwirt Wilhelm Mayer in Buttenhausen um 14.000 Mark.

Jakob Scheck hatte zuvor, im Jahr 1910, ein Wohn- und Geschäftshaus in der Karlstraße 376, heute Karlstraße 10, erbaut, die spätere Volksbank.

Wilhelm Mayer, Metzgermeister und Adlerwirt in Buttenhausen (14. 2. 1874 – 31. 7. 1949), Ehe am 6. 8. 1901 mit Anna Maria geb. Striebel aus Ennabeuren (17. 11. 1880 – 22. 5. 1936), kauft am 4. Januar 1915 das Anwesen von Glasermeister Jakob Scheck im Hohlen Weg, an der Straße nach Auingen und Bremelau. Die alten Baulichkeiten werden abgerissen und ein als Geschäftshaus geplantes Gebäude mit einem Kostenaufwand von 75.000,- Goldmark erstellt.

Während des 1. Weltkriegs wird das Haus als Offizierskasino und Soldatenheim für die Truppen im Neuen Lager genutzt (siehe Seite 72).

1957 verlegt der Schwiegersohn Lothar Genkinger, Fabrikant (18. 7. 1906 – 11. 4. 1973), den 1920 gegründeten Betrieb und 1958 auch das Büro von der Charlottenstraße 439, heute Bismarckstraße 24, in die Ehinger Straße 248, heute Hauptstraße 69.

Lothar Genkinger (siehe Seite 202) heiratet am 24. 10. 1935 Klara Genkinger geb. Mayer (geb. 7. 8. 1910).

Mit dem wirtschaftlichen Aufschwung der 50er und 60er Jahre geht die Fort- und Neuentwicklung der Produkte einher.

Das Fertigungsprogramm: Gabel- und Plattformhubstapler und -hubwagen, fahrbare und stationäre Hubtische, Sonderhubgeräte für Spezialeinsatz. Die Geräte sind mit Elektro-Fuß- oder Hand-Öl-Hydraulik ausgestattet.

Genkinger bringt 1960 als erste Firma in Deutschland einen Stapler mit Personenlift heraus und gewinnt auch damit einen führenden Platz am Markt.

Nachdem bereits im Jahr 1965 eine räumliche Modernisierungsphase eingeleitet wurde, erweitert sich die Firma im Jahr 1971 erneut erheblich mit der Errichtung des Werks II im Stadtteil Auingen.

Am 11. 4. 1973 verstirbt der Firmenchef Lothar Genkinger. Seither führen seine Nachkommen das Unternehmen erfolgreich weiter.

Lothar Genkinger

Ehepaar Lothar und Klara Genkinger mit den Kindern Irmgard verh. Bütterlin und Gisela verh. Schulze

Das Fabrikareal der Firma Genkinger, Hauptstraße 69

153

einst: Hohler Weg 248 / Ehinger Straße 248 / Hermann-Göring-Straße 69   heute: Hauptstraße 69

Irmgard Bütterlin geb. Genkinger, Geschäftsführerin (geb. 13. 8. 1943)

Dieter Schulze, Geschäftsführer (geb. 15. 4. 1936)

Gisela Schulze geb. Genkinger (geb. 11. 9. 1940)

Werk II Auingen

Im 1971 erstellten Neubau sind untergebracht: Konstruktionsabteilung, Ersatzteillager, Versuchsabteilung und Archiv

Die heutige Hauptstraße 69

Die erste Bauphase und gleichzeitige Teilaussiedlung erfolgt im Jahr 1971, dann 1977/78 der zweite, erheblich größere Bauabschnitt. Mit einem dritten Abschnitt 1990 wird die Gesamtanlage fertiggestellt.

Das Produktionsprogramm umfaßt zwei Bereiche:
1) Hebegeräte für den innerbetrieblichen Transport, bestehend aus Gabelstaplern manuell betrieben, Hochhubwagen mit elektromotorischem Antrieb und elektrohydraulischer Hubbewegung, Hochregalstapler zur Regalbedienung.
2) Transportgeräte für Maschinen der Webtechnik, bestehend aus Geräten, die manuell betrieben werden sowie solche mit motorischem Antrieb und elektrohydraulischem Hubmechanismus. Sämtliche namhaften Webmaschinenhersteller verwenden diese Transportgeräte.

Der Vertrieb erstreckt sich über Deutschland und mehr als 90 Länder der Erde, bei einem Exportanteil von zirka 50 Prozent.

Genkinger nimmt seit vielen Jahren an internationalen Ausstellungen in Deutschland, Rußland und anderen europäischen Ländern, USA, Südamerika, Japan und China teil.

einst: Schloßhof 107 **Vom Betsaal im Schloß zur katholischen Kirche** heute: Schloßhof 2

Vom 30. Juli 1893 bis 28. 10. 1956 war der katholische Betsaal im Münsinger Alten Schloß

Weihnachten 1947 im Betsaal

ALB BOTE 27. 7. 1893

Kommunion 1954

Mit der Einweihung der „Christus-König-Kirche" am 28. 10. 1956 wird das 63 Jahre anhaltende Provisorium beendet

Sämtliche Katholiken Münsingens und Umgebung wurden zu der Einweihung des neu errichteten katholischen Betsaales im Schloß am 30. Juli 1893 eingeladen. Nach feierlicher Benediktion begann um 10 Uhr der Festgottesdienst, zu dem eine solche Menge Andächtiger herbeiströmte, daß der große Saal dieselben kaum zu fassen vermochte. Der hochw. Dekan Buß von Bichishausen eröffnete den Gottesdienst mit einer feierlichen Predigt, worin er die Katholiken mit ergreifenden Worten an die eifrige und demütige Erfüllung ihrer christlichen Pflichten mahnte. Daran schloß sich ein feierliches Hochamt, eingeleitet und umgeben vom Gesang des gut geschulten Aichelauer Kirchenchors.

Münsingen, 20. Juli. Wie wir hören, wird der im „großen Kasten" für die hiesige katholische Gemeinde eingerichtete **Betsaal** im Laufe der nächsten Woche fertig gestellt werden, so daß die Einweihung desselben am 30. Juli stattfinden kann. Vermöge der reichlich geflossenen Beiträge hat der Saal ein sehr würdiges, schönes Aussehen erhalten, zu dem die Kunst der hiesigen Handwerksleute (Maler Werner und Hermann, Glasmaler Werner) nicht zum wenigsten beigetragen hat. Die Einrichtung liefert Bildhauer Raach aus Oberstetten, der in den nächsten Tagen dieselbe aufstellen wird. Das Einweihungsfest selbst wird durch einen festlichen Vormittagsgottesdienst eingeleitet werden. Wie uns mitgeteilt worden ist, soll nach diesem der Saal längere Zeit geöffnet bleiben, damit jedermann Gelegenheit gegeben ist, denselben zu besichtigen, da beim Gottesdienst selbst der Raum nur für eine beschränkte Zahl hinreichen wird.

ALB BOTE 20. 7. 1893

einst: Bühlstraße 160 / Am Bühl 160 heute: Bühl 3

Federzeichnung von 1960: Rechte Straßenseite von unten nach oben: Gasthaus „zur Krone", das Haus von Schreiner Schmid, dann das Ebnersche und schließlich das von Robert Bühle, Bäcker, Stadtrat und Wirt „zur Germania"

In einer Geschäftsempfehlung vom 20. 9. 1861 empfiehlt Joh. Stieff bei der „Krone", sein reichhaltiges Angebot in Wollwaren und am 12. 2. 1862 in Strickgarnen. Dann erscheinen keine Anzeigen mehr. Offensichtlich konnte er hier nicht Fuß fassen.

Jacob Lock (21. 9. 1845 – 8. 1. 1904), Weber und Kaufmann, betreibt am Bühl, neben der „Krone" sein Manufakturwarengeschäft. Vier Generationen Lock haben in Münsingen das Weberhandwerk betrieben.

ALB BOTE 6. 11. 1894

ALB BOTE 1. 10. 1879

ALB BOTE 13. 2. 1904

Nach dem Ableben von Jacob Lock geht das Geschäft auf Ludwig Ott (26. 12. 1875 – 8. 1. 1947), Sattlermeister und Schäfer, aus Trailfingen über.

Ludwig Ott

Ludwig Ott gibt das Manufakturwarengeschäft am Bühl auf und kauft 1911 die Sattlerei von Albert Krehl in der Oberen Gasse 113, heute Hauptstr. 39. Er widmet sich künftig dem Sattlerhandwerk und der Schäferei.

ALB BOTE 11. 6. 1904

Michael Bögel (27. 6. 1886 – 20. 10. 1964), Schreiner aus Böttingen, übernimmt das Geschäftshaus, das 1913 in seinen Besitz übergeht. Diese Berufstätigkeit ist nur von kurzer Dauer, denn 1914 zieht er in den Krieg. Der Verlust eines Beines macht dem bisherigen Berufsleben ein Ende. Er ist in der Folgezeit bei der Stadt Münsingen als Kanzleisekretär tätig. 1919 erwirbt dann Schreinermeister Jakob Schmid die Schreinerei.

ALB BOTE 14. 2. 1911, siehe Seite 146

Heute Bühl 3

einst: Bühlstraße 160 / Am Bühl 160   heute: Bühl 3

Jakob Schmid (13. 11. 1870 – 22. 9. 1947)

Marie Schmid (1. 10. 1883 – 13. 7. 1973)

Marie Schmid an ihrem 80. Geburtstag im Jahr 1963

ALB BOTE 12. 5. 1897

Christian Schmid (12. 2. 1911, vermißt seit 28. 9. 1943)

Jakob Schmid, Schreinermeister, etabliert sich am 12. 5. 1897 im Hause des Gottlieb Eppinger in der Uracher Strasse neben dem „Adler" (später Firma Auto-Bader, Uracher Strasse 9) als selbständiger Handwerker. 1908 erwirbt er von Friedrich Schneider, Taglöhner, das Haus Fabrikstrasse 194 (heute Lichtensteinstrasse 10) und verlegt das Geschäft dorthin.

Im Juli 1909 setzt Jakob Schmid das Haus Fabrikstraße 194 zum Verkauf aus. Erwerber ist Schreinermeister Georg Pöhler aus Böttingen, der hier am 9. 4. 1910 eine Schreinerei eröffnet. Jakob Schmid wechselt in die Brunnengasse, wo er von den Erben des Jakob Vollmer, Küfer, das Haus Nr. 22 zwischen Karl Stelzle, Konditor, und dem Anwesen Georg Bückle kauft. Das Haus wird 1933 abgetragen, dort ist heute der Parkplatz des Gasthofs „Herrmann". Zuletzt wohnten dort die Familie August Blankenhorn und Katharine Mutschler, Witwe.

1919 verlegt Jakob Schmid sein Geschäft ins Haus Bühlstraße 160, heute Bühl 3, neben der „Krone", das durch Kauf in seinen Besitz übergeht. Die Ehefrau Marie Schmid (1. 10. 1883 – 13. 7. 1973), Obst- und Gemüsehändlerin, führt ein gut gehendes Geschäft. Sie hat stets frisches Obst und Gemüse im Angebot, das sie von den Söflinger Gärtnereien bezieht. Morgens, mit dem ersten Zug, fährt sie nach Söflingen bei Ulm, kauft die Ware ein und kommt wieder mit dem nächsten Zug zurück.

Christian Schmid (12. 2. 1911, seit 28. 9. 1943 bei den Kämpfen um Domotkau, 10 km nordwestlich von Werdmedneprorek am Dnjepr vermißt) führt zusammen mit dem Vater die Schreinerei.

Nach dem mit Abbruchgenehmigung vom 26. 11. 1991 erfolgten Abriß von Walter Weiß erstellte Neubau

einst: Bühlstraße 159 / Am Bühl 159   heute: Bühl 5 und 5a

Die Ebners sind eine alteingesessene Münsinger Familie. „Das Ebner-Haus" ist seit vier Generationen im Familienbesitz.

Eigentümer waren: Joh. Conrad Ebner (7. 2. 1754 – 4. 10. 1797), Weber; Joh. Christoph Ebner (22. 1. 1783 – 3. 10. 1844), Weißgerber; Matthäus Ebner (14. 6. 1819 – 18. 1. 1907), Rothgerber; Ernst Ebner (18. 8. 1866 – 25. 8. 1940), Bauer. Obwohl nicht mehr als Gerber tätig, war er trotzdem der „Bühl-Gerber-Ernst"; Ernst Ebner (20. 11. 1901 – 1. 7. 1974), Arbeiter; Ernst Ebner (geb. 11. 2. 1935), Gipser; Rolf Ebner (geb. 29. 1. 1940), Gipser. Der Stamm läßt sich sicherlich noch weiter zurückverfolgen.

Das Ebner-Haus

Ernst Ebner (20. 11. 1901 – 1. 7. 1974) und seine Söhne . . .

Ernst Ebner (geb. 11. 2. 1935)

Rolf Ebner (geb. 29. 1. 1940)

Das umgebaute Ebnersche Haus Am Bühl

Menschen im alten Münsingen

Drei Freundinnen vom Bühl: (v.l.n.r.): Anna Dieterle (13. 1. 1880 – 8. 6. 1956), Näherin

Auguste Leyhr (17. 5. 1880 – 24. 12. 1951), verh. mit Albert Lorch, Malermeister

Emma Krehl (8. 3. 1880 – 18. 2. 1928), verh. mit Ludwig Wörner, Landwirt

| einst: Bühlstraße 137 / Auf dem Bühl 137 | heute: Bühl 19 |

Das ehemalige Haus Bühlstraße 137

Der Arbeiter Heinrich Breuning (2. 3. 1880 – 25. 6. 1959) erwirbt das Haus 1920 durch Kauf.

Im Urkataster ist zu lesen: „Ein Kleineinstokigtes Hauß, auf dem Bühl."

Vorbesitzer waren:

1824 Christof Maier, Taglöhner;

1844: Catharina Pflüger;

1861: Georg Knorr, Stricker;

1877: Carl Knorr, Schneider;

Carl Knorr, Schneider-Witwe;

Maximilian Bleisinger-Witwe;

1919: Heinrich Schwenk alt, Ökonom;

1920: Heinrich Breuning, Arbeiter.

Links im Bild Scheuer und Stall von Johann Georg Länge, Kutscher. Durch einen schmalen Durchgang getrennt rechts das Haus von Friedrich Götz, genannt „Hurra-Götz" und Abramo Ballestriero, später Lorenz Kibele. Am 19. 7. 1954 kauft der Elektromeister Emil Wellhäuser das Breuninghaus, läßt es abreißen und legt einen Firmen-Parkplatz an.

einst: Bühlstraße 136 / Auf dem Bühl 136 **heute: Bühl 21**

Das Haus von Friedrich Götz (3. 5. 1864 – 16. 12. 1939), Nagelschmied-Arbeiter, genannt „Hurra-Götz", und Christine geb. Brändle (8. 4. 1870 – 9. 10. 1935) (nördliche Hälfte) und Abramo Ballestriero, seit 1933 Lorenz Kibele (südliche Hälfte) – das Gebäude wurde im Jahr 1976 abgebrochen

Als diese Aufnahme gemacht wurde, stand das Breuning-Haus links davon schon nicht mehr. Der südliche Hausteil von Ballestriero/Kibele. Dann das Haus von Sebastian Looser, Reichsbahnarbeiter, Bühlstraße 134. Dazwischen, zurückstehend, deshalb nicht sichtbar, das Haus von Jakob Wiech, Maurer, Bühlstraße 135, heute Martha Wiech, Bühl 23. Im Hintergrund das Alte Schloß mit Fachwerk

Im Urkataster steht: „Ein einstokigtes Hauß auf dem Bühl."

Folgende Besitzer sind genannt:

1821: Johann Georg Freitag, Heinrich Künkele, Weber;

1833: Alt Christoph Bopp;

1837: Johann Georg Füß, Judith Freitag, ledig.

Fortsetzung der Besitzverhältnisse Bühlstraße 136:

1894: Friedrich Götz, Fabrikarbeiter;

1940: Lorenz Kibele, Kommandanturarbeiter;

Bühlstraße 136 A:

1877: Maria Kegel 3/4; Maria Magdalene Kegel 1/4;

1881: Maria Magdalene Kegel ganz;

1890: August Kegel;

1911: Christoph Hirrle, Schreinermeister;

1919: Abramo Ballestriero, Zementarbeiter;

1933: Lorenz Kibele, Kommandanturarbeiter;

Kurt Stein, Uhrmachermeister.

Zeichnung von Stadtbaumeister Ludwig Tampe (1947)

Links: Das Haus von Maria Moser Wwe., Bühlstraße 143. Es wird 1970 abgetragen, der Platz ist teilweise überbaut. Daneben der Wehrgang auf der Stadtmauer.
Das kleine einstockige Häuschen, Bühlstraße 144, war das Domizil von Jakob Länge, „Post-Jakob" genannt. Auch dieses Häuschen wird 1970 abgetragen, der Platz nicht wieder bebaut.
Daran anschließend das Haus Bühlstraße 145a, die Werkstatt von Schreinermeister Fritz Hirrle, vor dem 2. Weltkrieg von Josef Herter, Schreinermeister aus Bremelau übernommen.
Das Urkataster nennt: „Eine Holzhütte, vormals Hafnerbrennhütte, an die Stadtmauer angebaut mit einseitigem Blattendach (vor 1831). Friedrich Hirrle / Alt David Freitag / Alt Georg Freitag / Alt Johs. Freitag / Joh. Christoph Freitag / alle anteilig."
Nach dem 2. Weltkrieg erwirbt Anton Walter, Schuhmachermeister, das Haus und baut es zu einem Wohnhaus um. Schließlich erwirbt es Georg Schiller, Kraftfahrer, der es 1966 an Anna Schönle verkauft und das Haus Weindl in der Lichtensteinstraße 14 erwirbt.
Rechts im Bild ist noch die Hausecke Bühlstraße 133, mit Gaslaterne, von Karoline Freitag Wwe., heute im Besitz der Tochter Frieda Dieter.
Urkataster: 1827: Christoph Cleßler, ledig. 1843: Johann Georg Blankenhorn. 1847: Gottlieb Lok, Metzger.

| einst: Bühlstraße 144 / Auf dem Bühl 144 | heute: Bühl 26 |

Das Haus wurde 1970 abgebrochen

Im Urkataster ist zu lesen:
„Ein Klein einstokigtes Häußlein auf dem Bühl."

Hausbesitzer:

bis 1820: Johann Georg Heß, Weber, ganz;

1820: Johann Georg Lok, Stricker, 1/2, ab 1830 ganz;

1877: Gottfried Hirschle, Schneider;

1892: Georg Schmid, Landjäger;

1908: Jakob Länge, Postillion;

1942: Josef Herter, Schreinermeister.

Jakob Länge, genannt „Post-Jakob", war Postillion, saß also noch auf dem Kutschbock „Hoch auf dem gelben Wagen" – im Bild der Post-Jakob mit Albert Bader im Kinderwagen – das kleine Häuschen wurde 1970 abgetragen, der Platz nicht wieder bebaut

einst: Bühlstraße 133 / Auf dem Bühl 133   heute: Bühl 27

Die frühere Bühlstraße 133

Das Haus Bühl 27 ist seit 1903 im Besitz von Friedrich Freitag (2. 2. 1899 – 27. 4. 1937). Friedrich Freitag ist bis zu seiner Erkrankung, einer vollständigen Lähmung im Jahr 1929, bei der Firma Adolf Schreiber, Eisenwarenfabrik Münsingen, tätig. Bis zu seinem Tod wird er von Ehefrau und Tochter gepflegt.

Karoline Freitag geb. Ostertag (22. 8. 1867 – 1. 5. 1945) ist Leichenbesorgerin und Leichensagerin. Vor jeder Beerdigung geht sie in der Stadt von Haus zu Haus und sagt den Beerdigungstermin an, wobei natürlich das Beklagen des jeweiligen Trauerfalles immer einen breiten Raum einnimmt. Diese Art der Benachrichtigung war notwendig, weil noch nicht in jedem Haus die örtliche Zeitung gelesen wurde.

Der letzte Mensch, dem sie diesen Dienst erweist, ist ihr Ehemann.

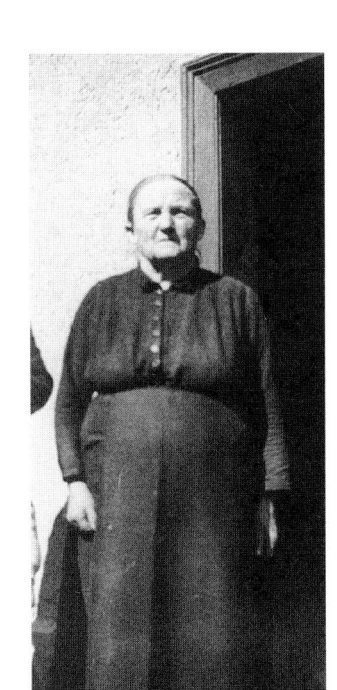

Im Bild Frau Freitag in Trauerkleidung, wie sie durch die Stadt ging und die traurige Botschaft kund tat

In der Folgezeit übernimmt das junge Ehepaar das Haus auf dem Bühl.

Ernst Dieter ist Elektromeister/Monteur bei der OEW/EVS und zeitweise Geschäftsstellenleiter in Mägerkingen und Hechingen. Zum Erreichen des Arbeitsplatzes benutzt er sein Motorrad aus dem Jahr 1929.

Frieda Dieter geb. Freitag (geb. 31. 3. 1906)
Ernst Dieter (22. 2. 1906 – 5. 10. 1977)

Das Bild machte Siegfried Stotz anläßlich der Eröffnung des Oldtimer-Museums Hohenstein. Gefahren wurde das Krad von Eugen Wolf aus Bernloch. Für alle Fälle wird die Luftpumpe im Rucksack mitgeführt

einst: Bühlstraße 132 heute: Bühl 29

Das Haus Nr. 132 auf dem Bühl wird 1819 als „einstockiges Haus" erwähnt

Jakob Friedrich Schöll (23. 2. 1820 – 26. 11. 1881), Bäckermeister und Ziegler, erwarb 1846 dieses Haus. Nach dessen Tod erbt es seine ledige Tochter Maria Magdalene Schöll (15. 8. 1848 – 30. 11. 1916).

Fridolin Deschle mit Christine Deschle geb. Schöll; rechts im Bild: Maria Magdalene Schöll

Fridolin Deschle (6. 3. 1860 – 27. 10. 1939) heiratet am 6. 4. 1885 Rosine Heß (25. 10. 1857 – 9. 12. 1885) aus Dottingen, die schon nach achtmonatiger Ehe verstirbt. Die zweite Ehe geht er am 18. 6. 1886 mit Christine geb. Schöll (12. 11. 1861 – 8. 2. 1921), Tochter des Bäckermeisters und Zieglers Jakob Schöll ein. Von seiner Schwägerin Maria Magdalene Schöll übernimmt er 1888 das Haus. Im gleichen Jahr baut er ein heizbares Dachzimmer nach dem Plan von Zimmermann Johannes Starzmann in das Dachgeschoß ein.

Friederike Renner

Margareth Friederike Renner geb. Deschle (31. 8. 1889 - 2. 10. 1952) ist mit dem Bierführer Johann Georg Renner (20. 11. 1882 – 22. 2. 1916) verheiratet. Er fällt im 1. Weltkrieg.

Nach dem Tod ihres Vaters Fridolin Deschle wird sie neue Hausbesitzerin.

Das umgebaute Haus

Hermann Deschle (geb. 20. 4. 1925) übernimmt das elterliche Anwesen und baut es grundlegend um.

Erika Deschle geb. Bolay (geb. 8. 2. 1929)

Hermann Deschle Kaufmann (geb. 20. 4. 1925)

einst: Bühlstraße 141 / Auf dem Bühl 141																						heute: Bühl 30

Das an die Stadtmauer angebaute Haus Nr. 141 war ursprünglich „Das Sprizen und Armen Hauß". Inhaber war „Die Gemeine Stadt". Als Hausbesitzer werden genannt:

1894: Stadtschultheiß Bosler Wwe.,

1895: Karoline Werner geb. Schwenk,

1902: Jakob Schwenk, Schuhmacher Wwe.,

1902 gründet der Malermeister Albert Lorch hier sein Geschäft (siehe Seite 166);

1905: Christian Mak, Wagnermeister (siehe Seite 78).

1908 kommt das Haus in das Eigentum von Robert Krehl, Brauereiarbeiter.

Der Apotheker Frieder Hardter erwirbt das Haus zum Abbruch, am 27. 10. 1992 wird es abgerissen.

Die freigelegte Stadtmauer findet eine wunderschöne Gestaltung mit Wehrgang. Der vorherige Garten wird neu bebaut (siehe Seite 182).

Das ehemalige „Sprizen und Armen Hauß"

Robert Krehl, Brauereiarbeiter (31. 8. 1878 – 23. 7. 1948) mit Ehefrau Katharina Krehl geb. Dieterle (14. 7. 1878 – 20. 12. 1968) und Sohn Robert Krehl (geb. 2. 5. 1921)

Die freigelegte Stadtmauer

einst: Bühlstraße 129 / Auf dem Bühl 129   heute: Bühl 33

Georg Kölle, (17. 7. 1872 – 24. 12. 1954) macht am 3. 5. 1898 die Mitteilung, daß er sich hier als Gipser niedergelassen hat.

ALB BOTE 3. 5. 1898

Im November 1904 setzt Georg Kölle sein Haus auf dem Bühl wegen Umzug zum Verkauf aus, nachdem er das Haus Karlstraße 217 (heute Wolfgartenstraße 1), vis à vis dem Gasthaus zum „Grünen Baum" von Gipsermeister Karl Fehleisen käuflich erworben hat. Am 30. 3. 1905 verlegt er sein Gipsergeschäft in die Karlstraße (siehe Seite 188).

ALB BOTE 19. 11. 1904

Albert Lorch

Albert Lorch, Malermeister (10. 4. 1875 – 4. 11. 1924), eröffnet im Juli 1902 in dem früher Maler Wernerschen Haus Bühlstraße 141 (das spätere Haus von Robert Krehl, Bühl 30) ein Zimmermaler- und Wagen-Lackiergeschäft (siehe Seite 165).

ALB BOTE 25. 7. 1902

Im Mai 1905 verlegt Albert Lorch sein Malergeschäft in das beinahe gegenüberliegende, von Gipser Georg Kölle erworbene Haus Bühlstraße 129, heute Bühl 33.

ALB BOTE 20. 5. 1905

Das Wohn- und Geschäftshaus des Elektrotechnikers Jakob Blochinger, Gartenstraße 353, heute Bachwiesenstraße 3, wird am 6. Februar 1919 zum Verkauf ausgeschrieben. Albert Lorch erwirbt es und zieht im Frühjahr 1919 vom Bühl in die Gartenstraße, heute Bachwiesenstraße (siehe Seite 105).

Neuer Hausherr im Haus auf dem Bühl wird der Sattlermeister Ludwig Claß.

Im Bild: Frau Maria Auguste Lorch geb. Leyhr (17. 5. 1880 – 24. 12. 1951)

einst: Bühlstraße 129 / Auf dem Bühl 129   heute: Bühl 33

Die Sattlerei von Ludwig Claß

Ludwig Claß (7. 6. 1891 – 18. 1. 1974), Sattler- und Polsterermeister, eröffnet am 8. 4. 1919 ein Sattler- und Tapeziergeschäft im Haus Bühlstraße 129, heute Bühl 33, das er von Malermeister Albert Lorch käuflich erworben hat.

ALB BOTE 8. 4. 1919

Im Juli 1927 übernimmt Ludwig Claß das Haus von Jakob Götz, Mechanische Strickerei, in der Karlstraße 243, heute Karlstraße 25, und zieht am 1. 8. 1927 um.

Es war die Entscheidung des Großvaters Claß, das Haus auf dem Bühl zu kaufen. Aber es zeigt sich, daß dies keine günstige Geschäftslage ist. Deshalb nutzt Ludwig Claß die Gelegenheit, das Haus des in finanzielle Schwierigkeiten geratenen Strickereibesitzers Jakob Götz käuflich zu erwerben (siehe Seite 179).

Ludwig Claß verkauft sein Haus an den Maurer Ludwig Dreher, aber schon zwei Jahre später, 1929, gibt es wieder einen Besitzwechsel im Wege der Zwangsversteigerung.

Am Tag seiner Hochzeit, am 21. Oktober 1929, kauft der Dachdeckermeister Ernst Ruopp das Haus und verlegt sein Geschäft von der Gartenstraße auf den Bühl. Bis 1956 ist hier der Firmensitz. Die Firma Ernst Ruopp bezieht dann das neue Wohn- und Geschäftshaus an der oberen Linde, Silcherstraße 3.

Im Mai 1956 wird Paul Schnizer aus Auingen neuer Hauseigentümer.

einst: Bühlstraße 129 / Auf dem Bühl 129

heute: Bühl 33

Der Dachdeckermeister Ernst Ruopp (4. 3. 1900 – 31. 3. 1973) gründet am 11. 6. 1928 ein Dachdecker- und Asphaltgeschäft im Hause des Malermeisters Albert Lorch in der Gartenstraße 353 – Bachwiesenstraße 3 (siehe Seite 105).

Im Oktober 1929 erwirbt Ernst Ruopp das Haus Bühlstraße 129, später Bühl 33. Er verlegt sein Geschäft dorthin; der Lagerplatz ist an der Karlstraße, gegenüber der Volksbank, heute zum Hause Helmut Vollmar und Flaschnerei Brändle gehörend. In der Folgezeit wird dem Dachdeckergeschäft der Betriebszweig Teer- und Asphaltstraßenbau angegliedert. Schon in den ersten 30er Jahren kann die erste Straßenwalze angeschafft werden, eine gebrauchte Dampfwalze englischen Fabrikats, sowie eine Teermaschine.

Es beginnt eine Zeit wirtschaftlichen Aufschwungs, verbunden mit einer Kapazitätsausweitung. Das macht 1936 den Bau eines Wagenschuppens und einer Werkstatt beim Schafstall an der Oberen Linde, heute Wolfgartenstraße 68, notwendig.

Ernst Ruopp, Dachdeckermeister (4. 3. 1900 – 31. 3. 1973)

Anna Ruopp geb. Fröhlich (4. 12. 1906 – 22. 7. 1963)

Die erste Straßenwalze der Firma Ruopp

So wurde damals geteert

Arbeiter der Firma Ruopp beim Teeren des Marktplatzes

einst: Bühlstraße 129 / Auf dem Bühl 129   heute: Bühl 33

Die Betriebsangehörigen der Firma Ernst Ruopp am 1. Mai 1939

Der Kriegsausbruch am 1. September 1939 bringt eine grundlegende Änderung. Der Chef Ernst Ruopp, das Personal, Lastwagen und Maschinen werden zur Organisation Todt und zur Wehrmacht eingezogen. Die Walzen und Maschinen samt dem Personal werden insbesondere in Polen und in der Ukraine eingesetzt. Der Wiederbeginn nach Kriegsende ist schwierig. Nach der Währungsreform 1948 kommen Jahre mit kontinuierlichen Wachstumsraten. Ein markantes Datum in der Firmengeschichte ist 1956 der Bau eines Büro- und Wohnhauses in der Silcherstraße 3 neben dem Lagerplatz. Damit sind Verwaltung und Betrieb räumlich beieinander. Das Wohnhaus Bühl 33 wird verkauft.
Der einzige Sohn des Firmengründers, Dipl.-Ing. Heinz Ruopp tritt 1961 als Geschäftsführer in die elterliche Firma ein. Aus Rationalisierungs- und Wettbewerbsgründen erfolgt am 1. 4. 1973 der Zusammenschluß von fünf Baufirmen aus Münsingen und Umgebung zu einer Firmenkooperation und Arbeitsgemeinschaft, die dann 1976 zur Firmengründung Hoch-Tief-Straßenbau-Union (HTS) führt. Die Geschäftsführung haben Dipl.-Ing. Heinz Ruopp, Technischer Leiter, und Kaufmann Konrad Jäckle, Kaufmännischer Leiter. Mitgliedsfirmen sind: Fritz Manz, Baugeschäft, Auingen Vorlager; Eugen Münz & Söhne, Straßenbau, Münsingen; Ernst Ruopp, Straßenbau, Münsingen; Wilhelm Stumm, Hochbau, Münsingen, und Matth. Schäfer, Hoch- und Tiefbau, Hütten.

Bei der Gründung der HTS scheidet der Gesellschafter Wilhelm Stumm aus und verkauft seinen Betriebsteil „Baugeschäft" an die HTS. Wilhelm Stumm macht sich außerhalb der HTS wieder selbständig mit der Firma „Schlüsselfertigbau – Baumeisterhaus". Die Firma Ernst Ruopp, Dachdeckergeschäft, wird nicht in die HTS eingegliedert. Sie wird selbständig von Gudrun Ruopp weitergeführt. Aus Altersgründen erfolgt am 26. 1. 1993 die Auflösung der Firma Ruopp – Dachdeckungen, Münsingen, und die Löschung im Handelsregister.

Der Betrieb wird weitergeführt von der Firma Köhler Bedachungen, Metzingen.

Heinz Ruopp, Dipl.-Ing. (geb. 30. 5. 1930)

Gudrun Ruopp geb. Schaffer aus Graz/Österreich (geb. 22. 6. 1940)

Luftbild: Büro- und Wohnhaus, Silcherstraße 3, Bauhof Fa. Ruopp

Alt Münsinger Ansichten

Karlstraße

einst: Bahnhofstraße 324 / Karlstraße 324   heute: Karlstraße 2

Eröffnung der Oberamtssparkasse Münsingen

Die Königl. Regierung des Donaukreises hat durch Dekret vom 14. November 1851 die Errichtung einer Oberamtssparkasse gutgeheißen, und die nachgesuchte Genehmigung erteilt. Das Oberamt Münsingen hat dies unter Termin vom 4. Dezember 1851 im Amts- und Intelligenzblatt für den Oberamtsbezirk Münsingen bekannt gemacht.

Die Statuten der Sparkasse für den Oberamtsbezirk Münsingen vom 4. Dezember 1851 besagen in § 1: Der Sparverein ist eine Privat-Gesellschaft (vergl. § 18), deren Rechte und Verbindlichkeiten auf Gegenseitigkeit der Mitglieder beruhen.

Am 13. Dezember 1851 eröffnete die erste Kundin, Marianne Maurer aus Gossenzugen, die als Dienstmagd bei dem Landwirt Johann Georg Veit arbeitete, ein Sparkonto, auf das sie 25 Gulden einzahlte.

Die Umwandlung der Sparkasse unter öffentliche Verwaltung erfolgte im Juni 1853.

Die ehemalige Oberamtssparkasse . . .

Am 21. Mai 1897 ist im ALB BOTE zu lesen:

Vergebung von Bauarbeiten zur Erstellung eines Kanzlei- und Wohngebäudes für die Oberamtspflege und Oberamtssparkasse in Münsingen.

Als das Gebäude bezugsfertig ist, gibt es keine besonderen Feierlichkeiten. Im ALB BOTE vom 2. 8. 1898 wird lediglich mitgeteilt, daß sich die Oberamtssparkasse jetzt im neu erbauten Gebäude an der Bahnhofstraße befindet.

ALB BOTE 2. 8. 1898

Nach dem Auszug der Oberamtssparkasse bleibt die Amtskörperschaft (Oberamtspflege) im Hause bis zum Umzug 1937 in das neue Kreisverwaltungsgebäude und neue Rathaus in den Bachwiesen. Dieses ist heute im Eigentum der Stadt Münsingen.

1938/39 erwirbt die NSDAP Gauleitung Württemberg-Hohenzollern das Gebäude Karlstraße 324 – Karlstraße 2, wo sich dann die Kreisleitung der NSDAP etabliert.

Nach dem Einmarsch der alliierten Truppen am 24. 4. 1945 benutzt die französische Besatzungsmacht das Haus, bis dieses dann 1948 die Landespolizei übernimmt. Heute gehört es dem Land Baden-Württemberg, der Landespolizei.

Am 7. 1. 1924 hat die Oberamtssparkasse die Kanzleien im neu erbauten Gebäude Alte Schloßstraße 453 eröffnet.

. . . in der heute die Polizei untergebracht ist

einst: Karlstraße 376 / Hindenburgstraße 10   heute: Karlstraße 10

Handwerkerbank für den Oberamtsbezirk Münsingen

42 Münsinger und auswärtige Männer gründeten am 12. April 1865 die Handwerkerbank für den Oberamtsbezirk Münsingen. In einer Zeitungsanzeige vom 19. April 1865 war zu lesen: „Daß die Anstalt den Sinn und Charakter einer Sparkasse hat, aus welcher die einzelnen Mitglieder zur Förderung ihres Geschäfts mäßige Anlehen auf kurze Zeit gegen genügende Garantie erhalten können."

Bemerkenswert ist, daß zu jener Zeit jedes Mitglied der Genossenschaft mit seinem ganzen Vermögen unbegrenzt haftete. Erst 1902 hat aufgrund des damals erlassenen Gesetzes über die Erwerbs- und Wirtschaftsgenossenschaften die eingetragene Genossenschaft die Rechtsform der beschränkten Haftpflicht angenommen.

Der Name der Bank wechselte wiederholt. 1901 wurde der Name „Gewerbebank Münsingen eGmbH" angenommen. Ab 1929 nannte sie sich „Gewerbe- und Landwirtschaftsbank" um sich 1940, im Jahr des 75jährigen Bestehens in „Volksbank Münsingen" umzubenennen.

1925 konnte die Bank ein eigenes Gebäude in der Karlstraße 10 erwerben, nachdem sie vorher in verschiedenen Mieträumen untergebracht war.

Das Wohn- und Geschäftshaus von Jakob Scheck

Der Glasermeister Jakob Scheck erstellt 1910 ein Wohn- und Geschäftshaus an der Karlstraße und stellt es gleichzeitig seinem Sohn Hans Scheck für dessen Geschäftsgründung zur Verfügung.

Johann Ludwig Scheck (17. 3. 1885 – 6. 5. 1966), Glasermeister.

Am 29. 10. 1910 eröffnet Glasermeister Scheck ein Geschäft in Glas- und Porzellan-Waren, verbunden mit Glaserei und Einrahme-Geschäft.

Hans Scheck, auch „Hühner-Scheck" genannt, hat ein vielseitiges Berufsleben. Neben der Glaserei und dem Ladengeschäft züchtet er noch Hühner. 1926

ALB BOTE 29. 10. 1910

verkauft er das vom Vater geerbte Haus an die Gewerbebank Münsingen eGmbH. Fortan betreibt Hans Scheck eine Autovermietung.

einst: Karlstraße 376 / Hindenburgstraße 10   heute: Karlstraße 10

Die Volksbank um 1954

Das 1969/70 modernisierte Bankgebäude

den Mängel im organisatorischen Bankablauf führen 1988 dazu, erneut über einen Umbau nachzudenken.

Diese Überlegungen nehmen in den im Oktober 1990 vorliegenden Planungsunterlagen für einen Neubau konkrete Formen an.

Mit dem neuen Gebäude für ihre Hauptgeschäftsstelle in der Karlstraße habe die Volksbank Münsingen einen „städtebaulichen Akzent an dieser wichtigen Straße" gesetzt, erklärt Bürgermeister Rolf Keller bei der Einweihung.

Die Volksbank Münsingen mit ihren elf Zweigstellen hat mit dem modernen Neubau eine Lösung nicht nur für die nächsten Jahrzehnte angestrebt, erklärt Volksbank-Direktor Werner Leichtle.

Nach 18monatiger Bauzeit wird das neue Gebäude bei einem Festakt am 15. Oktober 1992 seiner Bestimmung übergeben.

Das Wachstum der Bevölkerung und der wirtschaftliche Aufschwung bringen auch eine Ausdehnung der Tätigkeit der Bank mit sich. Es wird daher notwendig, das bereits im Jahr 1925 von Johannes Scheck erworbene und für Zwecke der Bank hergerichtete Gebäude in den Jahren 1954/55 umzubauen.

Bereits in den Jahren 1969/70 muß das Bankgebäude wiederum modernisiert und den Anforderung gemäß eingerichtet werden. Eine großzügige Schalterhalle wird an das bestehende Gebäude angebaut.

Am 17. Dezember 1984 nimmt die Volksbank ihre Stadtzweigstelle im Gebäude 20 der Hauptstraße in Betrieb (siehe Seite 128).

Die durch die Geschäftsausweitung in den 80er Jahren bedingte Enge und die damit zusammenhängen-

Das neue Gebäude der Volksbank Münsingen

einst: Bühlstraße 152 / Auf dem Bühl 152 / Hindenburgstraße 15   heute: Karlstraße 15

Die Schuhmacherwerkstatt von Johann Leyhr

Familie Johann Leyhr:
Vorne Links, v. l. n. r.: Die Mutter Heinrike Leyhr geborene Fromm (14. 6.1854 – 8. 11. 1937), Elisabeth Maria (27. 10. 1893 – 14. 10. 1922) verh. mit Johannes Vöhringer, Schneider, Elisabeth Margarethe (20. 6. 1892 – ?) in Feuerbach verh., Heinrike (2. 11. 1888 – 17. 1. 1936) verh. mit Cornelius Traub, Schuhmacher, Marie Auguste (17. 5. 1880 – 24. 12. 1951) verh. mit Albert Lorch, Malermeister

Friedrich Traub, Schuhmachermeister (19. 4. 1913 – vermißt in Stalingrad/Rußland)

Die Hochzeit von Friedrich und Maria Traub am 23. 7. 1938: Links von der Braut der Kaminfegermeister Heinrich Traub

Johann Leyhr (26. 5. 1854 – 22. 8. 1920) Schuhmacher, zieht 1892 mit seinem Handwerksbetrieb in das früher dem Schneidermeister Jakob Dieterle gehörende Haus um.

Schon der Großvater Johann Jakob Leyhr (8. 5. 1799 – 16. 1. 1872) und der Vater Mattheus Leyhr (11. 2. 1830 – 2. 9. 1902) sind Schuhmacher in Münsingen.

Cornelius Traub (31. 7. 1882 – 18. 7. 1921), Schuhmacher, übernimmt das Schuhmachergeschäft seines Schwiegervaters Johs. Leyhr. Nach langer Krankheit stirbt er im Alter von 39 Jahren. Seine Ehefrau Heinrike Traub geb. Leyhr (2. 11. 1888 –17. 1. 1936), führt das Geschäft weiter, bis ihr Sohn Friedrich Traub, Schuhmachermeister, die Nachfolge antreten kann.

Auf dem Familienbild (oben) Leyhr ist Frau Traub in der hinteren Reihe 3. v. l.

einst: Bühlstraße 152 / Auf dem Bühl 152 / Hindenburgstraße 15   heute: Karlstraße 15

Foto vom 25. 11. 1926

Von der Hochzeit mit Maria Traub, geborene Jung (19. 11. 1907 – 7. 2. 1957) am 23. 7. 1938 bis zur Einberufung zum Kriegsdienst ist nur eine kurze Zeitspanne gemeinsamen Arbeitens.

Das Ehepaar Albin und Gertrud Jägel kauft 1962 das Traubsche Haus und unterzieht es einer grundlegenden Renovierung.

ALB BOTE 28. 5. 1927

Maria Traub hält die Werkstatt und das Ladengeschäft über die Kriegsjahre hinweg weiterhin offen bis zu ihrem Tod. Der am 29. 12. 1940 geborene Sohn Hans Frieder Traub verliert, erst 16 Jahre alt, auch die Mutter. Beim Bruder des Vaters, dem Kaminfegermeister Heinrich Traub, findet er dann ein neues Zuhause.

Links im Bild das Backhaus, rechts vorstehend die Gastwirtschaft „Germania"

Albin Jägel, Steinmetz
(geb. 17. 10. 1914)

Gertrud Jägel geb. Hageloch
(geb. 24. 9. 1917)

175

einst: Haus Nr. 254 / Karlstraße 237 / Hindenburgstraße 22   heute: Karlstraße 22

„Ein 2 stok hohes Wohnhaus mit Scheuer in der oberen Vorstadt", 1846 erbaut von Maurer Münz, so ist zu lesen.

Johannes Hohloch (23. 4. 1803 – 5. 11. 1860), Buchdrucker in Reutlingen, kommt von Reutlingen nach Münsingen und gründet eine Buchdruckerei im Hause Grafenecker Straße 163a, heute Hauptstraße 21.

1847 erwirbt er das Haus Nr. 254, später Karlstraße 237, und verlegt sein Geschäft in die Karlstraße.

Mit Johannes Hohloch verbindet sich ein Stück Münsinger Zeitungsgeschichte.

„Nachdem bereits 1827 ein mit dem benachbarten Oberamt Ehingen gemeinsames Intelligenzblatt erschien, beginnt die Münsinger Pressegeschichte 1838 mit der Konzessionserteilung für die Herausgabe eines Intelligenzblatts für das Oberamt Münsingen an Johannes Hohloch", so Roland Deigendesch, Dipl.-Archivar. Dieser Pionier der schwarzen Kunst auf der Alb ist Verleger, Redakteur, Schriftsetzer und Drucker in Personalunion, daneben noch im Münsinger Gemeinderat. Er ist es auch, der 1838 den „ALB BOTE" aus der Taufe hebt.

Am 5. 11. 1860 stirbt Johannes Hohloch.

Marie Judith Hohloch geb. Fuchs (9. 1. 1812 – 10. 2. 1861), führt das Geschäft weiter, bis sie wenige Monate später ihrem Ehemann im Tode nachfolgt.

Christian Ludwig Baader (18. 1. 1831 in Pleidelsheim – 13. 6. 1877), Buchdrucker und Buchhändler, Buchdruckereibesitzer

Alfred Baader (24. 2. 1866 – 21. 5. 1928) baute den ALB BOTE zur Tageszeitung aus …

Intelligenzblatt 18. 2. 1861

Nane Baader (5. 5. 1839 – 18. 12. 1905) leitet 20 Jahre lang die Zeitung

Eleonore Baader (24. 3. 1866 – 16. 9. 1938) unterstützte ihn nach Kräften dabei

Am 1. Mai 1861 übernimmt der Buchdrucker und Buchhändler Christian Ludwig Baader aus Pleidelsheim die Zeitung und Buchdruckerei von Hohlochs Erben.

Mit dem neuen Buchdruckereibesitzer zieht ein neuer Geist in den Verlag ein. Der nicht mehr zeitgemäße Titel „Intelligenzblatt" wird aufgegeben. An seine Stelle tritt mit dem 1. Januar 1863 der „ALB BOTE". Auch in technischer Hinsicht ist C. L. Baader bemüht, Zeitungsbetrieb und Druckerei zu verbessern. Druckt man das Blatt bisher mit der Handpresse, so wird diese 1868 mit dem Schwungrad der Schnellpresse vertauscht. Gleichzeitig werden die bisherigen Geschäftslokale erweitert.

Am 13. Juni 1877 stirbt Christian Ludwig Baader, erst 46 Jahre alt.

Die Witwe Christiane Friederike Baader geb. Bosler (5. 5. 1839 – 18. 12. 1905), Tochter des Stadtschultheißen Bosler, leitet in der Folgezeit 20 Jahre lang die Zeitung. Auf ihre Initiative hin erscheint der ALB BOTE ab 1. Juli 1880 dreimal wöchentlich.

Am 15. Juni 1897 übernimmt der älteste Sohn der Witwe Baader, Alfred Baader (24. 2. 1866 – 21. 5. 1928), das elterliche Geschäft. Unter seiner Leitung erfolgt der Ausbau des Blättchens zu einer modernen Tageszeitung.

1907 wird das Anwesen in der Bahnhofstraße 351 erworben und die Zeitung dorthin verlegt (siehe Seite 114).

ALB BOTE 23. 5. 1907

In der Folgezeit gibt es Besitzwechsel. 1915 wird der Buchbindermeister Eugen Koch Eigentümer. Am 1. 2. 1917 empfiehlt sich die Hausmeisterswitwe Anna Kuhn mit Schreibmaterialien.

ALB BOTE 24. 2. 1917

Die ursprüngliche Beständigkeit kommt wieder zurück, als der Schneidermeister Paul Pflaumer 1919 das Haus erwirbt und eine Herrenschneiderei mit Herrenkleidergeschäft eröffnet.

einst: Haus Nr. 254 / Karlstraße 237 / Hindenburgstraße 22   heute: Karlstraße 22

Das Geburtshaus des ALB BOTE

Am 22. 3. 1919 eröffnet der Schneidermeister Paul Pflaumer (11. 11. 1892 – 24. 1. 1952) eine Herrenschneiderei mit Herrenkleidergeschäft.

ALB BOTE 22. 3. 1919

Dem Trend folgend, geht Hermann Pflaumer (geb. 11. 10. 1919) weg von der Maß-Schneiderei hin zum Konfektionsgeschäft.

Nach mehreren Ladenumbauten schafft er ein leistungsfähiges Herrenbekleidungshaus mit breiter Angebotspalette.

Am 1. 3. 1985 scheidet Hermann Pflaumer altershalber aus dem Erwerbsleben aus und übergibt das Geschäft an den Kaufmann Hans-Ulrich Schwenk.

Am 1. 3. 1985 übernimmt Uli Schwenk das Herrenbekleidungsgeschäft des Schneidermeisters Hermann Pflaumer pachtweise.

Nach zehn Jahren Herrenmode Uli Schwenk in der Karlstraße gibt er diesen Filialbetrieb auf und eröffnet im Lichtensteinpark, Lichtensteinstraße 36 das Fachgeschäft „Sportswear, Damen-, Herren- und Kindermode" (siehe Seite 124).

Hermann Pflaumer

Werkstattunterricht für Lehrlinge. Bildmitte Schneidermeister Paul Pflaumer, ganz rechts Hermann Pflaumer

Das Herrenbekleidungsgeschäft von Paul Pflaumer

einst: Karlstraße 242 / Hindenburgstraße 23　　　　　　　　　　　　　　　　　　　　　heute: Karlstraße 23

Das Wohnhaus mit Schmiedewerkstatt

*Ludwig Krehl, Dreher
(24. 6. 1847 – 24. 8. 1924)*

*Ludwig Wörner, Bauer
(20. 7. 1883 – 2. 2. 1942),
Emma Magdalena Wörner
geb. Krehl
(8. 3. 1880 – 18. 2. 1928)*

*Barbara Krehl geb. Bückle
(5. 7. 1843 – 12. 9. 1931)*

Ludwig Wörner (li) und Karl Götz, Metzger, mit dem Berner-Wägele in der Lautertalstraße bei den Baumgütern Ziegelwäldle; daneben Straßenwart Hermann Leyhr

Das 1968 umgebaute Wohnhaus

Der Schmied Stephan Munderich (21. 1. 1799 – 12. 1. 1883) baut 1842 „ein 2 stockigtes Wohnhaus samt Scheuer unter einem Dach mit Schmiedwerkstatt auf den Grabenteilen".

Am 22. 3. 1854 kauft Matthäus Krehl (30. 1. 1810 – 10. 8. 1873), Dreher, verheiratet mit Maria Magdalena Krehl geb. Schmid (28. 1. 1814 – 7. 2. 1890), unter der Hand das Haus des Stephan Munderich, Schmied.

Nach dem Ableben des Vaters Matthäus Krehl geht das Anwesen auf den Sohn Ludwig Krehl über.

1914 übernimmt Ludwig Wörner durch Einheirat Haus und Hof des Ludwig Krehl, Dreher.

Im Rahmen der Erbauseinandersetzung erwirbt Ludwig Wörner jun. 1961 das elterliche Haus und baut dieses 1968 zu einem Mietwohnhaus um.

einst: Karlstraße 243 / Hindenburgstraße 25																									heute: Karlstraße 25

Gottlob Jakob Müller (23. 9. 1837 – 21. 5. 1901), Bäcker, betreibt von 1874 bis 1888 eine Feinbäckerei und Mehlhandlung in Münsingen und kauft 1888 das Haus des verstorbenen Christian Klett, das spätere Gasthaus „Paradies". 1891 übernimmt sein Schwager, der Restaurateur Wilhelm Decker, das Gasthaus, während Gottlob Müller seine Bäckerei in das 1845 erbaute Haus Karlstraße 243 verlegt. Nach dem Ableben von Gottlob Müller führt sein Sohn Gottlob Müller (20. 12. 1875 – ?) das elterliche Geschäft weiter.

ALB BOTE 9. 7. 1901

Jakob Götz (1. 4. 1867 – 25. 7. 1942), Strickmeister, beginnt 1917 eine mechanische Strickerei. Er soll mit 30 Strickmaschinen gearbeitet haben. 1927 kommt das Aus, Konkurs.

ALB BOTE 6. 10. 1917

ALB BOTE 8. 9. 1927

Das Haus von Ludwig Claß

Das heruntergekommene Haus kauft dann der Sattler- und Polsterermeister Ludwig Claß.

Ludwig Claß (7. 6. 1891 – 18. 1. 1974), Sattler- und Polsterermeister, betreibt bisher sein Geschäft im Haus Bühlstraße 129, heute Bühl 33. Nun erwirbt er von dem in Konkurs geratenen Strickmeister Jakob Götz das Haus Karlstraße 243, heute Karlstraße 25. Der Umzug erfolgt am 1. 8. 1927 (siehe Seite 167).

ALB BOTE 1. 8. 1927

Richard Claß, Polsterer (1. 4. 1920 – 25. 9. 1943)

Ludwig Claß und seine Ehefrau Anna Marie Claß geb. Krehl (30. 3. 1894 – 28. 10. 1970) – auch für Frau Claß blieb ein reiches Betätigungsfeld in der Werkstatt

1938: Ludwig Claß erteilt den Lehrlingen der Sattler-Innung Werkstatt-Unterricht. Die Lehrlingsausbildung hatte einen sehr hohen Stellenwert

Es ist nicht der Wunsch von Richard Claß, Polsterer zu werden, aber das vom Vater aufgebaute Geschäft braucht einen Nachfolger. Der Krieg macht die Hoffnung des Vaters zunichte. Richard Claß fällt am 25. 9. 1943 in Rußland.

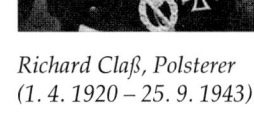

einst: Karlstraße 243 / Hindenburgstraße 25   heute: Karlstraße 25

Hildegard Greiner-Claß ist die Stütze des Vaters im Betrieb, ihr obliegt der kaufmännische Bereich, und, auf Grund ihrer Ausbildungsberechtigung, die Ausbildung der kaufmännischen Lehrlinge. Leider muß auch Frau Greiner-Claß das bittere Los vieler Soldatenfrauen teilen. Ihr Ehemann Hans Greiner fällt 1944. Ludwig Claß zieht sich 1959 aus dem Berufsleben zurück und verkauft das Geschäftshaus an den Polsterermeister Eugen Siegler.

Das Raumausstattergeschäft der Firma Siegler

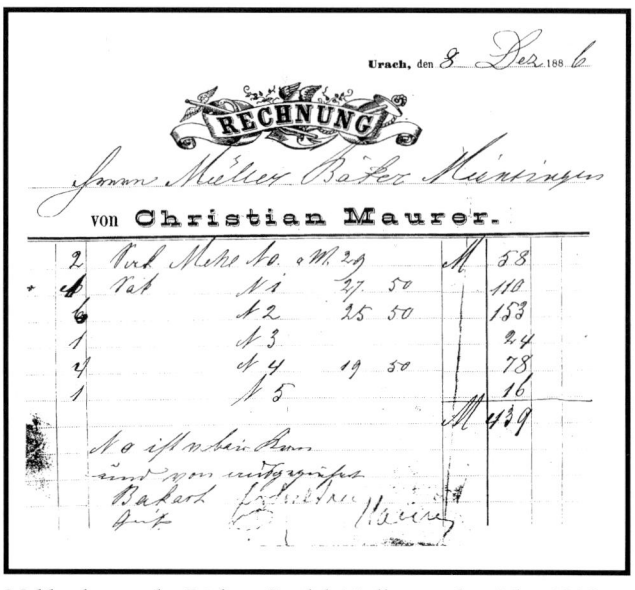

1959 erwirbt Eugen Siegler das Geschäftshaus von Sattlermeister Ludwig Claß, Karlstraße 25, der sich aus dem Geschäftsleben zurückzieht, nachdem sein einziger Sohn Richard Claß, der die Nachfolge antreten sollte, 1943 in Rußland gefallen ist.

Jakob Siegler (geb. 16. 2. 1935), Polsterermeister, übernimmt 1964 das elterliche Geschäft, das er zusammen mit seiner Ehefrau Rosemarie Siegler geb. Ballestriero (geb. 30. 10. 1936) betreibt.

Nach größeren Umbauarbeiten wird das Haus 1981 renoviert. Bei den Dacharbeiten kommen die Mehlrechnungen des Bäckers Gottlob Müller zum Vorschein.

Hildegard Claß verh. Greiner (geb. 7. 3. 1922)

Eugen Siegler (11. 7. 1901 – 11. 4. 1977), Sattlermeister, beginnt sein Polstergeschäft nach dem 2. Weltkrieg im Haus Hauptstraße 34 (heute Raumausstattung Erich Dieter).

Eugen Siegler

Mehlrechnung des Bäckers Gottlob Müller aus dem Jahre 1886

Das Ehepaar Siegler

einst: Karlstraße 244 / Hindenburgstraße 27 **heute: Karlstraße 27**

Das von Christof Münz im Jahre 1844/45 erbaute Haus

Das Haus Nr. 244 wird 1844/45 von Christof Münz, Maurer und Steinhauer erbaut und 1846 an den Gerichtsnotar Kezzler verkauft.

In einer Anzeige vom 15. 3. 1862 empfiehlt sich der Sattler und Tapezierer Louis Rau (2. 12. 1822 in Oberensingen – 1880 nach Amerika ausgewandert) in „allen Arten von Sattler-Arbeit".

Der ledige Oberamtsbaumeister und Kirchengemeinderat Ludwig Karl Eugen Sattler (28. 8. 1848 – 8. 2. 1916) erwirbt das Haus des Louis Rau nach dessen Auswanderung nach Amerika 1881. Nach seinem Ableben vermieten die Erben das Haus, bis sie es 1931 an Karl Albert Walter (23. 12. 1873 – 15. 12. 1943), Metzger und Wirt, verkaufen. Der neue Besitzer unterhält zusammen mit seiner Ehefrau Christine Katharine Walter geb. Krämer (24. 8. 1880 – 27. 1. 1975) einen Kosttisch.

Karl Bopp (24. 11. 1904 – 7. 8. 1976), Bankkaufmann, ist verheiratet mit Luise Marie Bopp geb. Schwenk (geb. 30. 3. 1909). Karl Bopp ist bei der Kreissparkasse Münsingen als Sparkassier tätig. 1953 kauft er das Waltersche Haus und beginnt, den Spuren seines Vaters, des Küfermeisters Karl Bopp folgend, ein Fachgeschäft für Weine und Spirituosen.

1970 zieht sich Karl Bopp altershalber aus dem Geschäftsleben zurück, verkauft sein Haus und das früher Maria Mosersche Haus, Bühlstraße 143, an den Friseurmeister Gerhard Schmauder.

Karl Bopp

Haus und Ladeneingang von Karl Bopp

Das Ehepaar Schmauder beginnt 1961 sein Friseurgeschäft im Hause des Friseurmeisters Albert Thumm, Karlstraße 16 (siehe Seite 189). 1970 erwerben sie von Karl Bopp die Immobilien. Nach dem Abriß der Häuser entsteht 1971 auf den Grundstücken ein modernes Wohn- und Geschäftshaus.

Neben dem Damen- und Herrenfriseursalon wird von Frau Schmauder Kosmetik angeboten.

Liesel Bopp mit ihren Kindern Linde und Heinz

Irma Schmauder, Bürokauffrau und Kosmetikerin (geb. 30. 4. 1940)

Gerhard Schmauder, Friseurmeister (geb. 19. 1. 1939)

Der heutige Salon Schmauder

einst: Karlstraße 245 / Hindenburgstraße 29   heute: Karlstraße 29

Ausschnitt aus dem von dem Goldschmied August Hoff gezeichneten Bild „Münsingen im Jahr 1879"; links: Stadtschultheißenhaus (erbaut 1846) – rechts: Oberamtsgericht.

Hier residierte Stadtschultheiß Jakob Bosler (20. 12. 1822 – 12. 6. 1893);

Wwe. Elisabethe Friederike Wilhelmine Bosler geb. Kaufmann (5. 8. 1828 – 30. 7. 1905).

Weitere Hausbesitzer:

Friederike Sigel geb. Bosler, Finanzassessors-Wwe. (18. 4. 1853 – 31. 5. 1913);

Gertrud Elisabeth Sigel (28. 7. 1877 – 6. 7. 1952);

Dr. med. Eberhard Knauer (14. 2. 1911 – am 28. 6. 1957 nach Loffenau/Calw verzogen);

Friedrich Hardter, Mechaniker (28. 9. 1900 – 10. 2. 1973);

seit 1957 Schloß-Apotheke in Münsingen:

Ruth Hardter geb. Bürkle, Apothekerin (geb. 4. 4. 1916).

Friedrich Hardter, Mechaniker (28. 9. 1900 – 10. 2. 1973), kauft 1957 das Haus von Dr. med. Eberhard Knauer. Nach umfangreichen Umbauarbeiten eröffnet seine Ehefrau Ruth Hardter, Apothekerin, die Schloß-Apotheke.

Ruth Hardter

Eine neue Apotheker-Generation hat die Nachfolge angetreten:

Frieder Hardter, Apotheker, übernimmt am 1. 4. 1978 die Apotheke der Mutter (siehe Seite 165).

Frieder Hardter, Apotheker (geb. 26. 11. 1945), Christa Hardter geb. Dereser (geb. 26. 7. 1943)

Die Schloßapotheke

einst: Karlstraße 267 / Hindenburgstraße 32								heute: Karlstraße 32

Der Jünglingsverein Münsingen, Gruppenbild am Pfarrhaus, Karlstraße 267, um 1905. Sechster von links: Georg Kocher, siebter v. l.: Heinrich Maurer, achter v. l.: August Münz, neunter v. l.: Hans Schoch, zweiter von rechts oben: Karl Dieterle, erster v. r.: Adolf Krehl, zweiter v. r.: Wilhelm Eppinger, dritter v. r.: Karl Bleher, sechster v. r.: Jakob Haueisen, siebter v. r.: David Starzmann

einst: Alte Schloßstraße 453 / Hindenburgstraße 34   heute: Karlstraße 34

Die Oberamtssparkasse 1924

Am 5. Juli 1923 wird eine Urkunde in das am 13. 8. 1923 eingeweihte Kriegerdenkmal für die gefallenen und vermißten Soldaten des 1. Weltkriegs eingelegt, in der die damalige Situation in der Stadt ausführlich dargelegt wird. Darin heißt es u. a.: „Das für die Oberamtssparkasse und die Oberamtspflege errichtete Gebäude an der Bahnhofstraße genügt den Anforderungen nicht mehr, und man hat heuer angefangen, ein neues Gebäude für die Unterbringung der Oberamtssparkasse auf den Schloßwiesen an der Karlstraße zu errichten."

Das Jahr 1932 bringt eine wesentliche Änderung im Status der Sparkassen. Das württembergische Sparkassengesetz formt die bisherigen amtkörperschaftlichen Sparkassen in Anstalten des öffentlichen Rechts mit eigener Rechtspersönlichkeit um, wobei jedoch die Haftung der Gewährsverbände ausdrücklich erhalten bleibt. Durch Erlaß einer Kreisverordnung im Jahr 1933 wird der bisherige Oberamtsbezirk in den Kreis Münsingen umgewandelt, aus der Oberamtssparkasse wird die Kreissparkasse. Die kräftige Ausweitung des Geschäftsumfanges und die damit verbundene Erhöhung des Personalbestandes macht 1966 den Umbau des Gebäudes erforderlich, dem drei Jahre später eine Erweiterung auf den heutigen Stand folgt.

Am 7. 1. 1924 eröffnet die Oberamtssparkasse die Kanzleien im neu erbauten Gebäude Alte Schloßstraße 45.

Am 20. 12. 1976 wird die neue Sparkassen-Stadtzweigstelle am Marktplatz 2 eröffnet (siehe Seite 57).

Die Kreissparkasse nach dem Umbau von 1966

Die Kreissparkasse heute

einst: Spitalstraße 257 heute: Spitalstraße 1

Das Haus Spitalstraße 257

Gottfried Friedrich Krehl (28. 1. 1886 – 92. 12. 1970) Strohbandseilermeister, Ehefrau Pauline geb. Betz (26. 6. 1892 – 9. 1. 1974), Tochter Hilde verh. Wiedenmann

Das Haus vor dem Abriß im Frühjahr 1991 (Rückseite)

Die Abbruchgenehmigung für das ursprüngliche Haus erfolgte am 6. 8. 1991

Johannes Länge (9. 5. 1836-23. 2. 1925), geboren in Böttingen, ist verheiratet mit Barbara geb. Götz (22. 3. 1836 – 11. 7. 1914). Johannes Länge betreibt hier in der Spitalstraße seine Landwirtschaft. Nach seinem Ableben übernimmt Friedrich Krehl, Strohbandseiler, das Haus.

Johannes Länge (9. 5. 1836 – 23. 2. 1925)

Das von Uli Schwenk erbaute Haus, Spitalstraße 1

einst: Spitalstraße 235 heute: Spitalstraße 8

Gottlieb Heinrich Schwenk (15. 10. 1816 – 18. 5. 1879), Weber und Gemeinderat, erlernt beim Vater das Weberhandwerk und arbeitet bei ihm bis zum 21. Lebensjahr. 1837 wird er zum Militär eingezogen. Nach zweijähriger Dienstzeit ist Gottlieb Heinrich Schwenk von 1839 bis 1843 beim Kameralamt, dem Vorgänger des heutigen Finanzamts tätig.

Gottlieb Heinrich Schwenk (15. 10. 1816 – 18. 5. 1879), Leinenweber

Gottlieb Heinrich Schwenk, gründet 1843 sein Geschäft im elterlichen Haus, „die Hälfte einer 2-stokigten Wohnung auf dem Bühl Nr. 151". Das Haus ist heute Eigentum des Schuhmachermeisters Gottlob Hummel, Bühl 12.
1845 folgt der Neubau auf den Schloßwiesen, das Haus Nr. 235, neben dem ein Jahr später erbauten Spital und Armenhaus, heute Spitalstraße 8.

Das Haus Spitalstraße 235, heute Spitalstraße 8

Der Weberei wird 1849 der „Zeugeles-Handel" angegliedert, ein Commissionslager. Dieses Geschäft löst Gottlieb Heinrich Schwenk 1852 auf und betreibt nun den „Handel mit Leinen- und Baumwollwaren bester Qualität" auf eigene Rechnung.
Die Heinrich Schwenk-Witwe führt das Geschäft nach dem Ableben ihres Ehemannes weiter und übergibt es im Juli 1887 ihrem Sohn Johannes Schwenk (8. 11. 1860 – 26. 9. 1923), Kaufmann und Ökonom.

Johannes Schwenk (8. 11. 1860 – 26. 9. 1923), Kaufmann

ALB BOTE 5. 7. 1887

Der neue Inhaber sieht sich einer starken Konkurrenz ausgesetzt. Das sind die namhaften Fachgeschäfte Theodor Riethmüller, Eugen Schweizerhof und Carl Kegel/Wilhelm Semle. Aber auch das „Allroundunternehmen" J. F. Schoell hat Textilien aller Art in größerem Umfang im Warensortiment. Das Haus in der Spitalstraße, in dem zwei Generationen Schwenk 52 Jahre lang hinweg ihr Geschäft erfolgreich betrieben haben, wird 1897 verkauft und in der Grafenecker Straße 318, heute Hauptstraße 16, ein neues Geschäftshaus erbaut (siehe Seite 122).

Im Rahmen des weiteren Geschäftsausbaus am neuen Standort erfolgte am 30. Dezember 1899 der Eintrag im Handelsregister.

einst: Spitalstraße 235   heute: Spitalstraße 8

Das von Johs. Schwenk am 28. 1. 1897 zum Verkauf ausgeschriebene Haus erwirbt der Taglöhner Georg Länge, verkauft es aber 1900 wieder an den Bauern Jakob Wörner.

Karl Eberhardt (12. 4. 1895 – 18. 10. 1960), Schmied, Landwirt und Hutgeschäftsinhaber, kauft 1922 das Haus von Jakob Wörner und eröffnet am 31. 8. 1923 ein Hut- und Mützengeschäft.

Karl Eberhardt, Hutgeschäftsinhaber

Haupterwerbsquelle bleibt die Landwirtschaft, die er zusammen mit seiner Ehefrau Friederike geb. Brändle (17. 5. 1894 – 21. 4. 1979) bewirtschaftet. Beide Betriebszweige kommen in dem Beinamen „Kappenbauer" zum Ausdruck.

Der Krieg trifft auch die Familie Eberhardt hart, beide Söhne fallen.

Das von Karl Eberhardt grundlegend umgebaute Haus

Hans Eberhardt (13. 9. 1922 – gefallen am 8. 8. 1944 im Raum Tarnow – Polen);

Karl Eberhardt (28. 1. 1926 – gefallen am 25. 11. 1944 im Raum Frauenburg, Litauen).

ALB BOTE 28. 1. 1897

Einst Alte Buttenhauser Straße „Judengasse" - heute Wolfgartenstraße

Im Volksmund wird die Alte Buttenhauser Straße, die heutige Wolfgartenstraße, „Judengasse" genannt.
Dies hat seine Ursachen darin, daß es die alte Straße ist, die nach Buttenhausen führt, wo Juden und Christen in der Dorfgemeinschaft leben. Es ist aber auch die Gasse, in der die Münsinger Viehmärkte abgehalten werden, bei denen die jüdischen Viehhändler aus Buttenhausen das Marktgeschehen mitprägen.

einst: Alte Buttenhauser Straße 217 „Judengasse"   **heute: Wolfgartenstraße 1**

Johann Jakob Schwenk (3. 9. 1823 – 8. 1. 1904), Schuhmacher und Stadtrat, übt das Schuhmacher-Handwerk in der Alten Buttenhauser Straße 217, „vis à vis dem grünen Baum" aus. Im Februar 1892 ermöglicht er seinem Schwiegersohn Georg Werner (26. 6. 1863 – ?), Maler, die Eröffnung eines Malergeschäfts in seinem Hause.

ALB BOTE 27. 2. 1892

1895 erwirbt seine Ehefrau Karoline Werner (25. 4. 1865 – ?) geb. Schwenk das Haus Bühlstraße 141 – Bühl 30. Georg Werner verlegt sein Geschäft dorthin. Karoline Werner geht im September 1911 eine zweite Ehe ein in Wimpfen (siehe Seite 165).

Im März 1885 läßt sich Karl Fehleisen (30. 9. 1857 – 17. 8. 1935) als Gipser nieder. Er nimmt bei Sattler Krehl in der oberen Gasse Wohnung, heute Hauptstraße 39.

Johann Jakob Schwenk (3. 9. 1823 – 8. 1. 1904), Schuhmacher und Stadtrat, verkauft 1900 sein Wohnhaus „vis à vis dem grünen Baum" an seinen Schwiegersohn Karl Fehleisen. Von nun an hat dieser seinen Geschäftssitz in der Alten Buttenhauser Straße 217. Gleichzeitig

Alte Buttenhauser Straße 217

ALB BOTE 17. 3. 1885

richtet er ein gemischtes Warengeschäft ein, das von seiner Ehefrau Christine Fehleisen geb. Schwenk (5. 4. 1858 – 22. 4. 1943) betrieben wird.

ALB BOTE 20. 11. 1900

Im Oktober 1904 wird das Geschäftshaus des Gipsermeisters Karl Fehleisen, Alte Buttenhauser Straße 217, zum Verkauf ausgeschrieben.

ALB BOTE 21. 10. 1904

Georg Kölle, Gipsermeister, der sein Geschäft an der Bühlstraße Nr. 129 hat, verkauft dieses an Malermeister Albert Lorch und erwirbt das Gipser Fehleisensche Haus (siehe Seite 166).

ALB BOTE 30. 3. 1905

Das Ehepaar Kölle eröffnet am 18. 4. 1905 eine Spezerei- und Farbwarenhandlung. Frau Barbara Kölle besorgt das Ladengeschäft.

ALB BOTE 18. 4. 1905

Georg Kölle, Gipsermeister (17. 7. 1872 – 24. 12. 1954)

Barbare Kölle geb. Beck (28. 11. 1872 – 13. 11. 1948)

Georg Kölle richtet für seinen Sohn Hans (Johannes) Kölle (geb. 13. 9. 1902, 1935 nach Kehl verzogen), Friseur, in dem bisherigen Ladengeschäft einen Friseursalon ein, den der junge Friseur kurze Zeit inne hat. Hans Kölle verzieht nach Kehl und gründet dort ein eigenes Friseurgeschäft.

einst: Alte Buttenhauser Straße 217 „Jugendgasse"   heute: Wolfgartenstraße 1

Babette Thumm geb. Götz (9. 2. 1904 – 20. 9. 1990)

Albert Thumm, Herren- und Theaterfriseur (16. 5. 1894 – 10. 9. 1953)

Frida Hauser geb. Schmid, Friseurmeisterin (geb. 23. 7. 1920)

Hans Hauser, Friseurmeister (geb. 1. 10. 1918)

Als neuer Pächter ziehen das Friseur-Ehepaar Albert und Babette Thumm in das zuvor von dem Friseur Hans Kölle betriebene Friseurgeschäft ein.

Albert Thumm erwirbt am 14. 10. 1949 das Haus mit Scheuer Karlstraße 16, reißt die Scheuer ab und baut darauf ein Wohnhaus mit Friseurgeschäft.

1961 mietet sich der Friseurmeister Gerhard Schmauder im Hause Thumm ein, bis er 1971 das von ihm erbaute Wohn- und Geschäftshaus Karlstraße 27, bezieht. Die Nachfolge im Hause Kölle tritt im Juli 1951 das Friseurehepaar Hans und Frida Hauser an (siehe Seite 181).

Am 31. März 1934 ist die Gründungsversammlung des DRK Münsingen unter der Bezeichnung der „Samariterinnen und Samariter vom Roten Kreuz in der Sanitätskolonne Münsingen". Landrat Dr. Eisenlohr, Medizinalrat Dr. Diroloff und Bereitschaftsführer Albert Thumm sind die Initiatoren.

Albert Thumm ist es, der nach dem Krieg im Jahr 1948 als Bereitschaftsführer zusammen mit den Kameraden Otto Ballestriero, Albert Lorch und Hans Glocker den Wiederaufbau des DRK Münsingen vorantreibt.

Im Juli 1951 mietet sich das Friseurmeister-Ehepaar Hans und Frida Hauser im Hause Kölle ein und kauft dieses am 4. 11. 1960.

Die Familie Hauser verzieht später nach Suppingen.

Am 1. 3. 1981 übernimmt die Friseurmeisterin Ingrid Falk geb. Arnold (geb. 3. 4. 1952), pachtweise das Friseurgeschäft Hauser, nachdem sie hier bisher schon als Friseuse tätig war. Sie gründet dann am 3. 4. 1985 einen Friseursalon in dem von ihr erworbenen Haus Uracher Straße 18. Hans Hauser verkauft das Haus Wolfgartenstraße 1 am 2. 4. 1985 an den Friseurmeister Anton Birkle.

Ingrid Falk (geb. 3. 4. 1952)

Münsingen.
Geschäftsempfehlung!
Der titl. Einwohnerschaft von hier und Umgebung zur Kenntnisnahme, dass ich im Hause des Herrn **Gg. Kölle**, Gipsermeister das von seinem Sohn betriebene
Friseurgeschäft
mit Parfümerie
ab heute wieder eröffnet habe. Ich bitte, das meinem Vorgänger erwiesene Vertrauen auch auf mich übertragen zu wollen.
Hochachtungsvoll
Albert Thumm
Herren- und Theaterfriseur

ALB BOTE 3. 2. 1933

Das Haus Birkle nach dem Umbau 1994/95

einst: Alte Buttenhauser Straße 216 „Judengasse" heute: Wolfgartenstraße 2

Das Schuhgeschäft von Jakob Pöhler

Johann Jakob Vöhringer (22. 7. 1805 – 10. 7. 1874), Schuhmachermeister und Zunftmeister, der sein Gewerbe in Buttenhausen ausübt, läßt sich im Oktober 1857 in Münsingen nieder.

Für die technische Entwicklung aufgeschlossen, kauft sich Johannes Vöhringer 1872 eine neu konstruierte Nähmaschine, mit der alle Arten von Stiefelschäften gefertigt werden können.

ALB BOTE 24. 2. 1872

Johannes Vöhringer (4. 4. 1846 – nach Hamburg verzogen und dort 1933 gestorben), Schuhmachermeister, führt sich gut in das vom Vater übernommene Geschäft ein. Geschäftsempfehlung und Einladung zur Hochzeit werden wohl nicht nur von der bisherigen Kundschaft positiv aufgenommen.

ALB BOTE 12. 4. 1873

Im Mai 1908 wird das Schuhwarengeschäft bedeutend vergrößert. Neben der anerkannt guten schweren Ware werden auch bessere Schuhwaren „nach Maß unter Garantie für gutes Passen in kürzester Zeit" angefertigt.

ALB BOTE 26. 5. 1908

Der Schuhmachermeister Jakob Pöhler (26. 6. 1891 – 25. 9. 1930) erwirbt durch Kauf das Geschäft von Joh. Vöhringer, Schuhmachermeister, und eröffnet am 1. Oktober 1919 eine Maß- und Reparaturwerkstätte. Die Werkstatt ist mit mehreren Schuhmachern besetzt, die Maßschuhe fertigen. Fabrikschuhe sind nur in geringen Mengen auf dem Markt.

Als Jakob Pöhler 1930 an einer Kriegsverletzung stirbt, führt seine Frau Margarethe Pöhler den Betrieb weiter.

ALB BOTE 2. 10. 1919

Der Sohn Eugen Pöhler (21. 8. 1920 – 1. 12. 1943) erlernt das Orthopädie-Schuhmacher-Handwerk bei der Firma Kraus in Ulm/Donau. Nach Abschluß der Ausbildung wird er am 1. 9. 1939 zur Wehrmacht einberufen.

Eugen Pöhler, der für die Geschäftsnachfolge vorgesehen ist, fällt am 1. 12. 1943 bei den schweren Kämpfen im Osten zwölf Kilometer nordöstlich von Orscha.

Jakob Pöhler (26. 6. 1891 – 25. 9. 1930), Schuhmachermeister

Margarethe Pöhler geb. Götz (30. 1. 1892 – 3. 6. 1969)

Eugen Pöhler (21. 8. 1920 – 1. 12. 1943)

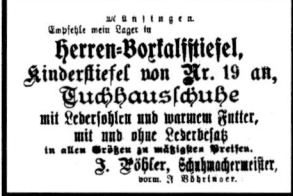

ALB BOTE 11. 12. 1920

Friedel Bühle geb. Pöhler (geb. 27. 2. 1922), Tochter des Firmengründers Jakob Pöhler, ist in der Schuhbranche groß geworden. Sie führt zusammen mit ihrer Mutter Margarethe Pöhler das Geschäft weiter und tritt 1950 als Gesellschafterin in die Firma „Schuhhaus Pöhler OHG" ein.

Ihr Ehemann Hermann Bühle (geb. 1. 1. 1922), von 1946 bis 1949 kaufmännischer Angestellter bei den Städtischen Betriebswerken Münsingen, gestaltet seit der Eheschließung am 18. 6. 1949 die Geschicke des Hauses Pöhler mit.

einst: Alte Buttenhauser Straße 216 „Judengasse" | heute: Wolfgartenstraße 2

Das Schuhhaus um 1935

Hermann Bühle, Kaufmann (geb. 1. 1. 1922)

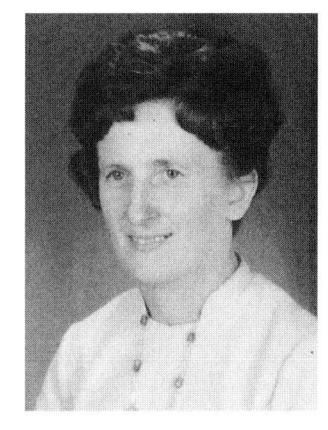

Frida Bühle geb. Pöhler (geb. 27. 2. 1922)

Wolfgang Göttler (geb. 9. 2. 1958), Raumausstatter, Dipl.-Betriebswirt (BA)
Margrit Göttler geb. Bühle (geb. 30. 4. 1958), Betriebswirtin

Das heutige Schuhhaus Pöhler

Das Haus wird mehrmals umgebaut. Nach einem großen Räumungsverkauf vom 10. 6. 1975 bis 21. 6. 1975 erfolgt der Umzug in das alte Verlagsgebäude des ALB BOTE, Hauptstraße 11. Nun ist der Totalabbruch des Hauses Wolfgartenstraße 2 möglich und schon am 27. 2. 1976 ist Neu-Eröffnung.

In die Wölbung über dem Ladeneingang hat Malermeister Christian Bückle den deutschen Dichter und Schuhmacher in Nürnberg Hans Sach portraitiert mit dem bekannten Reim: „Hans Sachs Schuhmacher und Poet dazu".

Am 1. 1. 1988 übernehmen die Tochter Margrit Göttler und ihr Ehemann Wolfgang Göttler das Geschäft.

Ende März 1995 eröffnet das Schuhhaus Pöhler ein Zweiggeschäft im Lichtensteinspark, Lichtensteinstraße 36: Quick-Schuh, eine Filiale im modischen Billigpreisbereich mit Selbstbedienung.

einst: Alte Buttenhauser Straße 218 „Judengasse" heute: Wolfgartenstraße 3

Alte Buttenhauser Straße 218

Johannes Belz (24. 10. 1858 – 16. 7. 1927), Steinhauer, erwirbt 1887 das Haus Alte Buttenhauser Straße 218 und betreibt hier ein Grabsteingeschäft. 1913 verkauft er das Haus an den Grabsteinhauermeister Johann Georg Claß und wechselt in die Adlerstraße, gegenüber dem Gasthof „Adler", heute Uracher Straße 8.

ALB BOTE 5. 4. 1913

Johann Georg Claß (23. 1. 1882 – 1922 nach Laichingen verzogen), Grabsteinhauermeister.

Von Untertürkheim kommend, übernimmt Johann Georg Claß das Grabsteingeschäft von Johs. Belz sen. im März 1913. 1922 verzieht er nach Laichingen. Neuer Besitzer wird der Sattlermeister Paul Käuffert.

ALB BOTE 22. 3. 1913

Paul Käuffert (30. 5. 1890 – 31. 5. 1955), Sattlermeister, wurde in Mailand/Italien geboren. Sein Vater war Zichorie-Müller im Zweigwerk Mailand der Firma Zichorie-Frank Ludwigsburg. Der Vater verstarb sehr früh, die Witwe kehrte mit ihren Kindern wieder in die Heimat nach Eltingen, Oberamt Leonberg, zurück.

Paul Käuffert (30. 5. 1890 – 31. 5. 1955)

1923 kauft Paul Käuffert das Haus von Grabsteinhauermeister Johann Georg Claß und gründet hier im Juli 1923 ein Lederwaren- und Reiseartikelgeschäft.

ALB BOTE 10. 7. 1923

Spezialität im Warenangebot waren Reisekoffer und -taschen. Käufferts Stand bei der Gewerbeausstellung in Münsingen vom 18. Juli bis 2. August 1925 gibt einen Einblick in das reichhaltige Sortiment

Paul Käuffert mit Ehefrau Berta geb. Kocher (8. 12. 1894 – 20. 11. 1931) und Tochter Berta (22. 5. 1920 – 5. 12. 1988), verheiratet mit dem Autor dieses Buches, Karl Haueisen

einst: Alte Buttenhauser Straße 218 „Judengasse" heute: Wolfgartenstraße 3

Auf kommenden Markt empfehle feine Lederwaren: Wie Reisekoffer, Aktenmappen, Damentaschen, Brief- u. Geldscheintaschen, Zugbeutel. Paul Käuffert, Lederwaren- und Reiseartikelgeschäft.

ALB BOTE 31. 7. 1923

Münsingen. Geschäftserweiterung. Meiner werten Kundschaft von hier und Umgebung zur Kenntnis, daß ich ab heute neben meinem Lederwarengeschäft auch sämtliche **Polstermöbel** anfertige, sowie **Linoleum legen** und **Vorhänge aufmachen** werde. Es wird mein Bestreben sein, meine werte Kundschaft zur vollsten Zufriedenheit zu bedienen. Hochachtungsvoll P. Käuffert, Sattlermeister.

ALB BOTE 25. 2. 1932

1932 wird zum Lederwarengeschäft noch die Anfertigung von Polstermöbeln und das Verlegen von Linoleum aufgenommen.

Bei der Besetzung Münsingens durch amerikanische Streitkräfte am 24. 4. 1945 wird Elsbeth Käuffert, Tochter des Sattlermeisters Paul Käuffert, von einem Granatsplitter tödlich getroffen

Paul Käuffert mit Ehefrau Marie geb. Ruopp (31. 5. 1897 – 16. 5. 1981) und Tochter Helene, verh. Walter (2. v. l.)

Elsbeth Käuffert (30. 5. 1928 – 24. 4. 1945)

Eugen Schindler (geb. 14. 2. 1923), Raumausstattermeister, verheiratet mit Hilde Schindler geb. Stotz (geb. 11. 3. 1926), gründet am 1. 6. 1955 ein Polstergeschäft mit Betriebzweig Innenausstattung im Hause des verstorbenen Sattlermeisters Paul Käuffert. 1960 kann Eugen Schindler die Scheune von Johannes Autenrieth (27. 4. 1879 – 8. 8. 1975) in der Mühlstraße 1 erwerben. Er baut diese zu einem Wohn- und Geschäftshaus um und bezieht im Dezember 1960 das neue Geschäft.
Der Sohn Reinhard Schindler, Raumausstattermeister (geb. 13. 12. 1952) übernimmt 1983 das elterliche Geschäft. Die Geschäftsräume in der Wolfgartenstraße 3 werden neben verschiedenen kurzfristigen Nutzungen von 1982 bis 1984 an das Holzlädle Ursula Jetter und von 1989 bis 30. Juni 1995 an die Firma Reiff Versicherungsmakler GmbH vermietet.

Hilde Schindler (geb. 11. 3. 1926)

Eugen Schindler (geb. 14. 2. 1923)

Das Geschäft von Reinhard Schindler in der Mühlstraße 1

Das Haus Wolfgartenstraße 3

Im Rahmen der Erbfolge übernimmt Helene Walter das elterliche Geschäftshaus. Neuer Hausbesitzer wird im August 1988 der Malermeister Hartmut Feucht aus Upfingen.

Helene Walter geb. Käuffert (geb. 31. 1. 1935)

Wilhelm Walter (geb. 1. 3. 1935)

1961, nach dem Auszug der Familie Schindler, stocken Helene und Wilhelm Walter das Haus auf.

einst: Alte Buttenhauser Straße 296 „Judengasse" heute: Wolfgartenstraße 4

Das 1880 erbaute Haus – Im Bild: Rosel Gaub, ihren Bruder Hans Gaub auf dem Arm

Das Haus Nr. 296, 1880 von Alt Ludwig Schwenk, Glaser, erbaut.

Es folgen:
1894: Georg Bauer, Bäcker;
1906: Otto Hagstotz, Bäcker;
1908: Jakob Gaub, Bäckermeister.

Am 2. 5. 1908 eröffnet Jakob Gaub (22. 4. 1883 – 18. 7. 1962), Bäckermeister, eine Brot- und Feinbäckerei nebst Mehlverkauf und selbstgemachten Eiernudeln.

ALB BOTE 2. 5. 1908

ALB BOTE 28. 7. 1894

ALB BOTE 19. 10. 1905

Der erste Weltkrieg bricht aus, Jakob Gaub wird zu den Waffen gerufen. Nach der Rückkehr aus dem Felde eröffnet Jakob Gaub am 14. 1. 1919 wieder seine Bäckerei und Mehlhandlung.

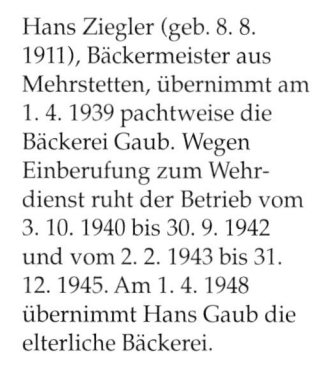

Hans Ziegler (geb. 8. 8. 1911), Bäckermeister aus Mehrstetten, übernimmt am 1. 4. 1939 pachtweise die Bäckerei Gaub. Wegen Einberufung zum Wehrdienst ruht der Betrieb vom 3. 10. 1940 bis 30. 9. 1942 und vom 2. 2. 1943 bis 31. 12. 1945. Am 1. 4. 1948 übernimmt Hans Gaub die elterliche Bäckerei.

ALB BOTE 14. 1. 1919

Erster von links: Jakob Gaub

Hans Ziegler (geb. 8. 8. 1911)

Am 1. 4. 1948 übernimmt Johannes (Hans) Jakob Gaub (15. 2. 1923 – 2. 3. 1982), Bäckermeister, die elterliche Bäckerei.

Johannes Jakob Gaub (15. 2. 1923 – 2. 3. 1982)

Rosa Gaub geb. Laur (geb. 7. 5. 1921)

einst: Alte Buttenhauser Straße 296 „Judengasse" heute: Wolfgartenstraße 4

Hans Gaub mit seinen Bäckern in der Backstube

Hans Gaub ist ein engagierter Kommunalpolitiker und in mehreren Gremien ehrenamtlich tätig, unter anderem als Stadtrat, stellvertretender Bürgermeister, Obermeister der Bäcker-Innung, Kreishandwerksmeister, stellvertretender Landes-Innungs-Meister und Vorstand der TSG Münsingen. Für sein vielseitiges Wirken wird er am 5. 3. 1975 mit dem Bundesverdienstkreuz ausgezeichnet, das ihm in einer Feierstunde am 7. 5. 1975 überreicht wird.

Nach dem Ableben von Hans Gaub führt Ehefrau Rosa Gaub das Geschäft weiter, bis der Sohn Heinz Gaub, Bäckermeister, am 1. 1. 1983 die Nachfolge antritt.

Im Hause Bäckerei Gaub bricht am 5. 6. 1944 ein Feuer aus. Hierzu ist in der Festschrift zum 20. Kreis-Feuerwehr-Tag des Landkreises Reutlingen in Münsingen vom 13. bis 16. Juni 1986 auf Seite 130 zu lesen: „Brand im Bäckereigebäude Gaub in der Wolfgartenstraße in Münsingen. Bei diesem Brand wurden erstmalig die seit 10. 1. 1944 ausgebildeten Feuerwehrhelferinnen bei der Brandbekämpfung eingesetzt."

Am 10. 1. 1944 wurden die Feuerwehrhelferinnen zum Feuerwehrdienst herangezogen. Die weibliche Wehr bestand aus drei Gruppen mit insgesamt 22 Personen. Gruppenführerinnen waren Lore Bückle, Luise Werner und Maria Brandisser. Bei dem Dienst der weiblichen Feuerwehr wurde monatlich gruppenweise abgewechselt. Bei Fliegeralarm oder zum Dienstabend traf man sich im Luftschutzkeller des neuen Rathauses. In den letzten Kriegsmonaten waren die weiblichen Feuerwehrangehörigen pro Monat bis zu 33 Mal im Einsatz; sie wurden am 10. November 1945 aus dem Feuerwehrdienst entlassen.

Am 1. 1. 1983 übernimmt Heinz Gaub (geb. 30. 9. 1952), Bäckermeister, die elterliche Bäckerei in der dritten Generation.

Margarete Gaub geb. Übelhör (geb. 29. 5. 1952), Heinz Gaub (geb. 30. 9. 1952)

Ende März 1995 eröffnet die Bäckerei-Konditorei Heinz Gaub eine Filiale im Lichtensteinpark, Lichtensteinstraße 36.

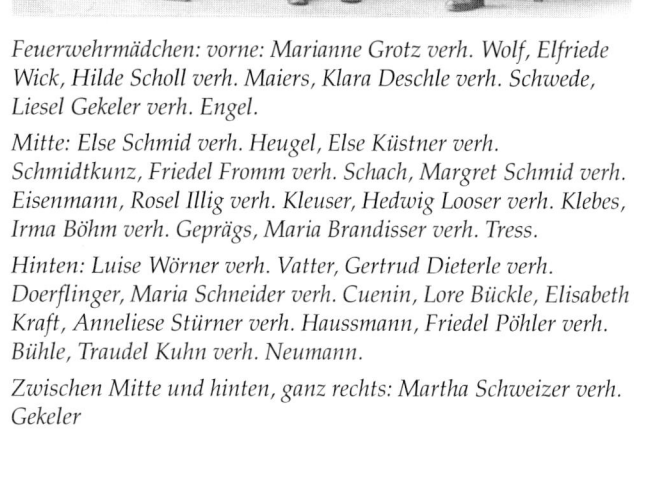

Feuerwehrmädchen: vorne: Marianne Grotz verh. Wolf, Elfriede Wick, Hilde Scholl verh. Maiers, Klara Deschle verh. Schwede, Liesel Gekeler verh. Engel.

Mitte: Else Schmid verh. Heugel, Else Küstner verh. Schmidtkunz, Friedel Fromm verh. Schach, Margret Schmid verh. Eisenmann, Rosel Illig verh. Kleuser, Hedwig Looser verh. Klebes, Irma Böhm verh. Geprägs, Maria Brandisser verh. Tress.

Hinten: Luise Wörner verh. Vatter, Gertrud Dieterle verh. Doerflinger, Maria Schneider verh. Cuenin, Lore Bückle, Elisabeth Kraft, Anneliese Stürner verh. Haussmann, Friedel Pöhler verh. Bühle, Traudel Kuhn verh. Neumann.

Zwischen Mitte und hinten, ganz rechts: Martha Schweizer verh. Gekeler

Die Bäcker-Innung

Bäckerei Gaub 1950 . . .

. . . 1953

. . . 1976

. . . und 1978

einst: Alte Buttenhauser Straße 219 „Judengasse" | heute: Wolfgartenstraße 5/5a

Das Haus gehörte Hubert und Magdalene Locher und Adam Schäfer, Taglöhner, genannt „Öl-Schäfer", Alte Buttenhauser Straße 219. Danach: Friedrich und Karoline Siegler. Ernst Siegler übernimmt den Wohnteil des Hauses Nr. 5 und baut diesen um. Rosa Grotzke geb. Siegler und ihr Ehemann Heinz Grotzke brechen 1959 Scheuer und Stall ab und erstellen den Neubau Nr. 5a. Das Ehepaar Grotzke zieht im Dezember 1959 in das neue Haus ein.

Das Haus einst . . .

. . . und heute

einst: Alte Buttenhauser Straße 283 „Judengasse" heute: Wolfgartenstraße 17

Die Küferei von Friedrich Krehl

Der Küfer Friedrich (Fritz) Krehl (23. 8. 1877 – 18. 3. 1939) erlernt das Handwerk bei dem Küfermeister Christian Schaefer in Urach und verbringt einen Teil seiner Gesellenzeit in Göppingen. Am 15. 3. 1904 eröffnet er sein Küfereigeschäft.

Es sind schon sechs Küfereien in der Stadt, ein weiterer Küfer kann sich deshalb vom Beruf allein nicht ernähren. Fritz Krehl arbeitet im Zementwerk und betreibt die Küferei nebenher. Nach dem Ersten Weltkrieg 1918 geht es wieder aufwärts, so daß er dann nur noch in seinem Handwerksbetrieb tätig ist.

ALB BOTE 15. 3. 1904

In der Uracher Küferei Schäfer erlernte Friedrich Krehl sein Küferhandwerk

Familie Fritz Krehl. Zweiter von rechts ist der Geschäftsnachfolger Ferdinand Krehl, der Dritte Otto Krehl, Küfermeister in Flein; vorne Ehepaar Krehl

„Zur Erinnerung an unsere Gesellenzeit": Göppingen 1902

Ferdinand Krehl (9. 5. 1912 – 14. 9. 1983), Küfermeister

Ferdinand Krehl (9. 5. 1912 – 14. 9. 1983), Küfermeister, übernimmt am 1. 3. 1939 das Geschäft vom Vater, der Neubeginn wird aber jäh unterbrochen durch den Beginn des 2. Weltkriegs und die Einberufung zur Wehrmacht am 4. 4. 1940. Der Betrieb ruht bis zur Rückkehr am 17. 8. 1945. Dann beginnt der Auf- und Ausbau. 1950: Vertrieb von Mineralwasser auf dem Dreirad, 1954: Einrichtung der Mosterei, 1958: Einbau eines Ladens für Wein und Spirituosen in die alte Werkstatt, 1963: Bau der Brennerei, 1967: Erstellung der Getränkehalle.

Das Dreirad hat nun ausgedient, der erhöhte Ausstoß macht die Anschaffung eines 2,5-Tonnen-Lkw erforderlich.

Ferdinand Krehl bei der Arbeit

einst: Alte Buttenhauser Straße 283 „Judengasse" heute: Wolfgartenstraße 17

Ursula Krehl geb. Vatter (geb. 5. 11. 1952)

Karl Krehl, Meister im Küfer- und Böttcherhandwerk (geb. 17. 11. 1946)

Das Haus 1958

Das Haus vor dem Abriß 1980

Das heutige Weinhaus Krehl

Karl Krehl erlernt das Küfer- und Böttcher-Handwerk bei seinem Vater. Er besucht 1970 die Bundesfachschule für das Küferhandwerk in Reutlingen und legt die Meisterprüfung ab. Mit Stolz erzählt Karl Krehl, daß es nach ihm im Altkreis Münsingen keinen Küfer- und Böttcherlehrling mehr gab, er ist also hier der letzte Küfermeister.

Nach der Geschäftsübernahme vom Vater am 1. 7. 1976 läßt Karl Krehl das alte Haus am 5. 5. 1980 abreißen, erstellt ein neues Geschäftshaus und baut eine leistungsfähige Getränkegroß- und Einzelhandlung auf.

einst: Alte Buttenhauser Straße 281 „Judengasse" heute: Wolfgartenstraße 22

Das von Vater und Sohn erbaute Haus

Ludwig Krehl (4. 11. 1818 – 14. 2. 1892), Bäcker und Fuhrmann, und sein Sohn Jacob Krehl, Hafnermeister, bauen 1870 gemeinsam das Haus Alte Buttenhauser Straße 281, das dann 1880 ganz in das Eigentum von Jacob Krehl übergeht.

Weitere Besitzer:
Jacob Friedrich Krehl, Hafner (4. 11. 1848 – 12. 3. 1914), Ehefrau Elisabeth Krehl geb. Haueisen (4. 5. 1844 – 16. 9. 1895);

Jakob Friedrich Krehl, Hafner (3. 5. 1877 – 7. 2. 1929), Ehefrau Barbara Krehl geb. Eckle (24. 9. 1879 – 14. 6. 1935).

Am 1. September 1905 erwirbt Jakob Krehl junior, Hafner, das elterliche Anwesen durch Kauf.

Karl Friedrich Unger erwirbt später das Haus.

Vater und Sohn Jakob Krehl

Das Anwesen heute

Elisabeth Unger geb. Böhm (geb. 17. 11. 1933)

Karl Friedrich Unger, Maschinenschlosser, Kraftfahrer (8. 2. 1934 – 17. 5. 1994)

einst: Alte Buttenhauser Straße 396 „Judengasse" heute: Wolfgartenstraße 42 und 42-1

Das Haus von Ludwig Kuhn

Ludwig Kuhn und seine Ehefrau Dorothee ruhen sich am „Faß-Brunnen" aus

Scheuer (Nordhälfte) 1961 von Erwin Saalmüller und seiner Ehefrau Rosemarie Saalmüller geb. Arnold ausgebaut, während der Wohnteil (Südhälfte) 1981/82 umgebaut wird.

Ludwig Kuhn (20. 10. 1862 – 25. 11. 1936), in Wasserstetten geboren, baut 1911 das Anwesen bei der „Oberen Linde", Alte Buttenhauser Straße 396. Er bewirtschaftet seine Landwirtschaft mit einem stattlichen Eselgespann. Das bringt ihm den Beinamen „Eselbauer" ein. Seine erste Ehefrau Katharina geb. Goller stirbt 1904, die zweite, Christine Dorothea geb. Schmid, 1914. Die dritte Ehe mit Dorothea geb. Mäckle (10. 7. 1879 – 2. 2. 1948) geht er am 9. 6. 1914 ein.

Ludwig Kuhn ist ein Schlitzohr, immer zu derben Sprüchen aufgelegt. Sein Blick auf dem Bild verrät, daß ihm der Schalk im Nacken sitzt. 1931 gibt Ludwig Kuhn die Landwirtschaft auf. Im Tausch übernimmt er das Anwesen von Witwe Marie Ruopp und deren Sohn Friedrich Ruopp, Brunnenstraße 36, heute Ernst-Bezler-Straße 18, und die Ruopps ziehen in die „Obere Linde", Alte Buttenhauser Straße 396.

Fritz Ruopp zieht 1931 mit seiner Mutter Maria Ruopp geb. Götz (14. 9. 1869 – 26. 9. 1941) von der Brunnenstraße 36 zum bisherigen Anwesen Ludwig Kuhn, Alte Buttenhauser Straße 396, um.

Der Vater Johannes Ruopp (24. 1. 1867 – 10. 8. 1912), Straßenwart, ist schon 1912 verstorben. Die Schwester Rosa Arnold geb. Ruopp kehrt 1945 mit ihren Kindern von Ludwigsburg-Oßweil nach Münsingen zurück, nachdem ihr Ehemann Kurt Arnold,

Ludwig Kuhn, „Eselbauer"
(20. 10. 1862 – 25. 11. 1936)

Friedrich Ruopp, Landwirt
(4. 8. 1895 – 24. 4. 1945)

Rosa Arnold geb. Ruopp
(geb. 11. 7. 1907)

Schriftsetzer, vom Krieg nicht zurückkehrt, in Rußland vermißt ist (Mitteilung von 1948). Kurt Arnold ist vor dem Krieg als Schriftsetzer bei der „Rundschau von der Alb" bis 1932 beschäftigt, dann geht das Blatt im ALB BOTE auf. Beim Einmarsch der amerikanischen Streitkräfte am 24. 4. 1945 wird Fritz Ruopp von einem Granatsplitter tödlich getroffen. Am alten Haus wird die

Das umgebaute Haus

einst: Charlottenstraße 384   heute: Bismarckstraße 7

Die Strickwarenfabrik Paul Canz & Co.

Karl Mayer, Händler, und Otto Mayer, lediger Uhrmacher, Söhne des Adlerwirt Carl Mayer, bauen 1911 ein Wohnhaus mit Scheuer an der Charlottenstraße 384. Am 12. 6. 1914 übernimmt der in Göppingen geborene Kaufmann Robert Blessing (1882 – 8. 5. 1970) das Haus samt dem Gesamtgrundstück von den Brüdern Karl und Otto Mayer und gründet das Münsinger Papierverarbeitungswerk GmbH. Es ist ein bescheidener Anfang. Durch einen Zwischenbau auf der Nordseite des Hauses wird ein einstockiges Fabrikgebäude unter Sheddach erstellt. Der Betrieb muß während des 1. Weltkrieges geschlossen werden, weil Robert Blessing für die Dauer des Krieges als Soldat ins Feld geht. Am 8. 11. 1919 verkauft er dieses Geschäft an den Reutlinger Fabrikanten Otto Canz und wechselt als Prokurist und stiller Teilhaber in die Kartonagenfabrik Chr. Leibfarth, Metzingen, bis Robert Blessing im Jahr 1927 die Firma Robert Blessing Briefumschlagfabrik und Buchdruckerei in Pfullingen gründet.

Am 23. 4. 1920 übernimmt der Fabrikant Paul Canz (29. 10. 1893 – 28. 10. 1962) die von seinem Bruder Otto Canz gekauften Baulichkeiten der bisherigen Münsinger Papierverarbeitungswerks GmbH und gründet die Strickwarenfabrik Paul Canz & Co. Erste Baumaßnahmen sind: 1920 der Ausbau des Dachstocks im Wohn- und Geschäftshaus und 1921 die Vergrößerung der Shed-Fabrikhalle durch Anbau sowie einen Kontoranbau auf der Westseite.

Mit dem 1924 erbauten neuen Fabrikgebäude setzt Paul Canz neue Maßstäbe, die Grundlage für einen rationellen Produktionsablauf. Die Strickwarenfabrik Paul Canz & Co. ist nach dem Portland-Cementwerk das größte Industrieunternehmen in Münsingen. Paul Canz heiratet am 8. 7. 1922 Luise Pauline Anna geb. Hörner (20. 11. 1900 – 2. 5. 1986), Tochter des Stadtschultheißen und Ehrenbürgers der Stadt Münsingen, August Hörner.

Der Fabrikant Paul Canz (29. 10. 1893 – 28. 10. 1962)

Die Firma Paul Canz & Co. produziert Kleinkinder-Strickwaren. Der große Renner in der vielseitigen Angebotspalette sind Kinderleibchen. Das bringt Canz auch den schmeichelhaften Beinamen „Leibchen-König" ein. Paul Canz stirbt am 28. 10. 1962. Seine Ehefrau Luise Canz führt den Betrieb weiter, bis am 1. September 1965 Erich Canz, der Neffe des Verstorbenen, die Geschäftsleitung als persönlich haftender Gesellschafter übernimmt. 1972 wird die Produktion eingestellt, der Verkauf von Strickwaren außer Haus aber weiterhin betrieben, bis die Firma am 26. 1. 1976 erlischt. Am 10. 5. 1973 kauft Karl Voigt, Kaufmann aus Metzingen, die Liegenschaften und gründet im Hauptgebäude einen Lebensmittelmarkt. Wohnhaus und Shedhalle werden abgetragen und große Parkflächen geschaffen. Nach wiederholtem Wechsel hat sich die Firma Lidl & Co. KG, Discount-Märkte, etabliert.

Paul Canz mit Ehefrau Luise

Briefkopf der Firma Paul Canz, Münsingen

201

einst: Charlottenstraße 439 | heute: Bismarckstraße 24

Der Mechanikermeister Hermann Genkinger (3. 11. 1878 – 29. 10. 1968), in Nürtingen geboren, Heirat am 31. 10. 1905 mit Karoline Regine Genkinger geb. Buck (19. 5. 1883 – 29. 10. 1966), zieht 1911 von Hülben hierher. Er tritt als Werkmeister in die Firma Adolf Schreiber Beschlägfabrik in Münsingen ein.

1920 macht sich Hermann Genkinger selbständig und gründet eine „Mechanische Werkstätte", repariert Maschinen und Motoren und verkauft eine breite Palette an landwirtschaftlichen Maschinen aller Art.

Schließlich wird 1927 eine Motorfahrzeughandlung mit Reparaturwerkstatt angegliedert.

Hermann Genkinger (3. 11. 1878 – 29. 10. 1968)

Tochter Gertrud Genkinger verh. Güller. Das von Hermann Genkinger 1922 erbaute Haus mit der kleinen Werkstatt nebenan in der Charlottenstraße 439, heute Bismarckstraße 24

Der Sohn Lothar Genkinger (18. 7. 1906 – 11. 4. 1973) absolviert nach dem Besuch der Oberschule eine Mechanikerlehre. Er hält in der Fremde Umschau. Gerade 21 Jahre alt, man schreibt das Jahr 1927, tritt er in das elterliche Geschäft ein, wo er insbesondere für den neugegründeten Betriebszweig „Motorfahrzeughandlung mit Reparaturwerkstatt" zuständig ist.

Hermann Genkinger, Autovermietung und Hans Scheck, Autovermietung, gründen am 4. 2. 1928 die „Auto-Centrale Münsingen", die an die Unfallmeldestelle Münsingen angeschlossen ist.

Lothar Genkinger arbeitet mit dem Vater zusammen an der Konstruktion eines praktischen, billigen und soliden Wagenhebers. 1930 klappt es, der Spindelheber mit Winkelzahnrädern und zusammenlegbarem Steckschlüssel funktioniert. Damit ist der Grundstein für das heutige Unternehmen mit dem vielseitigen Fabrikationsprogramm Hebe- und Fördertechnik gelegt. Hanomag bestellt als erste Automobilfabrik das neue Produkt und rüstet ihre Fahrzeuge mit Autohebern von Genkinger aus. Weitere Automobilfirmen folgen.

Mietwagen der Firma Genkinger, 1928

1928 baut Hermann Genkinger neben das Wohnhaus zweigeschossige Fabrikationsräume, in denen künftig die Wagenheber und in der weiteren Spezialisierung fahrbare Werkstatt-Rangierheber und Ölpumpen in großen Serien hergestellt werden. Mit dem Kriegsende 1945 wird auch die Wirtschaft lahmgelegt. Die französische Besatzungsmacht demontiert den ganzen Maschinenpark, außerdem wird über die Firma Genkinger eine dreijährige Produktionssperre verhängt. Der Wiederanfang ist schwierig, das Kapital für die Anschaffung von Maschinen fehlt, deshalb werden Artikel in

Hermann Genkinger (1878-1968)

Karoline Regine Genkinger geb. Buck (19. 5. 1883 – 29. 10. 1966)

ALB BOTE 30. 4. 1927

geringen Serien nach handwerklicher Art gebaut. Wirtschaftlicher Aufschwung in den 50er und 60er Jahren die Firma Genkinger kann wieder an die alte Tradition anknüpfen. 1957 verlegt Lothar Genkinger den Betrieb, 1958 auch das Büro in das Grundstück Ehinger Straße 248, heute Hauptstraße 69 und firmiert nun Hermann Genkinger OHG Maschinen- und Apparatebau (siehe Seite 153).

Das Ehepaar Genkinger darf noch die diamantene Hochzeit feiern.

Neben dem Wohnhaus die 1928 neu erstellte Werkshalle

Das Ehepaar Dieter und Gisela Schulze ließ 1980 das alte Haus in der Bismarckstraße abtragen und baute auf dem Areal ein neues Wohngebäude

einst: Bahnhofstraße 310   heute: Bahnhofstraße 1

Das von Heinrich Schwenk im Jahre 1894 erbaute Wohn- und Geschäftshaus

Vorne: Ehepaar August Schmid, von links: Margarete Eisenmann geb. Schmid, Fotografin (geb. 11. 8. 1925), Irma Haas geb. Schmid, Fotografin (geb. 5. 6. 1924 – 29. 9. 1979), Klara Lautenbacher geb. Schmid, Verkäuferin (geb. 12. 8. 1929)

Willy Eisenmann, Fotograf (geb. 14. 2. 1928), Margarete Eisenmann geb. Schmid, Fotografin (geb. 11. 8. 1925)

Das Wohn- und Geschäftshaus in der Bahnhofstraße 1 wird 1894 von dem Ökonom Heinrich Schwenk (16. 10. 1849 – 3. 2. 1934) erbaut. Als Hausbesitzer folgen: 1901 Eugen Schaal, Kaufmann aus Reutlingen; 1904 Dr. Albert Frasch, Oberamts-Tierarzt (5. 9. 1872 – ?). Dr. Frasch kommt 1901 von Pfullingen und verzieht 1915 nach Waiblingen. In Erinnerung ist noch der aus Stein gemeißelte Pferdekopf, den Dr. Frasch an der Giebelseite über dem Hauseingang anbringen läßt. 1914 kauft August Schmid das Haus und verlegt sein Geschäft vom Kegelgraben hierher (siehe Seite 104).
Das Fotografische Atelier und die Fotohandlung ist ein Familienbetrieb.
1984 übernimmt das Ehepaar Willy und Margarete Eisenmann das elterliche Geschäft.
Am 31. 1. 1990 ziehen sich die Eisenmanns aus dem Berufsleben zurück. Das Geschäftshaus übernimmt die Deutsche Bundespost.

August Schmid, Fotograf (11. 6. 1883 – 13. 8. 1944), und Anna Schmid geb. Mohl (24. 5. 1896 – 18. 5. 1984)

Foto Schmid: Das Geschäftshaus wurde 1990 von der Deutschen Bundespost übernommen

203

Schulen in Münsingen vor dem 2. Weltkrieg: Die Lateinschule

Die frühere Lateinschule in Münsingen

Kindergarten Münsingen um 1920: Geburtsjahrgänge 1913 bis 1916

Die Lateinschule (1470-1874), später Kollaboraturschule, an deren Spitze der Praeceptor stand, war im Gebäude Salzgasse 79, heute Kirchplatz 3, untergebracht.

Mit der Eröffnung der zweiklassigen Realschule im Juni 1875 ist die Lateinschule „eingegangen".

Nach dem Umzug der Volksschule vom Rathaus in das neu erbaute Schulhaus in den Bachwiesen (ab 1912 Realschule) im Jahr 1890 konnte die Kollaboraturschule in das Rathaus umziehen. In die frei gewordenen Räume der Kollaboraturschule zog dann die Kleinkinderschule ein. Schwester Marie hat Tag für Tag circa 80 Kinder betreut. Im Dritten Reich wurde die Kleinkinderschule in „Kindergarten der NSV" umbenannt (Anm.: NSV = Nationalsozialistische Volkswohlfahrt).

Das Haus ist heute im Eigentum von Andreas Hartmaier, Dipl.-Ing. (FH), der es einer grundlegenden Sanierung unterzogen hat. Besonders bekannt geworden ist es durch die Lobe im Untergeschoß.

Das renovierte Gebäude zum Kirchplatz hin

Südseite und Ostseite an der Salzgasse

Die Südseite an der Salzgasse: das Fachwerkhaus rechts

Kindergarten der „NSV"

Die Lobe

Schulen in Münsingen vor dem 2. Weltkrieg: Die Realschule

Das Bild oben ist ein Ausschnitt aus dem von August Hoff, Goldschmied, gezeichneten Bild „Münsingen im Jahr 1879"

Im Stadtbauplan der Oberamtsstadt Münsingen von 1823 wird dieses Gebäude als „Oberamts-Gericht" ausgewiesen.

Brandversicherungskataster: „Die Oberamtsrichterliche Bewohnung, samt Scheuer unter einem Dach, beim vormalig geistlichen Kasten in der Salzgasse."

Im Mai 1875 wird in der Salzgasse 73, heute Salzgasse 16, „die neu errichtete zweiklassige Realschule eröffnet und es können auch auswärtige Schüler eintreten".

13. August 1875: „Unsere Realschule ist nun organisiert, die Stellen sind mit zwei tüchtigen jungen Lehrern (Reallehrer und Collaborator), von welchen jeder 20 und etliche Schüler zu unterrichten hat, besetzt."

Um die Jahrhundertwende waren die Unterklassen im alten Rathaus, die Oberklassen der Realschule und die Oberreallehrerwohnung im Realschulgebäude in der Salzgasse.

1912 konnte die Realschule das bisherige Volksschulgebäude von 1890 übernehmen und mit allen Klassen dorthin umziehen.

Schulen in Münsingen vor dem 2. Weltkrieg: Das Schul- und Rathaus

Das alte Schul- und Rathaus

Nordseite des Rathauses – links: Aufgang zu den Schulen, rechts: Aufgang zu den städtischen Kanzleien

Im Stadtbuch von 1490 wird ein Rathaus erwähnt; wo dieses stand, weiß man allerdings nicht. Dagegen findet man nach derselben Quelle 1554 ein neuerbautes Rathaus am Markt. In einem alten Stadtbauplan ist dieses Gebäude als Schul- und Rathaus bezeichnet. Im alten Rathaus waren nicht nur die städtischen Kanzleien und Schulen untergebracht, auch andere Institutionen hatten im Wandel der Zeiten dort ihre Bleibe.

Erdgeschoß:

Rechts hinter dem Bogenfenster war das Wachlokal der drei städtischen Polizisten und dahinter, mit Zugang von der Salzgasse her die einst so blühende Münsinger Schranne, wo die Bauern ihr Getreide zum Verkauf anlieferten. Später war dies der Lagerraum für die Marktstände und sonstige Gerätschaften. Um der örtlichen Polizeigewalt Nachdruck verleihen zu können, befand sich links vom Eingang der Ortsarrest mit „Aussicht" auf den Marktplatz. Später diente dieser Raum als Freibank. Dahinter, gegen Osten, schloß sich der Obdachlosenraum an, mit Betten zur Übernachtung ausgestattet. Hier eine Begebenheit, die mit obiger Bildansicht im Zusammenhang steht: Bei einer Jahres-Hauptübung der Feuerwehr in den 20er Jahren war das Rathaus „Brandobjekt". Im Rahmen der „Rettungsaktionen" sprang Wilhelm Moser vom oberen Bühnenfenster im Giebeldreieck (auf dem Bild ist nur noch die untere rechte Seite sichtbar) in das Sprungtuch der Feuerwehr. Das war eine Spannung, als der Wilhelm hoch oben zum Sprung in die Tiefe ansetzte, und ein brausender Beifall erschallte über den Marktplatz, als er heil aus dem von den Feuerwehrleuten prall gespannten Sprungtuch hüpfte.

1. Obergeschoß:

Von hier aus wurden die Geschicke der Stadt gelenkt. Die städtischen Kanzleien und der Sitzungssaal waren dort etabliert.

2. Obergeschoß:

Bis 1890, dem Jahr des Umzugs in das neue Schulgebäude in den Bachwiesen (ab 1912 Realschule), waren hier die in drei Klassen eingeteilten Schuljahrgänge untergebracht. Dann waren in diesen Räumen das erste Münsinger Heimatmuseum, der Bezirksnotar und der Stadtgeometer. Aber auch die Kollaboraturschule, die frühere Lateinschule (bisher im Haus Kirchplatz 3), fand im Rathaus eine neue Heimat. Im Zusammenhang mit dem Umzug in das neue Schulhaus ist im ALB BOTE zu lesen: „Durch die Verlegung der Kollaboraturschule und des Zeichnungssaales auf das Rathaus und der Kleinkinderschule in das seitherige Lokal der Kollaboraturschule ist für unser Schulwesen nach allen Richtungen bestens gesorgt..." Anfang dieses Jahrhunderts, so erzählte Gustav Schwenk, selbst Realschüler dieser Zeit, waren die Unterklassen der Realschule in dem Raum Frontansicht rechts, während die linke Hälfte von 1906 bis 1936 der Katholischen Konfessionsschule überlassen war. Die Oberklassen der Realschule und die Oberreallehrerwohnung befanden sich im Realschulgebäude in der Salzgasse (heute Haus Werner Reiff). Am 5. 7. 1937 zog die Stadtverwaltung in das neue Rathaus in den Bachwiesen um.

ALB BOTE 8. 4. 1899

Das alte Rathaus in den 20er Jahren

Schulen in Münsingen vor dem 2. Weltkrieg: Katholische Konfessionsschule

30 Jahre Katholische Konfessionsschule 1906 bis 1936

ALB BOTE 11. 4. 1906

ALB BOTE 21. 9. 1906

Durch Erlaß des Kultusministers Mergenthaler vom 13. Mai 1936 wird die „Deutsche Volksschule" eingeführt. Damit hört die Katholische Konfessionsschule in Münsingen nach 30 Jahren ihres Bestehens auf zu existieren. Katholische und evangelische Schüler gehen von nun an gemeinsam im Volksschulgebäude auf den Schloßwiesen, oberhalb der Turnhalle, zur Schule.

Klassenbild von 1928: 1) fehlt, 2) Johanna Kutter, 3) Berta Hellstern, 4) Hermine Schwarzkopf, 5) Josefine Conzelmann, 6) Trudl Class, 7) Klassenlehrer Traub, 8) Erika Schwarzkopf, 9) Martha Bäumler, 10) Hermann Bayer, 11) Rudi Wolf, 12) Julie Scholl, 13) Mimi Brand, 14) Elsbeth Schneider, 15) Gisela Fritsch, 16) Maria Conzelmann, 17) Eddi Traub, 18) Franz Mohn, 19) Erwin Turner, 20) Hermann Weindl, 21) Hilde Piccolini, 22) Erwin Rauscher, 23) fehlt, 24) Hans Merkler, 25) Anni Lechner, 26) Emma Mohn, 27) Mariele Kutter, 28) Helga Fritsch, 29) Hermann Kurz, 30) fehlt, 31) Anton Scholl, 32) Josef Scholl, 33) Heinz Gotterbarm

1	2	3	4	5	6	7	8	9	10	11
					14		16			
12	13	15	17	18	19	20	21	22	23	24
	25	26	27		28	29		30	31	32	33

Klassenbild um 1930 am Aufgang zur Schule im Alten Rathaus: Hermine Schwarzkopf, Anton Scholl, Oskar Hertnagel, Paula Lechner, Maria Conzelmann, Elsbeth Schneider, Martha Bäumler, Hermann Kurz, Hans Merkler, Julie Scholl, Maria Schneider, Berta Hellstern, Anni Lechner, Mimi Brand, Franz Mohn, Helga Fritsch, Emma Mohn, Erwin Rauscher, Hermann Weindl, Josef Scholl, Heinz Gotterbarm

Schulen in Münsingen vor dem 2. Weltkrieg: Das neue Schulhaus von 1890

Das Schulhaus von 1890

Im neuen Schulhaus von 1890 war die Volksschule untergebracht. Schon 1912 wurde wieder ein neues Volksschulgebäude auf den Schloßwiesen eingeweiht und das nun „alte" Schulhaus der „Höheren Schule" überlassen.

1912-1937: Realschule,

1937-1970: Oberschule - Progymnasium - Gymnasium i. A.,

1970: Umzug in das neuerbaute Gymnasium an der Beutenlaystraße (Vollanstalt bis Abitur).

Im Obergeschoß zur Uracher Straße hin war die Frauenarbeitsschule untergebracht.

Die Schulraumnot machte es 1962 erforderlich, neben dem Schulhaus einen Schulpavillon mit zwei Klassenräumen aufzustellen. Dieses Provisorium dauerte bis zum Umzug ins neuerbaute Gymnasium an der Beutenlaystraße. Am 9. März 1970 öffnete sich das Haus zum ersten Mal zum Unterricht. Im Rahmen der Fünfhundertjahrfeier des Gymnasiums Münsingen (1470-1970) vom 11. bis 20 Juli 1970 wurde die Schule offiziell der Öffentlichkeit übergeben. Hierzu wird auf die Broschüre „500 Jahre Höhere Schule Münsingen" verwiesen, die als Festschrift zur Einweihung des Gymnasiums erschienen ist. In der Folgezeit wurde der Pavillon dem Schwäbischen Albverein als Vereinsheim überlassen. Im August 1987 kam das Aus für den Pavillon, er mußte dem neu zu erbauenden Altenwohnheim weichen.

22. August 1987: Das Progymnasium wird abgerissen. Hier steht heute das Altenwohnheim

ALB BOTE 1. August 1890: „Soeben nachmittags von 2-3 Uhr fand bei prächtigem Wetter und unter zahlreicher Beteiligung der staats- und städtischen Behörden, vieler Herren Geistlichen und Lehrer des Bezirks, des Liederkranzes, des Militär-, Gewerbe- und Turnvereins die Einweihung des neuen Schulgebäudes statt. Dieselbe wurde am alten Schulhaus durch Gesang des Liederkranzes, der Kinder und passenden Abschiedworten, gesprochen von Hrn. Oberlehrer Heß, eingeleitet. Hierauf Zug durch einen Teil der Hauptstraße unter Glockengeläute nach dem neuen Schulgebäude. Dort angekommen, sangen die Kinder wieder ein Lied, worauf Hr. Helfer Kolb eine schöne Ansprache an die ganze Gemeinde, die Kinder und an alle Diejenigen richtete, welche zur Vollendung des schönen Baues beigetragen haben. Nach einem Gesang des Liederkranzes erfolgte durch Hrn. Oberamtsbaumeister Sattler die Übergabe des Schlüssels an Hrn. Helfer Kolb und der Einzug der Kinder in ihre Klassen bildete den Schluß der für die Kinder wie für die Stadtgemeinde so erhebenden Feier."

1934: Realschule Münsingen – Klassen 3 bis 5 vorne v. l. n. r.: Ernst Giek, Günter Starzmann, Karl Lang, Elsa Münzing, Lore Schanz, Gudrun Keller, Martha Blank. Mitte: Helmut Götz, Richard Bader, Ida Fritsch, Berta Käuffert, Marianne Knöll, Emma Leuze. Hinten: Oberrealschullehrer Costabel, Heinz Gotterbarm, Lieselotte Münz, Ernst Stalder, Studienrat Jetter, Kurt Kuhn, Ruth Leitenberger, Arnold Eisenmann, Lore Eisler und Anneliese Lumpp

Foto aus dem Jahre 1893: Auf dem Bild die Klassen der Grundschule – Jakob Haueisen (vordere Reihe: dritter von links – Vater des Autors)

Schulen in Münsingen vor dem 2. Weltkrieg: Volksschule auf den Schloßwiesen

Die Volksschule auf den Schloßwiesen wurde im Jahre 1912 erbaut. Neben den Volksschulklassen hat auch die Gewerbliche Berufsschule und die Hauswirtschaftsschule eine Bleibe im neuen Schulgebäude gefunden. Heute sind in diesem Gebäude die Beruflichen Schulen untergebracht.

Richtfest beim Bau der Volksschule

Die Aufnahme entstand um 1913: Auch dieser Raum gehört zum neuen Volksschulgebäude auf den Schloßwiesen. Die beiden jungen Männer (August Münz und Karl Dieterle), im „Dreikaiserjahr" 1888 geboren, waren immer zu einem Spaß aufgelegt.

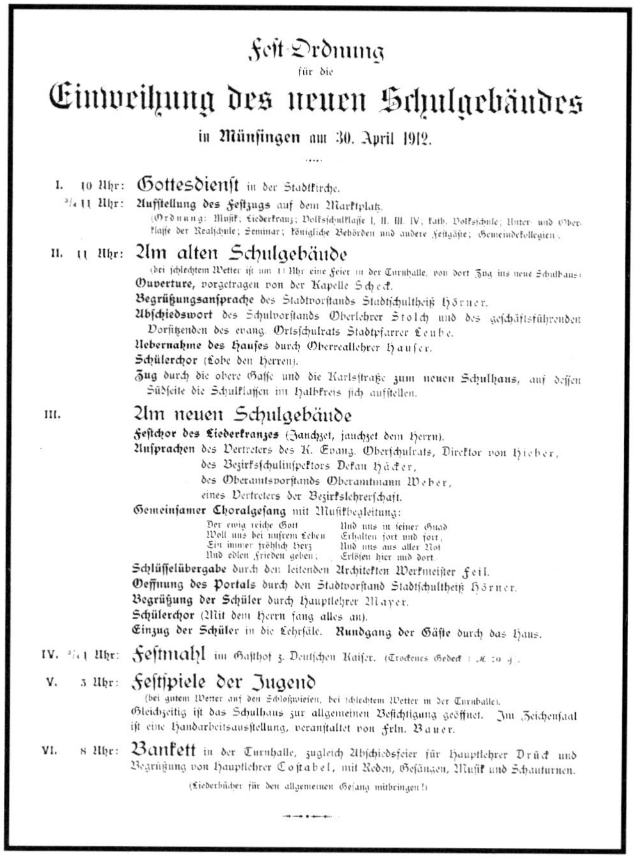

Festordnung zur Einweihung am 30. April 1912

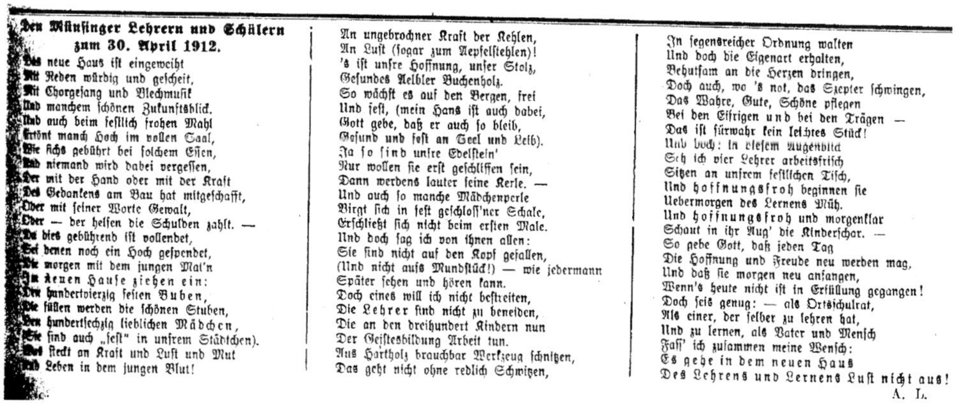

Die Volksschule 1912: Südseite (oben), Nordseite mit dem Schulhaus-Brünnele (unten)

Auszug aus der Festschrift zur Einweihung der Volksschule

Schulen in Münsingen vor dem 2. Weltkrieg: Die Schullehrerbildungsanstalt

Schullehrerbildungsanstalt Münsingen im Gasthaus „Rößle", Salzgasse 85, heute Salzgasse 2 – Privatseminar – 1870 bis 1879 (mit Unterbrechung von 1873 bis 1875)

Feierliche Eröffnung des Seminars am 31. Mai 1870

Am 31. 5. 1870 ist die provisorische Lehrerbildungsanstalt unter Leitung des Helfers Beckh eröffnet worden. In dem nur auf zwei, höchstens drei Jahre vorgesehenen Provisorium wurden Schulamtszöglinge herangezogen.

12. 5. 1873: Der bisherige Helfer Beckh wurde zum Rektor des neu errichteten Schullehrerseminars in Künzelsau berufen. Mit ihm siedelte auch das seit drei Jahren hier bestehende Privatseminar nach Künzelsau über.

An der Stelle des zwei Jahre zuvor aufgehobenen Privatseminars wurde im Frühjahr 1875 eine Präparandenanstalt unter der Direktion des Helfers Landenberger, wiederum im Gasthaus „Rößle", eröffnet.

Schon vier Jahre später, im Frühjahr 1879 kam das erneute Aus.

Schulen in Münsingen vor dem 2. Weltkrieg: Die Präparanden-Anstalt

Die private Lehrerbildungsanstalt, Hauptstraße 411, heute Hauptstraße 51

„Mit allgemeiner Freude begrüßt man in unserer Stadt die Errichtung einer privaten Lehrerbildungsanstalt, wie Münsingen sie vor ca. 25 Jahren schon einmal hatte. Die Anstalt, welche zunächst 25-30 Präparanden umfassen wird, tritt auf Anregung der Oberschulbehörde ins Leben. Die Leitung wird Dekan und Bezirksschulinspektor Dieterle übernehmen."

Dies ist dem ALB BOTE vom 27. Mai 1902 zu entnehmen.

Die feierliche Einweihung fand am 17. Juni 1902 statt.

Probleme brachte die Sitzordnung der Präparanden in der Kirche.

In der Sitzung des Kirchengemeinderats am 13. Juni 1902 wurde festgelegt:

„§ 1 Infolge der Errichtung einer Lehrerbildungsanstalt in hiesiger Stadt hat der KG-Rat für Plätze in der Kirche für die Schulamtszöglinge zu sorgen. Man kommt überein, vorerst Plätze auf der Empore hinter dem Beamtenstuhl hierfür zu bestimmen und zwar die hintere Reihe."

Abschied und Ende 1912
17. August 1912

„Am letzten Mittwoch war im Seminar zum letztenmal Semesterschluß, der als Abschied der Promotion 1910/12 etwas festlicher gestaltet wurde. Das letzte Mittagessen war durch einen gestifteten Traubennachtisch als „Henkersmahl" ausgezeichnet worden.

Das Schlußexamen umfaßte in gewohnter Weise wissenschaftliche und technische Fächer, darunter zum ersten Mal auch das Orgelspiel, in welchem in wenigen Monaten ein erfreulicher Grund gelegt worden ist."

Anm.: Beamtenstuhl:

Der Sitzplatz für Oberamtmann und Oberamtsarzt auf der Empore. Die Damen der Beamten saßen unten in der ersten Reihe. Deren Sitze waren gepolstert.

Quellennachweis

Intelligenzblatt für den Oberamtsbezirk Münsingen 1838-1862

ALB BOTE 1863 ff.

Stadtarchiv Münsingen

R 296-410 Steuerempfangsbücher 1799-1900

R 757 Gebäudekataster für die Brandversicherung ca. 1820.

R 760 Gebäudekataster 1847

R 766-767 Brandversicherungskataster, 2 Bde., 1877-1878

R 781-782 Feuerversicherungsbuch, 2 Bde., 1916

Dekanatsarchiv Münsingen

Nr. 501-504 Kirchenbücher der Pfarrei Münsingen 1559-1800

Nr. 512 Familienregister 1808 ff.

Amtsgericht Reutlingen – Registergericht

Handelsregister

Firmen und Institutionen mit wechselnden Standorten

Verschiedene Firmen und Institutionen haben wechselnde Standorte. Für diese ist nachstehendes Verzeichnis mit den Seitennummer der jeweiligen Standorte vorangestellt, damit die gesamte Firmensgeschichte in einem Zug und im chronologischen Zeitablauf gelesen werden kann.

	Seiten
Baader, Druckhaus	176/114
Bader, Autohaus	109/21
Blank Gg. Friedrich/Heinrich, Flaschnermeister	56/141
Blochinger Johannes, Schlosser	22/105
Claß Ludwig, Sattlermeister	167/179
Daur, Lebensmittelgeschäfte	143/15/74
Eppinger-Familien (Adam, Christian, Ferdinand)	20/28/10
Genkinger, Hebe- und Fördertechnik GmbH	202/153
Glocker Friedrich/Hans, Sattler	33/70/93
Haueisen Jacob, Hausverwalter	32/44
Hermann Wilhelm, Uhrmachermeister	126/142
Keller G. A., Kaufmann	15/68
Kölle Georg, Gipsermeister	166/188
Kreissparkasse	171/184/57
Lorch Albert/Hans, Malermeister	165/166/105/109
Mayer Wilhelm, Metzgermeister	72/153
August Münz, Uhrmacher und Elektrotechniker	58/109
Neumann Robert, Bürobedarf	135/60
Ott Wilhelm, Sattlermeister	156/146
Pfleiderer-Schwenk-Familien	11/46/38/39
Ruopp Ernst, Straßenbau	105/168
Scheck David/Albert, Glasermeister	127/20/106
Schloß-Apotheke Frieder Hardter	182/165
Schmauder Gerhard, Friseurmeister	189/181
Schmid, Fotohaus	104/203
Schoell J. F. GmbH & Co. KG, Eisenhandlung	131/139/121/16
Schultes Erwin, Uhrmachermeister	136/65
Schweizerhof, Textilgeschäft	29/118
Schwenk, Textilgeschäft, Damen- und Herrenmode	186/122/177
Stein Ernst, Uhrmacher/Stein Uhren-Optik	126/133/51
Stiegler Carl/Otto, Eisenhandlung, Lebensmittel	68/59
Volksbank	172/128
Wanderarbeitsstätte	91/44

Straßen

Die Besprechung der einzelenen Häuser erfolgt straßenweise und innerhalb der Straßen nach Hausnummern geordnet, damit auch die jüngere Generation, die die alten Strukturen nicht mehr kennt, jedes Haus einordnen kann. Angegeben sind sowohl die alten Straßennamen und Hausnummern, als auch die Neuen.

Reihenfolge im Buch	Seiten
Uracher Straße	7 - 25
Im Bach	26 - 28
Lichtensteinstraße	29 - 40
Achalmstraße	41
Trailfinger Straße	42 - 43
Gruorner Weg	44 - 45
Reichenaustraße	46 - 47
Beim Unteren Tor	48 - 54
Marktplatz	55 - 77
Im Glack	70
Ernst-Bezler-Straße	78 - 87
Beim großen Haus	88 - 89
Pfarrgasse	90 - 92
Salzgasse	93 - 96
Hintere Gasse	97 - 100
Im Winkel	99
Zehntscheuerweg	101 - 103
Kegelgraben	104
Bachwiesenstraße	105 - 107
Hauptstraße	108 - 154
Gutenbergstraße	115
Schloßhof	155
Bühl	156 - 169
Karlstraße	170 - 184
Spitalstraße	185 - 187
Wolfgartenstraße	188 - 200
Bismarckstraße	201 - 202
Bahnhofstraße	203
Die Schulen in Münsingen vor dem 2. Weltkrieg	204 - 210

Alphabetische Reihenfolge	Seite
Achalmstraße	41
Bachwiesenstraße	105 - 107
Bahnhofstraße	203
Beim großen Haus	88 - 89
Beim Unteren Tor	48 - 54
Bismarckstraße	201 - 202
Bühl	156 - 169
Ernst-Bezler-Straße	78 - 87
Gruorner Weg	44 - 45
Gutenbergstraße	115
Hauptstraße	108 - 154
Hintere Gasse	97 - 100
Im Bach	26 - 28
Im Glack	70
Im Winkel	99
Karlstraße	170 - 184
Kegelgraben	104
Lichtensteinstraße	29 - 40
Marktplatz	55 - 77
Pfarrgasse	90 - 92
Reichenaustraße	46 - 47
Salzgasse	93 - 96
Schloßhof	155
Spitalstraße	185 - 187
Trailfinger Straße	42 - 43
Uracher Straße	7 - 25
Wolfgartenstraße	188 - 200
Zehntscheuerweg	101 - 103
Die Schulen in Münsingen vor dem 2. Weltkrieg	204 -210

Münsingen im Jahr 1879

*von der Bleiche aus gezeichnet von dem Goldschmied
Ludwig August Hoff (1828-1888)*

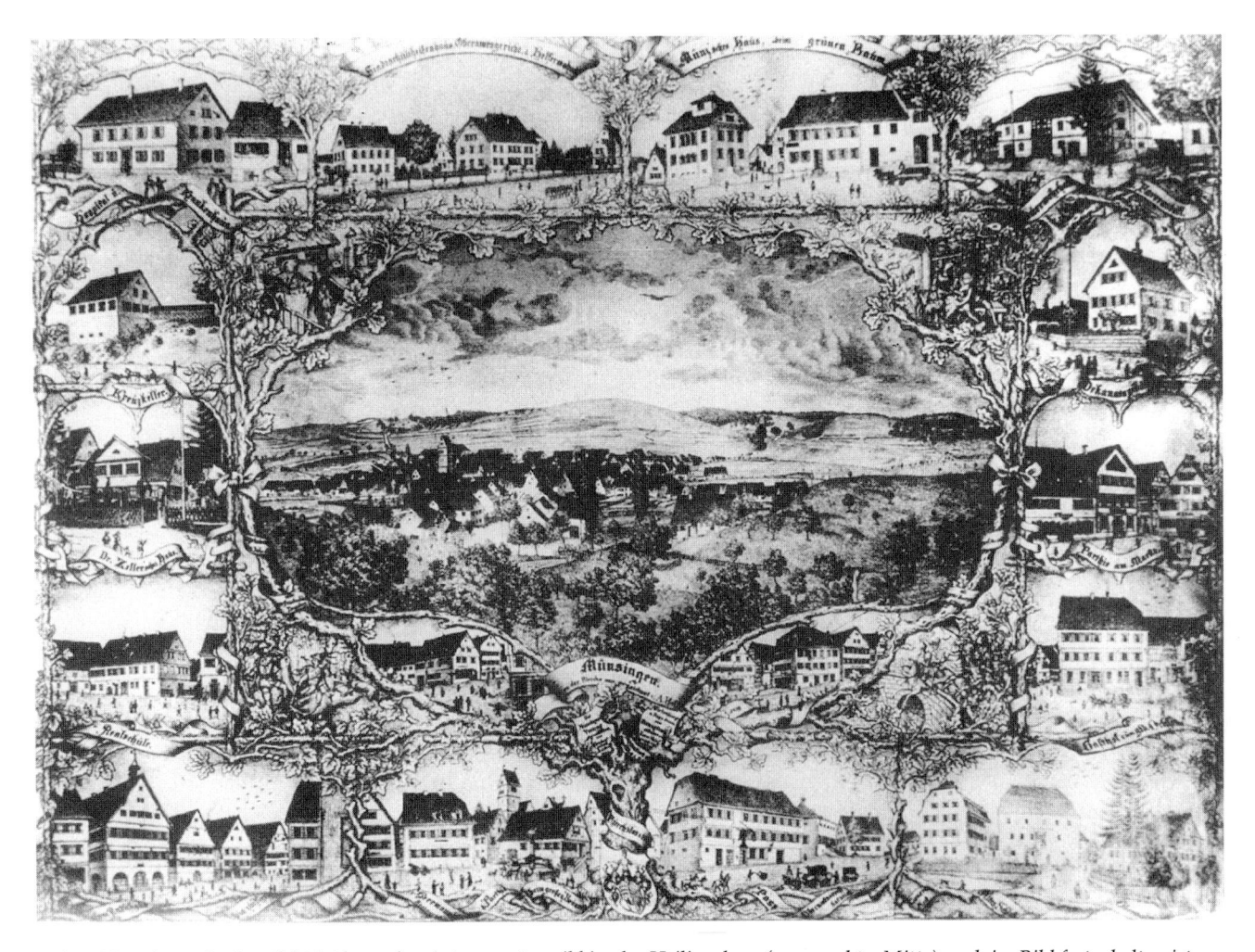

Diese Münsinger Stadtansicht ist besonders interessant, weil hier der Heiligenberg (ganz rechts, Mitte) noch im Bild festgehalten ist. Im Vordergrund, Bildmitte, die „Wette", wo heute das Kriegerdenkmal 1914/18 steht. Das Haus rechts davon, am rückwärtigen Berghang ist das Anwesen des „Wette-Schäfer" Gottlieb Eppinger, das später Holdersche Haus. Dieses mußte 1957 der Erweiterung der Kriegerdenkmal-Anlage weichen. Und dann ganz rechts der Heiligenberg, der vom Zementwerk fast vollkommen abgebaut wurde. Lediglich der Tunnelbereich mit dem Anstieg „Alter Seeburger Weg" erinnert noch an den Heiligenberg. Etwa bei den beiden großen Kugelbäumen, unten rechts verläuft nun die Straße „Unter der Bleiche" von der „Uracher Straße" her. Die Nord-Süd-Bergnase zwischen Freibad und der Straße, der sogenannte „Kleine Hungerberg" wurde künstlich aufgeschüttet.